suhrkamp taschenbuch 2144

Tilmann Moser treibt in diesen Aufsätzen und Vorträgen die Fundierung der Einbeziehung des Körpers in die Psychoanalyse voran, vor allem am Beispiel der Sexualisierung der Übertragung bei der Behandlung hysterischer Patienten, aber auch bei der Diskussion von Fallgeschichten, die zu Mißbrauchsgeschichten wurden. Der schwierigen Lage in Behandlungen von ambulanten Patienten, die mehrere Therapeuten brauchen, geht eine größere Arbeit über den »Interkollegialen Raum« nach, ein anderer Text der Bedeutung des »Schlafs des Analytikers«. Aber am wichtigsten ist wohl die Hinwendung Mosers zu politischen Problemen: dem Nachhall der NS-Vergangenheit wie der Stasi-Akten in den Seelen der Menschen wie in der Öffentlichkeit.

Tilmann Moser, geb. 1938, studierte Philologie, Soziologie und Politik in Tübingen, Berlin, Paris, Frankfurt und Gießen. Seine anschließende Ausbildung zum Psychoanalytiker erfolgte am Sigmund-Freud-Institut in Frankfurt. Sechs Jahre lang war Moser Dozent für Psychoanalyse und Kriminologie am Fachbereich Rechtswissenschaft der Frankfurter Universität. Seit 1979 arbeitet er in freier Praxis als Psychoanalytiker in Freiburg. Veröffentlichungen: *Gespräche mit Eingeschlossenen; Jugendkriminalität und Gesellschaftsstruktur; Repressive Kriminalpsychiatrie; Lehrjahre auf der Couch; Gottesvergiftung; Verstehen, Urteilen, Verurteilen; Grammatik der Gefühle; Stufen der Nähe; Familienkrieg; Eine fast normale Familie; Kompaß der Seele; Romane als Krankengeschichte. Über Handke, Meckel und Martin Walser; Das erste Jahr; Der Psychoanalytiker als sprechende Attrappe; Körpertherapeutische Phantasien. Besuche bei Brüdern und Schwestern; Stundenbuch. Über Psychoanalyse und Körperarbeit.*

Tilmann Moser

Vorsicht Berührung

Über Sexualisierung,
Spaltung,
NS-Erbe und Stasi-Angst

Suhrkamp

Umschlagbild
und Farbabbildung nach Seite 8:
Max Ernst. Oedipus Rex. 1922.

suhrkamp taschenbuch 2144
Erste Auflage 1992
Erstausgabe

Satz: Uhl + Massopust, Aalen
Druck: Nomos Verlagsgesellschaft, Baden-Baden
Printed in Germany
Umschlag nach Entwürfen von
Willy Fleckhaus und Rolf Staudt

1 2 3 4 5 6 – 97 96 95 94 93 92

Inhalt

Vorwort mit Bildmeditation

Diese Einleitung zu Texten und Vorträgen aus den letzten drei Jahren schreibe ich unter etwas veränderten lebensgeschichtlichen Vorzeichen:

1. Durch die intensive Beschäftigung mit den seelischen Ursachen und Folgen der »Wende« – vgl. hierzu meine Reiseberichte unter dem Titel »Besuche bei Brüdern und Schwestern« (Frankfurt 1992) – bin ich noch einmal auf die politische Einbettung meiner Herkunftsfamilie in der NS-Zeit gestoßen, auf das Schweigen, das diese Zeit überdeckte, in der Familie wie in der Schule. Mir ist deutlich geworden, wie tief meine Ängste waren, mich zu politischen Fragen zu äußern, auch bei ausreichender Information und Diskussion. Ich hatte wohl die Haltung meines NS-Vaters unbewußt mitübernommen, der sich nicht »noch einmal die Finger verbrennen« wollte. Die Politisierung durch die 68er Jahre hatte ich aus neurotischen Gründen verschlafen. Engagiert habe ich mich erst allmählich auf engem berufspolitischem Feld: zunächst im Bereich von Kriminologie, Kriminalpsychiatrie und Strafjustiz, später durch die kritische Auseinandersetzung mit der meiner Auffassung nach sich im Elfenbeinturm von allen neueren Entwicklungen der Psychotherapie abschottenden Psychoanalyse.

Bei der Vorbereitung zu dem in diesem Band abgedruckten Vortrag über das Buch von Alexander und Margarete Mitscherlich über die »Unfähigkeit zu trauern: hält die These einer Überprüfung stand?«, den ich vor einem teilweise jüdischen Publikum hielt, durchlebte ich die tief eingelagerten Ängste vor politischen Äußerungen, die ins Abseits, in Isolierung, Bestrafung, Ächtung, Vernichtung führen könnten. Ich war überrascht und erschrokken, brauchte die Hilfe von Freunden, um realistische von mitgeschleppt familiären Ängsten wieder unterscheiden zu können. Zwar hatte ich eine Art Angsttraining absolviert, als ich in den sechziger Jahren ein dreiviertel Jahr lang über den ersten Auschwitz-Prozeß berichtete, aber es waren Ängste aus einer anderen Schicht gewesen.

Isolierungs- und Exkommunikationsängste hatte ich einige Jahre ausgestanden beim Versuch der Integration von Körperarbeit in die Psychoanalyse. Für viele frühere Kollegen bin ich zur Unperson geworden, und befreundete Kollegen berichten von gelegentlichen Haßausbrüchen, wenn mein Name fällt. Bei Kassenanträgen für Psychotherapien und Psychoanalysen glaube ich zu spüren, wie einzelne Gutachter ihr Mütchen kühlen. Aber durch wachsende Anerkennung am Rande und außerhalb meiner freudianischen Zunft hat sich das Isolierungsgefühl gemildert, und ich kann sehen, wieviel Angst hinter einer Diskussionsverweigerung stecken mag. Jemand nannte mich einmal das Drewermännchen der Psychoanalyse. Einer der Vorsitzenden der Monopolzünfte glaubte bei mir eine Psychologie des Märtyrers zu erkennen, der am Leiden Gefallen findet. Aber ich habe mehr Gefallen am Erfolg und Freude an der Solidarität mit einer wachsenden Zahl von Kollegen, die das enge Setting der Psychoanalyse sprengen und erweitern. Ein Teil der hier abgedruckten Aufsätze handelt noch immer von den Problemen dieser methodischen Veränderungen in der Behandlungstechnik.

Die Äußerungen zur Politik haben eine andere Angstschicht angesprochen. Dissidenz gegenüber der orthodoxen Psychoanalyse mobilisierte Ängste vor der großen negativen Mutter (das mag bei anderen ganz anders sein) und Ängste vor religiöser Verfemung. Man kann sich die Übertragungen, die man bei seinen beruflichen Identifikationen unbewußt aufgreift, nicht aussuchen; man kann sie nur mildern oder auflösen oder kreativ oder motivationsfördernd mit ihnen umgehen. Kurz: es waren Ängste, den rechten Glauben und die warme, wenngleich enge Gemeinschaft der übrigen Gläubigen nicht mehr zu haben, und also »verworfen« zu sein.

Die neuen Ängste waren anderer Art: sie bezogen sich auf Dinge, *»vor denen der Vater Angst hat«* (vielleicht die Mutter auch, aber viel mehr im geheimen. Was die Mutter im Dritten Reich dachte, und nach dessen Ende, habe ich nie erfahren. Es war tiefer begraben als alles andere). Der Vater mußte einige Monate (mehr subjektiv als objektiv) Angst haben, daß er abgeholt und in ein Lager gesteckt würde zur oder bis zur Entnazifizierung. Und obwohl die Mutter die mächtigere war, zumindest nach seiner schweren Erkrankung 1939, und erst recht nach 1945, haben die Ängste des Vaters (die die Mutter vielleicht geteilt hat) einen eigenen Gruselkeller in mir angelegt, in den ich erst spät hinuntergestiegen bin: eben mit den Vorträgen zu politischen Themen, zu denen jüngst auch die Nachwirkungen der NS-Zeit, die »Wende« und Probleme des Umgangs mit der Stasi gehören. Aber man kann

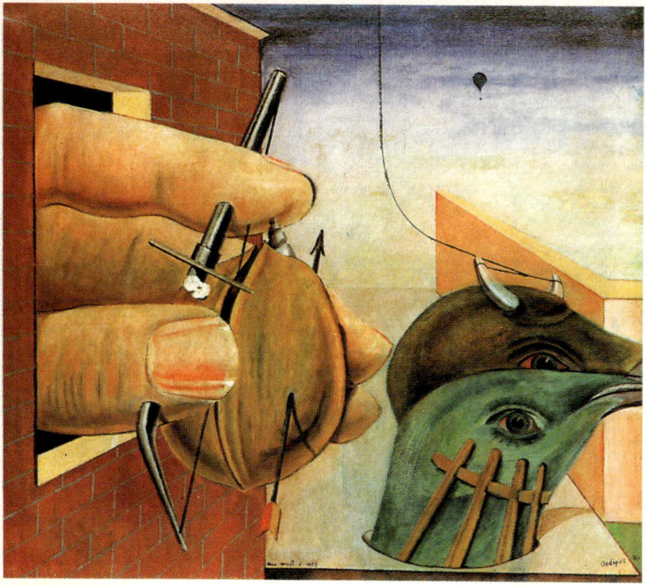

durch Ängste durchgehen, wenn man gelegentlich eine haltende Hand spürt, auch wenn man nie frühe Anleitung zur Bewährung hatte auf einem bestimmten Gebiet. Dabei hatte ich ja späte, eher indirekte Anleitung über Identifizierungen (z. B. mit den Mitscherlichs, mit Kohut, später mit Horst Eberhard Richter), aber ich entdeckte spät, daß es »schlummernde Identifikationen« geben kann, die man noch nicht nutzbar zu machen vermag, weil Ängste vor ihrer Realisierung stehen. Ich wußte wenig über *ihren* Umgang mit Ängsten. Bei Richter findet man in den letzten Jahren allerdings fruchtbare und berührende Mitteilungen.

Seit ich weiß, daß ich in gewissem Umfang (die Dosierung liegt ja auch in meiner Verantwortung) die Ängste ertragen, manchmal sogar als Erkenntnisquelle nutzen kann, versuche ich, das Fragment des politischen Engagements auszubauen und als Teil meiner Identität anzunehmen. Ich mußte allerdings eine Freundschaft mit einem ebenfalls vorsichtig politisch Engagierten für über ein Jahr grollend auf Eis legen, als er mir nach meinem ersten »politischen« Auftritt und einer stürmischen Diskussion sagte: es sei nichts Neues gewesen, und ich sei in der Debatte merklich eingebrochen. Da wurde mir erst klar, wie sehr ich wohlwollende Zeugen brauchte für die ersten Schritte.

2. Eine weitere Veränderung, deren Tragweite ich noch nicht ganz erfasse, ist die Auswirkung später realer Vaterschaft. Ich hatte mich fast schon damit abgefunden, nur Buchkinder zu haben, und nun trage ich täglich in der Bauchtasche einen Winzling in der Gegend herum, dessen Ruhe wie dessen Hunger- und Unmutsstürme mich faszinieren. Plötzlich ist es wichtig, ob er mich wahrnimmt oder nicht. Wenn er mich listig anpinkelt beim Wikkeln, schreie ich ihn belustigt an. Er versteht es noch nicht und zeigt eine seiner 27 Arten, die Stirne kraus zu ziehen. Da ist er mir jetzt schon überlegen. Und so wird es weitergehen. Ich bin mit vier jüngeren Geschwistern mühsam genug fertig geworden. Aber dieser Wicht hat ein anderes Kaliber. Und seine Mutter schaut amüsiert zu und setzt mich nach Belieben unter Bewährungsdruck. Ihr macht es nichts, wie Nugatschokolade wegzuschmelzen, wenn ihm gerade nach einem Lächeln zumute ist. Aber ich sitze schließlich am Computer und will dieses Vorwort hinkriegen, und er spuckt mir dauernd den Schnuller hin und erwartet Bücken, Wiederbringen, Bitten und in den Mund Stecken. Für zwei Minuten hilft's. Dann zeigt er schon wieder, daß er der Stärkere ist. Und

wenn ich mir einreden will, ich hätte mich aus purem Zufall, Neugier, und weil ich meine Körperpsychotherapie noch einmal neu begründen will, mit der *Säuglingsforschung* eingelassen, als er gerade reiskorngroß war, dann lächelt er und läßt durchblikken, daß er's besser weiß oder besser zu wissen meint. Und verdammt noch mal, sogar seine Meinungen werden mir schon wichtig.

An einem Punkt ist das sogar sehr förderlich: er ermutigt mich, Unvollkommenheiten nicht zu verstecken, sondern sie als etwas Menschliches anzusehen, auch im Beruf. Wie anders hätte ich mich sonst getraut, eine so unvollkommene Angelegenheit wie den langen Text über den »Interkollegialen Raum«, vor allem mit der darin enthaltenen Fallgeschichte, in diese Sammlung aufzunehmen? Sie ist unter Vollkommenheitsgesichtspunkten eher zum Schämen, und als ich sie in Heidelberg vortrug, habe ich entsprechende Kritik geerntet. Aber sie ist mir gar nicht schlecht bekommen. Ich habe noch einmal tiefer nachgedacht, und da kommt mir endlich der Narzißmus zu Hilfe: mit dessen Unterstützung erkläre ich ein subjektives Problem zu einem allgemeinen (ambulante Psychotherapie mit mehreren Therapeuten) und sage ihm sogar noch eine gewisse Konjunktur in den nächsten Jahren voraus.

Natürlich bleibt, neben den Patienten, die sich uns in ihrer Regression anvertrauen, auch beim Problem des Mißbrauchs von Kindern wie von Patienten auf der Couch, die Existenz eines eigenen Kindes nicht ganz ohne Wirkung: es hebt die Fragen über das rein Therapeutische hinaus ins allgemeiner Menschliche. Das Interesse an diesen Fragen stammt aber aus einer Zeit, als Teile meiner Innung mich des Mißbrauchs der therapeutischen Situation verdächtigten, weil ich nicht jede Einengung des Settings, die uns andächtig tradiert wurde, für unmittelbar gottgegeben hielt und meine Beziehung zu Freud unbedingt durch eine kleine Beimengung von *Augenzwinkern* aufgehellt wissen wollte.

Mein Freund Ralf Zwiebel hat dem »Schlaf des Analytikers« ein ganzes Buch gewidmet, klug, gewissenhaft, skrupulös und überindividuell eingeengt: sozusagen durch den TÜV der Internationalen Psychoanalytischen Vereinigung gegangen, was Begrifflichkeit und Denktraditionen angeht. Aber es ist ein mutiges Buch im Aufgreifen innergemeindlich liegengebliebener Themen und unangenehmer Begleiterscheinungen eines psychotherapeutischen

Staatskirchentums, von dem man ja sprechen muß, schon wegen der Monopolisierung der kassenrechtlichen Kirchensteuer bei den dadurch nahezu beamteten und risikofrei ordinierten Analytikern.

Aber zurück zum *Schlaf der Gerechten* und deren Anfechtungen. Die Schläfrigkeit der Analytiker hinter der Couch war ein (widerwillig eingeräumtes) Thema seit den ersten Tagen der Psychoanalyse, mindestens seit der frühen Diskussion, die in Wien oder in Briefen stattfand. Niemand wußte ein Medikament dagegen, alle haben es sich selbst, ihrer noch nicht perfekten Tauglichkeit oder Deutungstechnik, der verständlichen Erschöpfung nach einem hinter der Couch verbrachten Zehnstundentag und ähnlich subjektiv anrechenbaren Dingen zugeschrieben. Dann folgte die Entdeckung der Gegenübertragungsbedeutung in ihren vielen Facetten, was zu einem breiteren Repertoire des psychoanalytischen Grübelns über das Einschlafen führte. Hauptsache, das Phänomen wurde in der *Pathologie des Patienten lokalisiert*, mit der er seinen therapeutischen Begleiter infizierte. Ralf Zwiebel treibt, was seine mutige Stärke ist, die Selbsterforschung weiter und entdeckt eine Kollusion zwischen Patient und Analytiker. Die Alleinschuld-These ist also gestorben: Pathologien greifen ineinander und verstärken sich. Die »psychoanalytische Position« ist dabei oft schwer zu erhalten. Aber es lohnte sich, ewig um sie zu ringen, wie um die Reinheit der Seele. Wichtig ist nur, man macht keine Anleihen bei den Heiden, die mit der körperlichen Interaktion so viel mehr Freude, Spannung, Entkrampfung, vor allem Wachheit und Nähe zum kindlichen Erleben in die Behandlungen einfließen lassen, statt die Anspannung des psychoanalytischen Dialogs in vielen dafür ungeeigneten Fällen. Dabei gedeihen die Patienten sogar, und um die Psychohygiene der Therapeuten sieht es auch freundlicher aus. Aber nun wieder Scherz beiseite: diesem Buch eines Freundes widme ich ein langes Kapitel in dieser Sammlung und riskiere dafür sogar die Freundschaft, obwohl meine Kritik an meiner Zuneigung und Achtung für ihn nicht das geringste ändert.

Damit hätte ich die wichtigsten Themen des Buches einführend berührt, bis auf jenes, bei dem zwei scheinbar disparate Zweige: »Lehranalyse und Körperarbeit« (zusammen mit Gisela Worm) und Piet Kuipers »Seelenfinsternis« angesprochen sind: die *Ausblendung des Körpers*. Diesem Thema ist schließlich auch die unernste Auseinandersetzung mit meinem zuverlässigen Widersacher Günther Bittner unter dem Titel »Aufruf zur Solidarität mit

G. B.« gewidmet, bei der ich mir noch einmal einen Rückfall in den ansonsten durch galoppierende Reifung fast überwundenen Sarkasmus erlaube. Damit komme ich nun zur Meditation über das Bild von Max Ernst (1922) mit dem vielsagenden Titel: »Oedipus Rex«.

Bildmeditation zu *Oedipus Rex*

Auf einem »ordentlichen« Bild zum Thema König Oedipus sähe man eine männliche und eine weibliche Elternfigur, dazu einen raumgreifenden oder sichtbar mörderischen, mutterbegehrenden und verblendeten, später geblendeten Sohn, dazu noch Volk, Herrschaftssymbole und allerlei sexuelle Anspielungen. Wenig von dem bei Max Ernst, oder höchstens in gewaltiger Entstellung, Verrätselung, aber auch Anreicherung, bei gleichzeitiger Verarmung des »klassischen« Kanons der Bildinhalte. Das Bild produziert mit solcher Heftigkeit eine Atmosphäre, daß man sich von ihr mühsam lösen muß, um die scheinkonkreten Details zu betrachten. Zur Atmosphäre des Ungreifbaren, Bedrohlichen gehört, lange vor der Detailaufmerksamkeit, ein Gefühl des ängstigenden Schmerzes. Sind doch mehrere Finger der riesigen, nur an einem Teil der Hand erkennbaren Figur durchbohrt, und stecken doch die Tierköpfe, die wir wohl mit den Elternbildern zusammenbringen dürfen, in einem Brett oder einer Platte, wie sie in mittelalterlichen Straf- oder Folterpraktiken verwendet wurden. Dabei sehen ihre »Gesichter« eher harmlos verwundert aus – sieht man vom rot unterlaufenen Weiß ihrer Augen ab – was das Ganze nur unheimlicher macht. Diese beiden Figuren scheinen etwas zu erleben oder in etwas eingespannt, was sie nicht durchschauen, dem sie sich aber in scheinbar natürlicher »Anpassung« gefügt zu haben scheinen, so daß es aussieht wie natürlich und absurd zugleich. Der »gehörnte« Seehundskopf (je länger man hinschaut, desto weniger ist es ein Stier, allenfalls ein verkleinerter Wasserbüffel) neben dem Vogelkopf der vermutlichen Gattin ist durch eine feine Schnur mit einem weit entfernten Ballon verbunden, der bereits in einen ganz anderen Raum entschwebt scheint. Ich nenne es einfach einmal das »Reich der leeren Freiheit« und deute damit einen Verständnispfad an, der mit den Themen Unfreiheit, Schmerz, Ahnungslosigkeit, Macht ohne Gesicht, Verborgenheit,

Widerstand, Mauern, Gefangenschaft und Erstarrung zu tun hat. Daß in dem Ganzen noch das Fragment eines hölzernen Gartenzauns auftaucht, erhöht schon wieder den Kontrast zwischen dem Alltäglichen als Restbestand und dem Außerordentlichen als einschließende Atmosphäre, die aber vertieft ist durch eine durchbohrte und vielleicht angesägte Nuß, aus der das Ende einer Wasserschnecke ragt. Das Instrument, das die Finger des verborgenen Riesen durchbohrt, scheint zusammengesetzt, mehr symbolisch als real, aus Teilen einer Säge, die auch ein Bogen sein könnte, wofür der Pfeil spricht, und einem Röhrchen, das zusammen mit der Daumenbewegung wie eine Injektionsspritze aussieht, und mit ballistischer Verschiebung und Ausrichtung auf den Ballon oder das leere Land der Freiheit gleichzeitig wie ein Kanonenrohr. Das »Land der Freiheit« könnte aber genausogut ein leeres Nirwana sein. Die Mauern sind so exakt und raumzerfetzend gezogen, wie wir es von de Chirico kennen: sie entmenschlichen die Örtlichkeit, selbst wenn sie noch Menschen oder Lebewesen enthält. Also: das Bild enthält vorausahnend alle die Themen von kollektiver Gewalt, Überwachung, Lähmung, Folter und Einschüchterung, die das zwanzigste Jahrhundert zur Vollendung brachte. Und auf der psychischen Seite der Schrecken wie die künstliche Ahnungslosigkeit, die utopischen Träume der buchstäblich »verdinglichten« Lebewesen, den nur geahnten und vermutlich zu irrsinniger Wut anstachelnden Schmerz in der Hand des Riesen; den Verlust an seelischem Rückhalt in dem leergesaugten Raum, und die Symbole, die aus einem grotesken Bilderrätsel zu stammen scheinen. Die archaischen Gefühle des gänzlich enterotisierten Unheimlichen (der Betrachter wird höchsten genötigt, hinter den Mauern und würgenden Platten eine perverse Sexualität zu phantasieren) sind uns aus der Literatur wie aus den neueren Theorien der Psychoanalyse bekannt. Aber was haben sie mit König Oedipus zu tun?

Die Elternbilder scheinen ohnmächtig und gefangen, Oedipus ins Ungreifbare gewachsen, aber verborgen, verletzt und mit einer archaischen (aber vielleicht leeren) Rätselnuß bewehrt oder gestraft (die Ideologien? Das Ambivalente aller Machttechniken?). Damit scheint deutlich, daß die Sphäre der Macht die einzelnen (ver-tierte Menschen?) unendlich überragt, sich gleichzeitig aber vollsäuft mit den zusätzlich wirksamen Projektionen der Gefesselten. Dies läßt sie nur immer ohnmächtiger werden, auch wenn sie nichts von diesen Mechanismen ahnen. Die unsichtbar sichtbaren Vorgänge erzeugen im Betrachter jenen Eindruck der Verstrikkung, der Gedanken an Aufruhr, Widerstand und Selbstbefreiung so meilenweit ins Undenkbare wegrückt, wie es den terroristischen Diktaturen ja auch lange gelang. Vielleicht trägt Oedipus die Folterinstrumente der Selbstzerstörung in sich, aber wohl nicht aus klassischem Schuldgefühl, sondern aus der zersetzenden Eigengesetzlichkeit, die sich aus der Verderbnis und Pervertierung des Machtpersonals wie von dessen Schergen ergibt. Liest man das mit Menschenwürde so tief angefüllte Manifest von Vaclav Havel, »Versuch in der Wahrheit zu leben«, so spürt man, welcher moralischen Gesittung für einen Bespitzelten, Verfolgten und Eingekerkerten es bedurfte, um in dem von Max Ernst quasi negativ anthropologisch gedeuteten Ausgeliefert-Sein der Menschen an die mythisierte Diktatur einen ethischen Sinn zu bewahren. Die Stasi-Diskussion mit den immer neuen Enthüllungen des Verrats und der moralischen Gefangenschaft zeigt, daß sich die einstmals ethisch zu verstehenden Vorgänge gleichsam über den Köpfen (bei aller individuellen Schuld) vollzogen haben in Form einer erzwungenen kollektiven Erkrankung.

Stasi ist hierbei sowohl konkret historisch gemeint wie als Metapher, in die Faschismus, Nationalsozialismus und Stalinismus eingehen könnten. Denkt man in Max Ernsts Bild noch Auschwitz hinzu, so könnte man sagen: die eingesperrten Vogelmenschen sehen oder ahnen die Geschehnisse, aber mit leeren Augen und ohne die Fähigkeit zu sichtbarer Regung. Vielleicht liegt bereits der Rauch der Krematorien über dem Bild.

Auf der Basis der Zerstörung der frühen Persönlichkeit und ihrer Einbettung in seelische, soziale und politische Angst können die Kräfte des ödipalen Konflikts die Wirkungen der Angst nur noch steigern. Wo der ödipale Konflikt nicht mit sichtbaren, halbwegs angstfreien Elternfiguren ausgetragen werden kann, werden seine Energien von Phantomen, Riesen, Institutionen und Ritualen aufgezehrt. Die Mitscherlichs waren diesen Phänomenen in ihrem Buch »Die Unfähigkeit zu trauern« auf der Spur, doch gibt es dort noch keine Psychologie des ersten Jahres (der negativen großen Mutter), keine Psychologie des Terrors und kein Bedenken der seelischen Folgen des Krieges.

Mein Aufsatz über ihr Buch in diesem Band versucht, die Grenzen ihres Denkens aufzuzeigen, noch ohne viel Neuland zu erschließen. Der Stasi-Aufsatz bringt eine erste Annäherung, den Zusammenhang zwischen individueller Schuld und erzwungener moralischer Volkskrankheit aufzuzeigen. Die mythischen Dimensionen der Angst und ihrer Folgen sind damit noch nicht klar umrissen, und erst recht sind die therapeutischen Dimensionen einer solchen Erkrankung noch unklar. Vom Bild Max Ernsts könnten aber Impulse für die gedankliche Durchdringung ausgehen, weil manches zuerst nur im Bilde faßbar scheint, und sogar Impulse für eine Neubestimmung eines therapeutischen Settings: therapeutisch hier verstanden als breiteste politische wie seelsorgerliche Hilfestellung für ein Aufarbeiten all dessen, was Max Ernst und viele andere, Picasso, Otto Dix, Beuys, Beckmann u. a., aber auch eine Reihe der neueren DDR-Maler, die von unseren Wessi-Künstlern oft so grotesk geschmäht wurden, zu malen versuchten.

[illegible]
[illegible]
[illegible]
[illegible] und [illegible]
[illegible]
[illegible]
[illegible]
[illegible]
[illegible]
[illegible]
[illegible]
[illegible] 1966 [illegible] S. 24 [illegible]
[illegible]
[illegible]

Psychoanalyse, Körper und Sexualisierung

Der Körper in der Psychotherapie und die Angst vor der Sexualisierung

Verdacht und Verdächtigung

In diesem Beitrag möchte ich weniger das *Wie* des Umgangs mit dem Körper in der analytischen Psychotherapie untersuchen als das *Warum*, also Ihnen eher theoretische Gedanken darüber zumuten, und natürlich die für viele Analytiker fast automatisch damit verbundene Angst vor der Sexualisierung der Beziehung.

Eine fast explosionsartige Erektion erschreckte mich vor einigen Jahren in einer Therapiestunde. Es ist von jenem Moment die Rede, als bei der auf der Flucht aus Ostpreußen kaum gestillten Patientin beim Saugen an meinem Handballen die animalische Gier des Säuglings losbrach, wie ich es in dem Fallbericht *Das erste Jahr* beschrieben habe. Seither verstehe ich, daß junge Mütter beim Stillen, neben der möglichen erotischen Erregung, die Vorstellung entwickeln können, sie seien gerade dabei, aufgefressen zu werden.

Im »Ersten Jahr« traute ich mich aber damals nur die jugendfreie Version der Dinge niederzuschreiben. Ich fürchtete nämlich noch, ich könnte die Geschichte mit der überraschenden Erektion nie gestehen, ohne meine neue Arbeitsform des realen Umgangs mit dem Körper innerhalb von analytischen Therapien zu diskreditieren. Die Patientin lag sicher in meinem Schoß, sozusagen nur noch saugender Mund, klammernde Händchen und pfeifender Atem. Aber ich mußte mich seitwärts zurechtrücken und ihr, unter dem Vorwand, so läge sie bequemer, ein Kissen unterschieben, das sie von frühreifen Beunruhigungen fernhalten sollte.

Nach einigen bangen Augenblicken und den zu Hilfe geholten Erinnerungen, daß ich stillende Mütter vom unerwarteten Erschrecken über ihre genitale Erregung hatte erzählen hören, konnte ich mich dem gemeinsamen organismischen Fest überlassen und war stolz über die immer klarer werdende Unterscheidung zwischen erotischem oder erotisiertem Begehren und lokaler Erregung. Die Patientin sah mich nicht viel später an mit dem seligen Lächeln des satten Säuglings und fiel in einen kurzen Halbschlaf. Ich fühlte mich wieder auf dem sicheren Boden des öffentlich Mitteilbaren, auch wenn mir später selbst die zensierte Version der

Geschichte viel bedenkliches Kopfschütteln eingebracht hat. Mit der klammheimlichen Freude des Mannes, der den Stillneid für einige Minuten überwunden hatte, und mit dem Wohlbehagen, das auch eine ungeile Gliedversteifung bereiten kann, dachte ich an meine psychoanalytischen Altvorderen mit geradezu gönnerhaftem Wohlwollen.

Meine spätere Zensur beim Schreiben war allerdings nicht unbegründet. Ich war hinsichtlich von Verdächtigungen ein gebranntes Kind: vor gut 15 Jahren, als ich, schon nach Abschluß meiner Ausbildung am Sigmund-Freud-Institut in Frankfurt, in meinen zunächst rein analytischen Gruppen mit Körperarbeit anfing, wurde eines Tages dort ernsthaft in einer Institutskonferenz diskutiert, wie man mit der Vermutung umgehen solle, daß ich mit meinen Patientinnen schliefe. So etwas kann vernichtend sein. Aber das Gerücht beruhigte sich wieder, doch es blieb ein Stachel, eine Herausforderung, das Thema Sexualisierung im Auge zu behalten, auch den fast automatisch auftauchenden Verdacht der Erotisierung der therapeutischen Beziehung durch den Körperkontakt. Er taucht auf, sobald von realer Berührung von Patienten die Rede ist. So schreibt etwa Bittner (1988, S. 137):

»Wer Körperkontakt in der Therapie mit Erwachsenen will, der muß konsequenterweise auch den genitalen Kontakt wollen. Es gibt aber gute Gründe, den genitalen Kontakt aus der analytischen Beziehung auszuschließen. Fördert man nun den prägenitalen Körperkontakt und schließt den genitalen aus, infantilisiert man den erwachsenen Patienten.«

Nach dieser Erkenntnis müßte man vermutlich den Beruf des Masseurs und andere »berührende« Berufe verbieten.

Freud hatte sich ja auch nicht gescheut, Ferenczi den Verdacht des unkontrollierten Übergangs von der gewährenden Therapie (Freud nennt sie »Kußtechnik«) zur Pettingparty bei den Nachfolgern entgegenzuhalten. Die Geschichte der Psychoanalyse wäre vermutlich anders verlaufen, wenn der intrigante Ernest Jones, entgegen einer formellen Druckzusage, Ferenczis Aufsatz über die »Sprachverwirrung zwischen den Erwachsenen und dem Kind« (1930) nicht im »International Journal of Psychoanalysis« unterdrückt hätte. Die Details sind in dem zu recht erbosten Aufsatz von Cremerius anläßlich des Erscheines von Ferenczis »Klinischem Tagebuch« in der »Psyche« vom Mai 1989 nachzulesen.

Vor einem Jahr hat der Basler Kollege Reimer in Lindau den

Forschungsstand über sexuelle Aktivitäten zwischen Psychotherapeuten und Patienten diskutiert. Die Zahlen sind in der Tat erschreckend, auch wenn nie ganz klar wird, welche Art von Ausbildung die befragten Therapeuten durchlaufen haben. Gäbe es jetzt noch einen nachweisbaren Zusammenhang zwischen der Häufigkeit sexueller Übergriffe und bestimmten Therapieformen, etwa von Körperpsychotherapien mit Berührungen des Patienten, dann wäre die Angst vor der Sexualisierung bei Einbeziehung des Körpers, wie sie für das analytische Milieu so typisch ist, ja verständlich. Aber dieser Zusammenhang scheint nicht nachweisbar. Allerdings betont Reimer zu Recht, daß in der Ausbildung in manchen neuen Therapieformen die Formulierung klarer Regeln gelegentlich zurücksteht hinter der Begeisterung über wachsende therapeutische Möglichkeiten.

Auf dem ersten europäischen Kongreß für Körperpsychotherapie 1987 in Davos war ich erstaunt, wie ernsthaft einzelne Pioniere der humanistisch-körperorientierten Methoden dort betonten, daß ihre Form von Psychotherapie sexuelle Kontakte mit den Patienten oder Klienten strikt ausschließen (Moser 1990, S. 106ff.).

Bei so viel fast dröhnenden Gelübden, dachte ich mir, müsse die Gefahr noch sehr nahe sein, die mit so viel moralischem Pathos beschworen wurde. Und wieder lese ich bei Reimer, daß von den befragten Therapeuten, auch analytisch geschulten, gerade die moralische Über-Ich-Bastion des *Verbots* für primär gehalten wird, obwohl sie sich nicht als besonders wirksam erweist, wie Nachbefragungen ergaben. Sie schützt, bei anfälliger psychischer Struktur und Lebenslage, nicht vor dem Sündenfall, garantiert aber nachträgliche Scham- und Schuldgefühle, die den Betreffenden davon abhalten, sich in Supervision oder Nachanalyse oder zusätzlicher Selbsterfahrung zu offenbaren. Vom Über-Ich her allein ist die Sache also nicht zu regeln, obwohl klare ethische Standards auch expressis verbis sicher wichtig sind.

Manche körpernahen Therapieformen haben sich aber einen gewissen Verdacht der »Begünstigung« der Sexualisierung sicher selbst, oder ihren Gründern, zuzuschreiben. Eine Reihe dieser neuen Körpertherapien wurden und werden von reisenden Lehrern auf sog. Workshops gelehrt, zu denen man sich für einige Wochenenden oder länger an schöne Orte zurückzieht und miteinander lebt und leibt. Ganz offensichtlich befinden sich aber diese reisenden Lehrer inmitten der idealisierenden Übertragungen und der erotisierten Symbiose in Klöstern, Hotels oder Gruppenzentren in genau jener unstabilen Verfassung von narzißtischer und erotischer Bedürftigkeit, passagerer Entwurzelung und Verlust von Bindung, die Reimer (wie auch U. Wirtz 1989) für charakteristisch hält bei den Therapeuten, die zum Fehltritt neigen. Von manchen Lehrern, etwa von Fritz Perls oder von Dan Casriel, wird ganz offen berichtet, daß sie die Ausnahmesituation der Workshops, die bei den Schülern wie den Lehrern, trotz intensiver Selbsterfahrungsanteile, nicht als strikt therapeutischer Kontrakt angesehen wurden, erotisch nutzten, und viele Geringere haben es ihnen nachgetan. Die ganzen Rationalisierungen, die Reimer aufzählt, wurden auch oder sogar verstärkt bei der Workshopsituation benutzt. Viele analytische Therapeuten hat dies auch veranlaßt, auf dem bereits beschrittenen Weg zur therapeutischen Nutzung der Berührung wieder umzukehren, weil sich eine meiner Meinung nach falsche Verknüpfung herausgebildet hat: nämlich die von Körperpsychotherapie und Sexualisierung oder gar sexuellem Mißbrauch. Über dieses Workshop-Syndrom der lockeren Sitten, von denen sie durch Patienten hörten, haben sich viele analytische Therapeuten ihr Urteil oder Vorurteil gebildet, daß Körperpsychotherapie und Sexualisierung zusammengehörten.

Sie gehören aber nicht zusammen, im Gegenteil. Bei dem durch ausreichende Selbsterfahrung geschulten und mit einer ausreichend differenzierten Krankheitslehre und Theorie von Übertragung und Gegenübertragung ausgestatteten Therapeuten führt die konkrete Einbeziehung des Körpers gerade zu einer wachsenden Sensibilisierung für das verletzte Kind im Patienten, für den Grad seiner Regression und seiner Schädigung. Oder, um mit Marguerite Sèchehaye zu sprechen, sie klärt gerade die unbefriedigt gebliebenen archaischen Grundbedürfnisse des Kindes nach Schutz, Halt, Unterstützung, Sicherheit und Grenzen, auf die auch Albert Pesso seine intensive Körpertherapie begründet. Es geht um Ich-Bedürfnisse und nicht um Triebwünsche.

Ich möchte aber hier nicht eine Zweifrontenkampagne führen, einerseits gegen manche in der klinischen Situation nicht ausreichend abgesicherte Körpertherapien, die gegenüber dem Übergriff zu wenig geeignete Warnsignale und innere Hürden eingebaut haben, und einer auf das Verbale und einen engen Abstinenzbegriff festgelegten Tiefenpsychologie. Deshalb verabschiede ich mich hier von den – sagen wir einmal – »wilden« Körpertherapien mit ihrem gelegentlich nicht ausreichend definierten Setting und einer nicht fundiert durchdachten therapeutischen Beziehung und schlage vor, sie sollen vor ihrer eigenen Tür kehren, was sie auch zunehmend tun. Und sie sollen, was sie ebenfalls, zum Teil zähneknirschend, beginnen, bei der Psychoanalyse in die Schule gehen, um deren Reichtum an Krankheitslehre und Behandlungstheorie auszuschöpfen. Man könnte ihnen entgegenhalten: häufig zuviel Körper, zuwenig Theorie und sprachliche Aufarbeitung. Ich wende mich den tiefenpsychologisch orientierten Therapeuten zu, die, mit Bedacht und nach ausreichender Selbsterkundung oder aber ohne jede Erfahrung und aus Angst und Vorurteil, die Berührung ablehnen oder scheuen. Sie sehen in ihr entweder eine Verunreinigung des Feldes der symbolischen Interaktion durch ein Mitagieren des Analytikers oder aber Vorstufen des unausweichlichen Endes aller konkreten Körperlichkeit in der Therapie, nämlich der *Orgie*.

Die Hysterisierung der Psychoanalyse

Verwirrung und Entwirrung

Meine Hauptthese ist jedoch, daß zwischen dem überichhaften Verbot des Berührens in der klassischen Analyse, der fehlenden körpertherapeutischen Selbsterfahrung der Analytiker und dem endlosen Wuchern der erotischen Phantasien beim Patienten wie beim Therapeuten ein direkter, wenn auch dialektischer Zusammenhang besteht. Am deutlichsten läßt sich dies an dem erschütternden Analysebericht von Joëlle Augerolles (1991) ablesen. In meiner polemischen Auseinandersetzung mit Joyce McDougall (1987) glaube ich gezeigt zu haben, wie in einzelnen konkreten Abschnitten die Analysen überschwemmt wurden von den sexualisierten Phantasien der Analytikerin, zu denen es, außer in der Verschlimmerung des Zustands des Patienten, kein Korrektiv mehr gab.

Die Standardvorwürfe der klassischen Psychoanalyse umkehrend ließe sich sogar sagen: das Nichtberühren des Patienten bei bestimmten Übertragungen oder in archaischen Bedürfnislagen ist ein hilflos ängstliches Gegenagieren des Therapeuten aufgrund eines nicht mehr hinterfragten Verbots, das sich längst nur noch als historisch bedingt, wenn nicht als historischer Irrtum darstellen läßt. Doch Gegenvorwürfe führen nicht weiter, sie erhöhen höchstens die Gefahr der weiteren Verbarrikadierung der Positionen.

Wie kommt es zur Angst vor der Sexualisierung schon bei der Idee, einen Patienten zu berühren oder sich von ihm berühren zu lassen? Zunächst gibt es, mindestens bei den Freudianern, schon gleich zu Beginn die schiefe Bahn der Sprache. Alle Vereinigungs- oder Lebenstriebe werden zunächst mit Libido bezeichnet und diese ständig in die Nähe von Sexualität gerückt, und dann wird noch betont, daß der Ödipuskomplex mit dem sexuellen Begehren der Mutter und der Angst vor dem Vater der wesentliche Kern aller Neurosen sei. Alle Analytiker wurden bzw. werden auf diese extrem verengte Sicht vereidigt. Man braucht sich nicht zu wundern, wenn dem hysterischen Denken oder Begehren vieler Patienten die hysterischen Ängste der Analytiker gegenübertreten. Wenn das Kind im Patienten für polymorph pervers gehalten wird, ist äußerstes Mißtrauen gegen seine finsteren sexuellen Absichten verständlich.

Dies führt zu einem zweiten Grund für die Angst vor der Berührung in der Psychotherapie, der mit dem Männlichkeitswahn des 19. und 20. Jh. zusammenhängt. Er ging mit der absolut väterlich-männlichen Identifizierung Freuds eine merkwürdige Koalition ein und führte zu seinem verständnislosen Spott über die »Mutterzärtlichkeit« von Ferenczi. Ferenczi gebraucht das Wort Zärtlichkeit natürlich für die Zuwendungsformen und deren Inhalte in früher Zeit und scheint eine bereits hochelaborierte technische Variantenvielfalt benutzt zu haben. Was ihm fehlte, war eine Theorie der Regression, die dann erst sein Schüler Balint entwikkelte. Es fehlte eine genauere Definition der primären Ich-Bedürfnisse wie eine Anwendungsbestimmung für seine Berührungen in präzise definierten Entwicklungsphasen des Kindes im Patienten. Aus der so verstandenen »Zärtlichkeit« machte der Meister »Verzärtelung«, und damit war die Sache für fast sechs Jahrzehnte vom Tisch.

Es war Freud ganz fremd, daß der Analytiker, egal ob männlich oder weiblich, in seinen Identifikationen offen sein müßte für ein Pendeln zwischen Mütterlichkeit und Väterlichkeit. Vielleicht kam es auch durch dieses Männlichkeitsstreben (Freud wollte nur

Vater sein in der Übertragung) zu der abenteuerlichen Vernachlässigung des therapeutischen gegenüber dem forscherlichen Drang bei Freud, der den Gewinn an Wissen und Einsicht so turmhoch über die Niederungen der Reparatur eines entgleisten Seelenlebens stellte.

Ich behaupte, daß der disziplinierte Wunsch zu heilen, von Freud so diskreditiert, ein ebenso machtvolles Erkenntnisinteresse darstellen kann wie der Drang nach Wissen, und möchte den auch von Cremerius angeführten Satz aus Ferenczis Brief (vom 17.1.1930) an Freud zitieren:

»Ich teile z. B. nicht Ihre Ansicht, daß der Heilungsprozeß ein zu vernachlässigender oder unwichtiger Vorgang ist, den man, nur weil er uns nicht so interessant erscheint, vernachlässigen dürfte... (ich)... kann Ihnen mit Freude berichten, daß gerade hier anscheinend eine ganze Reihe von Fragen in anderes, schärferes Licht gerückt wird, vielleicht selbst das Problem der Verdrängung!...« (Ferenczi 1932, S. 13).

Die Angst Freuds, die Psychoanalyse könnte innerhalb der Medizin diskreditiert werden, wenn sie aus dem antiseptischen Labor des Couch-Sessel-Arrangements herausgenommen würde, führte m. E. dazu, daß die Psychoanalyse als ganze hysterisiert wurde. Der Eid auf die Omnipräsenz der Sexualität, die Definition des Kindes als eines polymorph-perversen Triebbündels, das nur auf primärprozeßhafte Befriedigung aus ist, die reduktionistische Einverleibung vieler Bedürfnisse und Motive in den brodelnd-verdächtigen Hexenkessel des Es, versetzten die Analytiker in eine Art phobische Hab-acht-Haltung. Sie vermochten oft nicht mehr zu unterscheiden zwischen Nähe, Bindung, Schutz, Anlehnung, Halt und Grenzsetzung und den schlimmen Folgen ihres Fehlens auf der einen Seite und der Sexualisierung, der Rollen- und Generationsverwischung auf der anderen Seite. Bräutigam hat in seiner Auseinandersetzung mit Bowlby und der Säuglings- und Kleinkindforschung (1991) einiges zurechtgerückt.

Es fiel vielen Analytikern unendlich schwer zu sehen, wo die Bedingungen und die Grenzen der alles dominierenden sprachlichen Symbolisierungsfähigkeit der Patienten in der frühkindlichen Entwicklung lagen. In akrobatischer Mühsal ist es vielen Pionieren der Rede-Kur zwar gelungen, die Dimensionen des sprachlich Erreichbaren zu erweitern. Aber die Angst vor und das Verbot der Berührung waren längst total. Berührung wurde in diffamierender Weise als ein Versagen des Analytikers vor den Aufgaben der wahren Psychoanalyse diagnostiziert. Es blieb als Konsequenz der allgemeinen Entwicklung einer auch auf die Intensivierung der Heilung bedachten Psychotherapie nur die gigantische Spaltung in zwei Lager: den sprachlich-symbolischen Umgang der Psychoanalyse mit dem Leiden des Patienten, und den weitverzweigten und durch keine einigende Theorie mehr zusammengehaltenen Reichtum der Körpertherapien. Ich behaupte, zum Schaden einer unabsehbaren Zahl von Patienten, in beiden Lagern.

Eine dritte Quelle der Angst, sicher aus einer anderen psychischen Schicht, ist die schlichte Über-Ich-Drohung, die durch die Kodifizierung der Behandlungsregeln und eine Versteinerung des Abstinenzkonzepts kam und bis heute in einer nicht mehr hinterfragbaren Weise die psychoanalytischen Institutionen durchsetzt. Ein anerkannter Lehranalytiker gestand mir vor ein paar Monaten, er habe bei einem Zustand tiefer Verzweiflung seines Patienten wie instinktiv dessen Hand ergriffen und eine Weile gehalten. Gut zwei Wochen lang habe ihn bis in die Träume danach die Sorge verfolgt, er habe die seit mehreren Jahren andauernde Analyse ruiniert. In dieser Sorge passierte es ihm sogar, auf welche Weise auch immer, den Patienten mit seiner Angst anzustecken. Die Ängste beider Partner begannen sich kumulativ zu vereinen. Er sagte selbst, er fühlte sich in einer archaischen Schicht wie von Strafe bedroht.

Bevor ich am Beispiel der Hysteriker, die ja mit ihrer Tendenz zur unbewußten Erotisierung sozusagen die Grundklientel bildeten für die Generalisierung der psychoanalytischen Angst vor der Sexualisierung als Folge von Berührung, möchte ich doch noch, als vierte Quelle der Angst, ein anderes Erleben eines analytischen Kollegen erwähnen, der mir folgendes sagte:

Nach langen und zum Teil auch qualvollen Überlegungen zu seiner Scheu, trotz einer körpertherapeutischen Fortbildung und ausreichender theoretischer Rechtfertigung von haltendem Kontakt, eine Patientin zu berühren, sei er zum Grund des panischen Zurückschreckens vorgestoßen. Er fürchte ein archaisches und nicht zu bändigendes Verschmelzungsverlangen (also nicht eine grobe Sexualisierung), und zwar gerade dann, wenn er daran denke, dem Berührungsbedürfnis der Patientin auf der Ebene ihres psychosomatischen Verhungerns entgegenzukommen.

Ich führe diese tiefere Panik vor der Berührung auch deshalb an, weil sie der Angst vor der Sexualisierung vermutlich in wechselnder Dosierung beigemengt ist. Geht man von dieser Angst vor einem archaischen Wunsch nach Verschmelzung und Grenzverlust aus, so gelangt man rasch wieder zu den von verschiedenen Forschern angeführten seelischen Strukturmerkmalen von Therapeuten, die sexuelle Kontakte zu Patientinnen aufnehmen: tiefe Einsamkeit, narzißtische Bedürftigkeit, Verschmelzungswunsch, eingebettet in Machtphantasien, die auf die extreme Abhängigkeit der Patienten reagieren. Sie sind aber meist eingebettet in eine Phantasie einmalig schöner Sexualität, die beiden Partnern gleich auf mehreren psychischen Schichten Erlösung verheißt.

Meine zweite Hauptthese zum Thema Angst vor der Sexualisierung lautet: je drängender der Wunsch eines Patienten nach erotischer oder sexueller Umdefinition der therapeutischen Beziehung ist, desto sicherer stammen seine Bedürfnisse aus viel früheren, basalen Schichten der seelischen Strukturbildung. Und je stärker ein Therapeut sich verliebt angesichts des Feuerwerks erotischer Verheißungen, desto sicherer sucht er auch Heilung von einem Defekt auf viel früherer Ebene, und sein Über-Ich-Halt wird weggerissen von der Idealisierung der frühen Mutter in der Patientin, die ihm, wie Kundry dem Parzifal, eine vergöttlichte Erlöserrolle in der Sexualität verheißt, während er doch selbst erlösungsbedürftig ist.

Diese Erlösungsbedürftigkeit, die für einen bestimmten Prozentsatz von uns zu einem Vergessen unserer ethischen Regeln führt, mit all den immer deutlicher werdenden schlimmen Folgen für die betroffenen Patienten, wird nun gerade durch den engen Begriff der Abstinenz, der ja auch psychohygienische Folgen für den Analytiker hat, mit einer zusätzlichen Belastung versehen. Der Therapeut darf nicht einmal dort, wo, wie ich zeigen möchte, Berührung natürlich, heilsam und geboten wäre, an der organismischen Befriedigung teilnehmen, die Eltern im Umgang mit ihren Kindern selbstverständlich ist. Die Entbehrungen des Analytikers auch auf der Ebene »unschuldiger« oder heilsamer Berührung verwandeln sich nämlich, durch die hysterisierende Definition aller Berührungen als potentiell sexuell oder sexualisierend, in einen für manche bedrohlichen Mangelzustand, der, da er kontinuierlich niederzuhalten ist, im Unbewußten laufend Gefahrensignale produziert. Und sie führen, neben der Indoktrination, zu der vielbeschriebenen Künstlichkeit im Verhaltensstil von vielen analytischen Therapeuten. Sie fürchten den Sündenfall auch dort, wo disziplinierte Natürlichkeit zur Entkrampfung und Vitalisierung so vieler in ihrer affektiven Kargheit dahinsiechenden Therapien führen könnte. Was ich mit disziplinierter Natürlichkeit meine, die eine Fülle hilfreicher Berührungsmöglichkeiten einschließt, soll später verdeutlicht werden. Einen einzigen Begriff möchte ich aber hier schon nennen, den ich für absolut zentral halte und der Selbsterfahrung und Hilfe durch Supervision voraussetzt, nämlich den der *Kultivierung* des Angebots an Berührung. Sie beginnt bereits damit, *wie* auf die Möglichkeit von Berührung innerhalb einer laufenden Therapie hingewiesen wird.

Ich komme zu einer dritten wichtigen These, die eine gewollte Provokation enthält. Als klassisch arbeitender Analytiker würde ich sie als unverschämt ansehen. Als psychoanalytisch ausgebildeter Körperpsychotherapeut möchte ich aber dreist sagen: ihre Unverschämtheit liegt in ihrem Wahrheitsgehalt. Die These lautet: je klüger, einfühlsamer und aufrichtiger ein Psychoanalytiker seine Not mit bestimmten Gruppen von Patienten beschreibt, desto näher kommt er der Wahrheit und Notwendigkeit von Berührung, oder, in einem intensivierenden Sinne, von körperlicher Interaktion mit diesen Patienten. Ich habe versucht, das in meiner Auseinandersetzung mit Joyce McDougall zu zeigen (1987).

Ich möchte den Prozeß von der bewundernden Wiedergabe psychoanalytischer Erkenntnisse, wie sie aus verquälten klinischen Szenen von vielen Forschern gewonnen wurden (oftmals leider unter ausgiebigem Gebrauch der »negativen Diagnostik«), hin zu einer körpertherapeutischen Schließung ihrer Gestalt in der Therapie noch einmal nachvollziehen. Ich tue dies am Beispiel eines Aufsatzes von Masud Khan mit dem Titel »Der Mißmut des Hysterikers« aus dem 1990 auf deutsch erschienenen Buch mit dem wunderbaren Titel »Erfahrungen im Möglichkeitsraum. Psychoanalytische Wege zum verborgenen Selbst«.

Mein wichtigster Lehrer in Körperpsychotherapie, der Amerikaner Albert Pesso, zentriert seine Arbeit im wesentlichen um den Begriff der »possibility sphere of the true self«, was genau das gleiche meint wie der »Möglichkeitsraum« bei Khan. Ich bin sicher, daß die beiden nichts voneinander wußten, aber sie sind in weit auseinanderliegenden klinischen Sphären ähnlich kühne Wege gegangen.

Ich-Fähigkeiten und Ich-Bedürfnisse vs. Triebbefriedigung und Sexualisierung

Ich beschränke mich hier also auf Probleme der Sexualisierung für Patienten wie Therapeuten bei den Hysterikern, weil sie eine exemplarische Gruppe bilden und sich bestimmte Aspekte der Angst wie ihrer möglichen Überwindung hier am deutlichsten zeigen lassen. Khan verwendet, als Gegenpol zu den bei ihnen vorzeitig und übermäßig sexualisierten Abwehr- und Zuwendungsformen, den Ausdruck *Ich-Fähigkeiten*. Diese Ich-Fähigkeiten sind bei ihnen zum Teil nur rudimentär entwickelt. Ich möchte den Begriff ausweiten um die Dimension der unerfüllten *Ich-Bedürfnisse*, die nach therapeutischer Ergänzung verlangen. Damit das ganze nicht zu ichpsychologisch klingt, möchte ich ferner betonen, daß für mich in diesen Ich-Bedürfnissen die kohutschen Bedürfnisse nach der Spiegelung des Selbst ebenso enthalten sind wie Bowlbys fundamentale Kategorie der Bindung. Und ich möchte betonen, daß all dies auch in Pessos Grundbedürfnissen nach Nahrung, Schutz, Unterstützung und Grenzen enthalten ist. Das bezieht sich auch auf das Autonomiestreben, das Khan ebenfalls nicht ausdrücklich erwähnt. Ich betone das Autonomiestreben deshalb noch einmal, weil einer der gebetsmühlenartig wiederholten Vorwürfe mancher Psychoanalytiker an die Körpertherapie der folgende ist: sie vernachlässige die Entfaltung der Autonomie des Patienten durch ein omnipotentes und infantilisierendes Angebot an Verwöhnung, Kuschelatmosphäre oder puschendes Überwältigen der Widerstände. Deswegen habe ich auch schon oben den zentralen Begriff der Kultivierung und Dosierung der Berührung erwähnt.

Khan schreibt, er möchte nachweisen,

> »daß der Hysteriker auf eine nicht hinreichend-gute Bemutterung und Fürsorge in seiner frühen Kindheit mit einer vorzeitigen Sexualisierung reagiert. Mit den primitiven Ängsten und Affekten, die durch das Versagen der phasenadäquaten, haltenden Umwelt hervorgerufen werden und eine Gefahr für die Kohärenz des noch in Entwicklung befindlichen Ichs darstellen, versucht er durch Intensivierung und Ausbeutung der Sexualapparate des Körper-Ichs fertig zu werden. So kommt es von Anfang an zu einer Dissoziation von sexueller Erfahrung und kreativem Gebrauch von Ich-Fähigkeiten« (1990, S. 78).

Im Grunde vereinigt der Satz die Stringenz der klassischen Entwicklungspsychologie und Abwehrtheorie mit den Erweiterungen, die uns Kohut und Winnicott geschenkt haben. Wenn ich weiter Khan zitiere, jetzt schon mehr auf die Behandlungssituation bezogen, so bitte ich, immer die vorausgegangenen Bemerkungen über die psychische Disposition des sexuell fehlbaren Therapeuten im Auge zu behalten, den so tiefe Dimensionen einer komplexen Bedürftigkeit umtreiben. Khan schreibt weiter:

»Bewältigt der hysterisch Kranke als Erwachsener Angst durch Sexualisierung, dann ersetzt er in Objektivbeziehungen affektive Beziehungen und Ich-Funktionen durch die Sexualapparate des Körper-Ichs. Daraus resultieren sowohl Promiskuität als auch sexuelle Hemmungen ... Der Hysteriker versucht, durch den Gebrauch der Sexualapparate zu erlangen, was andere Menschen durch ihre Ich-Funktionen erreichen« (S. 70). Und: »Jeder Hysteriker, ob männlich oder weiblich, glaubt fest daran, daß die Erfüllung seiner sexuellen Wünsche und Begierden seine Krankheit heilen würde« (S. 79). Und: »Die *Hoffnungen*, die das Ich-Potential des Hysterikers zu versprechen scheinen, sind ein wesentlicher Bestandteil seiner persönlichen Anziehungskraft.«

Khan bietet damit auch die Erklärung dafür, warum die Erotisierung in der Übertragung nicht nur so drängend ist, sondern auch so breit orchestriert, daß gelegentlich das Behandlungszimmer wie überschwemmt erscheint von erlösungsverheißender Erotik; oder, um es poetischer auszudrücken, und das hat in unnachahmlicher Weise Sabina Spielrein (1986) getan, *warum* das Traumpaar von Therapeut und Patient in so außergewöhnlichem Licht der gemeinsamen Selbstidealisierung erstrahlt. Sie verheißt eine Dimension der Verschmelzung, die die Niederungen ethischer Standesregeln weit hinter sich lassen darf. In ihrem *Tagebuch einer heimlichen Symmetrie* hören wir die lyrisch-pathetischen Stimmen beider verzauberter Partner, und zwar im Stadium verzehrender Sehnsucht wie in dem wohl partieller Realisierung. Die breite seelische Orchestrierung erklärt vielleicht auch, warum das Thema des Sehnens nach inzestuöser Erfüllung in diesem überwältigenden Ausmaß einige Opern von Richard Wagner durchzieht: Es geht ja nicht um Sexualität und Familiengründung, sondern um das ganze Paradies illegitimer, ins Außerordentliche gesteigerter erotischer Verschmelzung. Doch folgen wir weiter Masud Khan:

»Aber bedingt durch die Dissoziation von sexueller Phantasie und Ich-Funktion verharren die Hysteriker passiv und abwartend in der Hoffnung auf jemanden, der ihnen dabei hilft, ihr bizarres Amalgam prägenitaler und genitaler Sexualität zu agieren. Bei der Behandlung Perverser fiel mir auf, daß ihre Komplizen (»Opfer«) häufig hysterische Frauen waren.« (S. 81).

Nun, das gleiche fanden die Forscher über die Struktur der Opfer von sexuellem Mißbrauch in Therapien. Es ist in dem Satz gleichzeitig mit erklärt, warum sich die Übeltäter wie mächtige, erlösende Helden dem Patienten gegenüber vorkommen: Die relative Passivität der Patienten erlöst gerade die therapeutischen Erlöser von den demütigenden Erfahrungen der Ohnmacht gegenüber der Mutter in ihrer Kindheit. Der einzig störende Begriff bei Khan in diesem Satz ist der Begriff der »prägenitalen Sexualität«, so, als ob er nicht vorher schon betont hätte, daß die ersehnte Sexualisierung ganz andere Ich- und Selbstbedürfnisse und Ängste bis hin zur Panik lindern oder stillen sollte.

Ich zitiere weiter Khan, und nun nähern wir uns immer mehr der Behandlungssituation, obwohl ich gleich betonen möchte, daß der Aufsatz uns, was behandlungstechnische Konzepte oder Ratschläge angeht, mit leeren Händen zurückläßt:

»In allen Objektbeziehungen zwischen dem Hysteriker und anderen Menschen findet eine grundsätzliche *Verkennung* (méconnaissance) statt. Das Objekt liest die Gesten des Hysterikers als Ausdruck sexueller Wünsche und Begierden und beantwortet sie als solche, während sie im Grunde genommen eine symbolische Körpersprache darstellen, die die primitiven Bedürfnisse nach Fürsorge und Schutz zum Ausdruck bringen soll. Für den Hysteriker kommt das sexuelle Erlebnis folglich einem Vertrauensmißbrauch und einer gemeinen Ausnutzung seines sexuellen Körper-Potentials gleich« (S. 82).

Ich möchte nicht, quasi aus Versehen, mein Thema umwandeln in eines über sexuellen Mißbrauch in der Therapie. Aber es drängt sich als reale Kehrseite der Ängste der Analytiker vor der Sexualisierung auf und ist durch die wachsende Fülle der gegenwärtigen Selbstoffenbarungen von mißbrauchten Patientinnen heute sehr aktuell. Deshalb füge ich noch einen Satz an, der das Leid der Patientinnen meisterhaft zusammenfaßt. Khan berichtet aus einer Behandlung und schreibt über eine Episode einer Patientin im realen Leben, die aber auch Ausdruck einer entgleisten Therapie sein könnte:

»Am Ende ihrer heißen Liebesaffäre mit einem sehr ehrenwerten Mann machte die Patientin ihrem Groll Luft: ›Was ich brauchte, war Liebe, und was habe ich bekommen? Er hat mich zu einer Hure gemacht.‹« (S. 82).

Auf eine Therapiesituation bezogen heißt Liebe hier natürlich eine elterlich-freundlich-liebevolle, aber sexuell abstinente Form der körperlichen Zuwendung, die das sinnlose körperlich-sexuelle Agieren außerhalb der Analyse überflüssig macht, ein wichtiger Vorzug der Körperarbeit in der Regression.

Nun ein weiteres Zitat von Khan, in dem deutlich wird, wie sehr neben Balint auch Winnicott auf der behandlungstechnischen Ebene die Differenzierung der frühen Bedürfnisse für wichtig hielt und damit indirekt die freudsche Sprachverwirrung zu korrigieren versuchte. Freud hat erkannt, so Khan,

»daß die hysterischen Symptome eine *Kommunikation* darstellen«, mit einer »eigenen, ganz besonderen Grammatik« der Gefühle. »Freud hat deutlich gemacht, daß die hysterischen Symptome verdrängte und unbewußte Wunschsysteme mitteilen, die vorwiegend der infantilen Sexualität angehören.«

Was Freud noch nicht formulierte oder erkannte, war, daß die unbewußten Wunschsysteme bereits ihrerseits massive kumulative, aber früh libidinisierte Ich-Bedürfnisse enthielten, etwas, das die moderne Hysterieforschung erst nachgeliefert hat. Deshalb fährt Khan fort:

»Winnicott entwickelte diese These weiter, indem er zwischen unbewußten Wunschsystemen (des Es) und unbewußten Bedürfnissen (des Ichs) unterschied. Er argumentiert, daß Wunschsysteme (also Triebbedürfnisse, T. M.) von intrapsychischen Prozessen, z. B. Verschiebung, Projektion und Verdrängung, bewältigt werden können, Bedürfnissysteme hingegen nach *realer äußerer Förderung und Unterstützung von seiten der versorgenden Umwelt verlangen*, damit das in Entwicklung begriffene Ich des Kindes allmählich die Fähigkeit erwerben kann, selbständig mit ihnen fertig zu werden« (S. 83, Hervorhebung T. M.).

Ein großer Teil der modernen Säuglingsforschung ist im Grunde, soweit sie psychoanalytisch orientiert ist, der Entwirrung dieser Verhältnisse gewidmet. Der erste Teil des obigen Zitats umreißt das Hauptanwendungsfeld der klassischen Analyse, der zweite das der ichstrukturellen Störungen. Für sie hat auch die Psychoanalyse neue Formen des therapeutischen Umgangs entwickelt, selbst wenn sie die notwendigen Modifikationen oft durch den Ausdruck der anzuwendenden »Parameter« quasi entschuldigt oder entwertet.

Wollte ich nun klinisch wie theoretisch die Möglichkeiten der

Körperpsychotherapie in das Zentralmassiv der Psychoanalyse einfügen, so würde ich sie unter den Begriff der erweiterten Parameter subsumieren. Aber dafür sind sie mir zu schade. Sie verdienen einen würdigeren Ort, und sie werden sich von begabten Theoretikern auch metapsychologisch fassen lassen. Dabei käme endlich dem »ökonomischen« (also dem energetischen) Aspekt wieder die angemessene Bedeutung zu. Allerdings müßte hier, da es sich um Ich-Bedürfnisse in rudimentärer oder auch konvulsivischer Form handelt, statt Trieb der allgemeinere Begriff der *Energie* gebraucht werden, den viele Pioniere der Körpertherapie benutzen, oder der Begriff der *Lebensenergie* im Sinne von Adler (vgl. hierzu Heisterkamp 1991).

Kehren wir zum Thema der Angst vor der Sexualisierung zurück und schöpfen wir den Reichtum von Khans Aufsatz noch weiter aus. Es gibt da ein paar geniale Sätze, die so viel aufgeregtes Nachdenken der letzten beiden Jahrzehnte schon zusammenfassen, einschließlich der Schlachten um die Traumatheorie.

Khan schreibt mit magistraler Einfachheit:

»Es gibt in der Ätiologie der Hysterie ein *tatsächliches* Trauma, aber es ist kein sexuelles. Es hängt mit der Unfähigkeit der Mutter zusammen, sich den Ich-Bedürfnissen des Kindes anzupassen.« (S. 85)

Natürlich ist die Mutter, oder auch der frühe Vater, an dem Einsetzen der Sexualisierung als Notmaßnahme beim Kind beteiligt. Aber irgendwann wird die unbewußte Sexualisierung natürlich unabhängig vom Objekt, weil das bedrohte Selbst sich die Triebentwicklung, die eben kein rein quantitativ fixiertes und naturwüchsiges Phänomen ist, gierig zunutze macht, um Lücken und Beschädigungen auszugleichen. Dies immer deutlicher herauszuarbeiten, ist das Ziel der Selbstpsychologie. Khan deutet die Reinszenierung des Hysterikers in der Analyse so:

»Folglich sexualisiert er die Übertragung übermäßig, d. h., er versucht, dem analytischen Prozeß die sexuelle Lösung aufzuzwingen. Was wie eine absolute Intoleranz des Hysterikers gegenüber sexuellen Versagungen aussieht, entpuppt sich als sein grundsätzliches Mißtrauen gegenüber der Möglichkeit, daß das äußere Objekt seinen Ich-Bedürfnissen entsprechen könnte« (S. 85).

Dieser Satz erklärt sicher manches über die Qualen der Unzufriedenheit in vielen stagnierenden oder gar scheiternden Analysen, deren Mühsal und Entbehrung in einer falsch verstandenen Abstinenz Khan zusammenfaßt, einer Abstinenz, die ihr Gesetz von den Es-Wünschen ganz imperialistisch auf die Ich-Bedürfnisse ausgedehnt hat, die nach etwas ganz anderem rufen als nach Analysiert-Werden ohne konkreten Halt und interaktive Hilfe. Khan schreibt weiter über die Wirkung dieser Verwirrung zwischen Es-Wünschen und Ich-Bedürfnissen: dies »erklärt, weshalb der Hysteriker ein solch vielversprechender und störrischer Patient ist«. Wir alle kennen wohl die eigene wie die qualvolle Unzufriedenheit von Patienten über lange Strecken von Therapie und Analysen. Thomä und Kächele (1988) führen einige Beispiele hierfür an, eines davon habe ich näher untersucht (1989) und auch gezeigt, wie leicht hier die »negative Diagnostik« einsetzt. Viele aufrichtige und besorgte Analytiker berichten, sie hätten den Eindruck, der Patient verhungere oder verkümmere oder werde über Jahre oft nur mühsam durchgebracht. Es handelt sich meiner Meinung nach sehr oft um Phasen, in denen der Patient aus unerfüllten archaischen Ich-Bedürfnissen heraus stumm oder laut schreit, ohne deren Erfüllung er vom analytischen Prozeß nicht oder nur in ganz verdünnter Form profitieren kann. Die Analyse nützt ihm nur, wenn der Analytiker, wie Fürstenau immer wieder dargelegt hat, über längere Zeit Hilfs-Ich-Funktionen für die Patienten übernimmt.

Und nun noch einmal ein zentraler Satz, nachdem Khan die deprimierend mageren Ergebnisse von klassischen Analysen mit Hysterikern, etwa von Zetzel und Anna Freud, referiert hat:

»Der Hysteriker zwingt die Umwelt, auf ihn einzuwirken oder für ihn aktiv zu werden, aber er *kann sich einem gemeinsamen psychischen Dialog nicht öffnen*« (S. 86, Hervorhebung T. M.).

Körperarbeit in der Analyse als Prozeß von Klärung und Entsexualisierung

Die analytische Körpertherapie kommt dem Patienten u. a. dort zu Hilfe, wo der von der Analyse angebotene psychische Dialog nicht greift, die verbogenen oder unterentwickelten Ich-Fähigkeiten, die beim Kind in der leib-seelischen Wechselseitigkeit mit der Mutter wurzeln, aber dringend nach Vervollständigung rufen.

Die Angst vor einer Sexualisierung der körpertherapeutischen Hilfestellung bei der strukturierenden Erfüllung von frühen Ich-

Bedürfnissen hängt mit dem Gewicht einer falschen Abstinzenregel wie mit der Unerfahrenheit der Analytiker in der Entwirrung von Trieb- und von Ich-Bedürfnissen zusammen. Die Entwirrung ist ja auch wirklich schwierig, weil sich die Bestandteile amalgamiert haben. Die Auflösung funktioniert am besten durch die Berührung, wenn der *Therapeut die Entwirrung in seinem eigenen Körper geleistet* hat. Seine wichtigste Eigenschaft ist die sichere Verfügung über seinen *Eltern-Körper*. Damit ist gemeint: er muß sich sicher fühlen, muß in seinen Interaktionsangeboten verdeutlichen, daß er mit dem Kind im Patienten in Kontakt ist. Dann bleibt er abstinent auf der Trieb- und Verführungsebene, und er strukturiert und greift dosierend ein auf der Ebene der früh ausgefallenen Hilfen zum Wachstum des Ichs wie des Selbst. Ich habe gegenüber den *leidvollen* Thesen von McDougall schon polemisch betont, daß sie mit ihren Deutungen in Kindermumien herumstochert.

Masud Khan drückt das Problem auf seine Weise über den Hysteriker aus, nämlich:

»daß es in ihm kaum eine echte kreative psychische Aktivität oder Affektivität gibt. Diese innere Leere macht das eigentliche Dilemma des Hysterikers aus, und sie spricht vor allem gegen einen positiven Gebrauch des analytischen Prozesses mit dem Ziel der Selbsterkenntnis und Persönlichkeitsentwicklung« (S. 87).

Die Körperpsychotherapie ist keine Verzärtelung und keine Verwöhnung. Sie vermeidet Triebbefriedigung im alten Sinne. Sie dient u. a. der Entwirrung der verwirrten Kleinkinder in den Patienten, die aufatmend erkennen, daß sie nicht die ewige Wiederholung der Sexualisierung brauchen, die einer Art lustvoller Tantalusarbeit gleicht. Sie brauchen Halt, Unterstützung und Grenzen, sehr oft auch den Therapeuten als körperlichen Container, um das Ausmaß der lebenslänglich akkumulierten Verzweiflung abfließen zu lassen. Dies geschieht in manchmal schier unendlich scheinendem Weinen, aber auch im lustvollen Üben und Erleben von Interaktion, die die verlorene körperliche und symbolische Wechselseitigkeit wiederherstellt.

Ich kann hier nicht in die Details der psychoanalytisch orientierten Körperarbeit einsteigen, das meiste ist früheren Publikationen zu entnehmen (Moser 1986, 1989). Ich bin aber dabei, einzelne Stunden so genau wie möglich zu protokollieren und sie an verschiedenen psychoanalytischen Instituten mit Kollegen zu diskutieren, um etwas von der möglichen Verknüpfung von Psychoanalyse und Körperarbeit in diesem Bereich zu zeigen. Zwei solcher Stundenprotokolle sind erschienen in dem Buch »Der Körper in der Psychotherapie« (1991), weitere in »Stundenbuch« (1992).

Zum Schluß möchte ich mein Versprechen einlösen und die beiden Begriffe der Kultivierung der Berührung und der disziplinierten Natürlichkeit noch etwas verdeutlichen. Aus unserer eigenen Geschichte als Kinder, Eltern, Verwandte oder Lehrer usw. bringen wir nämlich eine ganze Menge von körperlichen, bewußten wie vorbewußten Interaktionserinnerungen mit. Der Umgang mit oder die Beobachtung von Kindern im Umgang mit körperfreundlichen Erwachsenen reichert das passive Repertoire wie die aktive Phantasie und Handlungsbereitschaft ebenfalls an. Verglichen mit dem auf symbolische Interaktion begrenzten Angebot der Psychoanalyse (das außergewöhnlich differenziert sein kann) gleichen die Handlungsangebote versunkenen Schätzen, die nicht genutzt werden. Mit Kultivierung ist gemeint: die Fähigkeit zur Auswahl und die genaue Beobachtung der Bedürfnisse des Patienten, aber auch schon die Form des Fragens, mit der man den Patienten teilhaben läßt an der Erkundung dessen, was er braucht. Analog zur sog. analytischen Kultur entwickelt sich nämlich eine Kultur des angemessenen Interaktionsangebots, und zwar mit jedem Patienten eine andere. Der Begriff der disziplinierten Natürlichkeit schließt sich hier an. Er bedeutet, daß wir uns mit zunehmender Übung verlassen können auf die körpersprachlichen Zeichen des Patienten und die eigenen Bilder und Phantasien, die den analytischen Prozeß begleiten, und die, wenn sie mitgeteilt werden, den Patienten über unsere körpertherapeutische Gegenübertragung wie unser Berührungsangebot informieren. Er kann sich orientieren, auswählen, sich entscheiden, was er mit unseren Bildern und Interaktionsangeboten anfängt. Er lernt dosieren, welche Schritte er tun will: ob er sprechen, verdauen, phantasieren oder sich der Beobachtung seiner Affekte hingeben will, oder ob er eine unbekannte Szene auch körperlich explorieren möchte, die ihn zunächst in unstrukturiertes und gefürchtetes Neuland führt. Einer heftigen körperlichen Szene können lange Strecken der sprachlichen oder künstlerischen Aufarbeitung folgen. Es kann aber auch sein, daß die Sprache vorübergehend eine recht geringe Rolle spielt, solange nur die körperlichen Engramme sprechen oder durch Handeln oder Berühren entschlüsselt werden. Unsere wachsende Intuition und wachsende Variationsbreite wird uns oft viel mehr szenische Angebote vorgeben, als dem Prozeß angemessen sind. So bleiben sie begleitende Bilder. Ganz entsprechend dem Umgang mit dem Verzicht auf Deutungen in klassischen Analysen – hier greift der Gedanke an die Selbsttätigkeit des Patienten, vor allem etwa durch Winnicotts Hervorheben der stillen Deutung immer mehr – gibt es einen abwägenden, disziplinierten Umgang mit den Körperphantasien und Interaktionsangeboten des Körperpsychotherapeuten. Vor allem bei gehemmten Patienten ist es wichtig, den Übergang vom passiven Lernen zum aktiven »Abholen« des strukturierenden Eingriffs zu beachten. Der Prozeß verläuft nicht ohne permanente Schwankungen. Vor allem führt Berührung, und besonders interaktive Berührung, zu einem rascheren Wechsel der Übertragungskonstellationen, als wir es aus klassischen Analysen kennen. Eine geglückte Interaktion verändert das affektive wie das Handlungspotential schneller, vor allem, wenn sich in der Interaktion eine offen gebliebene affektive oder Handlungsgestalt schließt.

Analytisch orientierte Körperpsychotherapie ist lernbar und lehrbar. Sie muß sich nicht verlassen auf den sog. begnadeten oder existentiell außergewöhnlichen Augenblick, wo es unter besonderen Umständen und ohne lange Überlegung zu spontanen Berührungen kommt, die dann oft, schon wegen ihrer Seltenheit, vom Patienten wie vom Therapeuten mit fast mythischer Bedeutung umgeben werden.

Die Angst vor der Sexualisierung ist eine Angst vor der möglichen Unordnung in unserer eigenen Leiblichkeit, vor der Verwirrung unserere eigenen Gesten, Bedürfnisse, Berührungen. So wie der Analytiker durch seine eigene Analyse und die Supervisionen seine kindliche wie die elterliche seelische Position des Analytikers erfährt und kennenlernt, so vermittelt körpertherapeutische Selbsterfahrung ein Kennenlernen des im Erwachsenenkörper weiterbestehenden Kinderkörpers, und sie vermittelt die Aneigung des eigenen Elternkörpers in seinen mütterlichen wie väterlichen Dimensionen. Man staunt dann, wieviel heilsame Berührung und Interaktion stattfinden kann, ohne daß Übergriffe und Grenzüberschreitungen geschehen. Die Dankbarkeit von Patienten, die erfahren, wie sie einen unklaren Affekt und eine diffuse Handlungsbereitschaft in einer sinnstiftenden Interaktion klären und in den

Raum des verfügenden Ichs überführen können, ist groß. Sie gleicht natürlich der, die auch in klassischen Analysen entsteht. Aber sie ist realistischer, weil sie sich auf organismische Prozesse bezieht, die sich näher am ursprünglichen Aggregatzustand der Affekte vollziehen. Das gestärkte Ich verfügt dann auch über ein breiteres und vitaleres Fundament für die später einsetzenden Prozesse der Symbolisierung.

Literatur

Anonyma (1987) Verführung auf der Couch. Kore, Freiburg i. Br.

Augerolles J. (1991) *Mein Analytiker und ich. Tagebuch einer verhängnisvollen Beziehung,* Frankfurt a. M.

Bräutigam W. (1991) *Bindung und Sexualität in psychoanalytischen Theorien und in der Praxis. Psychother Psychosom Med Psychol* 41

Bittner G. (1988) *Psychoanalyse und Körper.* In: Werthmann H.-V. (Hrsg) *Psychotherapie und innere Medizin*, München

Ferenczi S. (1988) *Ohne Sympathie keine Heilung. Das klinische Tagebuch von 1932,* Frankfurt a. M.

Hoffmann-Axthelm D. (1991) *Der Körper in der Psychotherapie*, Oldenburg

Khan M. M. R. (1990) *Erfahrungen im Möglichkeitsraum*, Frankfurt a. M.

Moser T. (1986) *Das erste Jahr. Eine psychoanalytische Behandlung, Frankfurt a. M.*

Moser T. (1989) *Körpertherapeutische Phantasien. Psychoanalytische Fallgeschichten neu betrachtet*, Frankfurt a. M.

Moser T. (1992) *Stundenbuch*, Frankfurt a. M.

Moser T. (1990) *Das zerstrittene Selbst*, Frankfurt a. M.

Moser T., Pesso A. (1991) *Strukturen des Unbewußten*, Stuttgart

Pesso A. (1986) *Dramaturgie des Unbewußten*, Stuttgart

Reimer C. H. (1991) *Über Mißbrauch von Abhängigkeit in der Psychotherapie.* In: Buchheim P., Cierpka M., Seifert Th. (Hrsg) *Psychotherapie im Wandel, Abhängigkeit. Lindauer Texte 1990*, Berlin, Heidelberg, New York

Sèchehaye M. (1986) *Eine Psychotherapie der Schizophrenen*, Stuttgart

Spielrein S. (1986) *Tagebuch einer heimlichen Symmetrie*, A. Carotenuto (Hrsg). Freiburg i. Br.

Thomä H., Kächele H. (1988) *Lehrbuch der psychoanalytischen Therapie.* Bd 2: *Praxis,* Berlin, Heidelberg, New York

Wirtz U. (1989) *Seelenmord. Inzest und Therapie*, Stuttgart

»Es ist vielleicht ungerecht, ihn als Schweinehund zu bezeichnen« Über Joëlle Augerolles Buch »Mein Analytiker und ich« und andere Bücher über sexuellen Mißbrauch auf der Couch

Öffentliche Themen unterliegen einem rätselhaften Zeitgeist: sie mögen noch vor wenigen Jahren keine Chance auf allgemeine Diskussion gehabt haben, und plötzlich sind sie en vogue, die Medien und die Verlage quellen über. Man vermutet hinter dem Zeitgeist gewandelte ökonomische Chancen: der Markt schluckt plötzlich Sujets, an denen Jahrzehntelang nur stumm gelitten werden konnte. Aber auch die institutionell-ökonomischen Chancen sind nichts Primäres. Wie entsteht eine öffentliche Vertäglichkeit und Verkäuflichkeit von Themen, die lange unerträglich waren? Es ist schwer, die Ebene zu fassen, auf denen eine Veränderung vor sich geht.

Man könnte auch von »verringerter öffentlicher Abwehr« sprechen, so wie es in Schüben mit der Homosexualität, mit Abtreibung, Transsexualität und anderen Themen der Fall war. Vielleicht hat auch die universelle Bedrohung durch Aids und die Diskussion in ihrem Gefolge Räume geöffnet für die Dokumentation anderer bedrohlicher Formen der Sexualität, in diesem Fall der Sexualität im Therapieraum mit extrem abhängigen Patienten.

Es gibt, und dies verzögert die öffentliche Diskussion bei manchen Themen, eine fragmentierte öffentliche Abwehr. Für die Psychoanalytiker war es selbstverständlich, die neuen Therapieformen, vor allem die Körpertherapien, der erotischen Zügellosigkeit zu verdächtigen und anzuklagen. Und in der Tat haben sich manche Pioniere und ihre Schüler viel zuschulden kommen lassen an erotischem »Absahnen« auf den abgelegenen Workshops der in der Welt herumjetenden, partiell entwurzelten Lehrer neuer therapeutischer Möglichkeiten. Nun bricht aber auch in der psychoanalytischen Welt, als letzter Bastion der Selbstgerechtigkeit auf diesem Feld, die Möglichkeit des Wegsehens, Beschuldigens und Projizierens zusammen. Die Ironie des Zeitgeistes will es, daß die bestdokumentierten Geschichten von Sexualität auf der Couch von Analysepatienten stammen, und eines der besten Kapitel über die Psychologie der therapeutischen Verführer von einer Schweizer

Tiefenpsychologin, Ursula Wirtz (Titel: »Seelenmord«), die viele Patientinnen von gestrauchelten Therapeuten nachbehandelt hat.

Es sind eine Reihe von autobiographischen Berichten von Patientinnen in Arbeit. Es gibt plötzlich Forschungsgelder zum Thema Mißbrauch, und mit der entsprechenden Verspätung bemühen sich jetzt sogar die psychoanalytischen Fachgesellschaften um Ethikkommissionen und Regeln für peinliche Untersuchungen und Ausschlußverfahren. Die klinischen Psychologen haben solche Regeln seit längerem, und wenn man mit Mitgliedern solcher Kommissionen oder verbandsinternen Disziplinarrichtern spricht, erfährt man, daß sie regelmäßig zu tun haben. Das Groteske ist nur, daß die Kommissionen immer wieder auch auf verstrickte Therapeuten treffen, die ihr Tun noch rechtfertigen und ihrem wildernden und marodierenden Penis spezielle Heilqualitäten zusprechen.

Vor einigen Monaten ist, aus dem Französischen übersetzt (auch die »Verführung auf der Couch« von Anonyma, Freiburg 1988, spielte in Paris) ein kleines Taschenbuch erschienen von Joëlle Augerolles, »Mein Analytiker und ich« (Fischer 1991), das in grandioser Unappetitlichkeit noch einmal die Degeneration einer seelischen Heilbehandlung in eine sexuelle Ausbeutung schildert.

Es ist das elend alte Lied der Unordnung und der Verwirrung zwischen kindlichen und erwachsenen Bedürfnissen, auf beiden Seiten, die Verwechslung der »Sprache der Zärtlichkeit« mit der »Sprache der Leidenschaft«, wie einer der Pioniere der psychoanalytisch orientierten Körperpsychotherapie, Sandor Ferenczi, es formuliert hat. Die Patientin ist emotional ausgehungert, in einer früheren Analyse mit einer Frau zwar etwas stabilisiert worden, aber nicht wirklich zu sich selbst gekommen. Der familiäre Hintergrund ist düster. Noch die Vierzigjährige schreibt nach einem Besuch bei ihr: »Die boshafte Neugier meiner Mutter, der gehässige Blick, mit dem sie die Menschen und die Dinge mustert, machen mich ganz krank... Ein schweres Leben, ohne Freude, ohne Liebe, Kinder, die sie nicht wollte und die sie nicht geliebt hat, ein durch Unwissen und Armut verpfuschtes Leben.« Sie erzählt also dem Analytiker »von meiner Kindheit, meiner Jugend..., vom ewigen Streit zwischen meinen Eltern, dem Alkoholismus meines Vaters, den Neurosen meiner Mutter...« Einige Wendungen legen nahe, daß es zu sexuellem Mißbrauch in der Kindheit gekommen ist, der aber tief verdrängt ist. Mit einiger

Sicherheit läßt er sich erschließen aus den raschen sexuellen Avancen eines Therapeuten, bei dem sie nach Beendigung der ersten Analyse Hilfe gesucht hat. Sie ist also ein mehrfach gebranntes Kind, als sie voller Angst ihren nächsten Versuch wagt.

In den ersten Stunden beim neuen Analytiker schon kommt es zu einer totalen Spaltung zwischen positiver, idealisierender (leicht erotisierter) und negativer, dämonisierender und angstvoller Übertragung. Die psychosomatischen Sofortreaktionen nehmen das spätere Geschehen schon vorweg. Nach einer der ersten Stunden heißt es, obwohl er noch freundlich zuhört: »Mir wird übel. Ich bleibe am Rand des Bürgersteigs stehen, aber ich kann mich nicht einmal erbrechen.« Und schon während der ersten Stunde: »Auf diesen Mann zuzugehen kommt mir vor wie ein ›Abstieg zur Hölle‹.« Mit der ganzen Wucht der negativen Wiederholung wird ihre Kindergeschichte neu inszeniert. Die Patientin ist nach wenigen Stunden in seinem Bann, unfrei, mit Erlösungshoffnungen und Mißbrauchsgewißheit, noch vollkommen unbewußt, und die Pathologie des Analytikers fügt sich der ihren an, nein, evoziert sie, verstärkt sie, beutet sie aus, anstatt sie aufzufangen. Zwei große Fragmente des Unbewußten beider Personen beginnen einen sadomasochistisch getönten, sexualisierten Tanz.

Das Ergreifende an diesem Tagebuchbericht ist die Klarheit, mit der das Kind in der Patientin fühlt, was sie braucht, und mit der die Erwachsene weiß, wo die Analyse nur noch schlüpfriger Boden ist. Das macht den dramatisierten Lehrbuch-Charakter des Berichts aus. Sie weiß, daß sie Halt, Schutz, Wärme, Geborgenheit sucht. Aber sie hat dies nie ohne sexualisierte Einkleidung denken oder erleben können. Der Analytiker vernebelt früh das therapeutische Gelände, indem er sie nach vier Wochen schon, als sie weinend und verzweifelt in die Stunde kommt, in den Arm nimmt und dort festhält: »Der Druck ist fast schmerzhaft. Ich höre mich selbst sagen: ›Sind Sie sich Ihrer sicher?‹« Der Angeber bejaht, ist es aber nicht. Er hat es nicht gelernt, mit haltgebender Berührung umzugehen, die bei manchen Patienten das Fühlen und Sprechen erst möglich macht.

»Übrigens werfe ich mir auch vor, daß ich ihn nicht selbst gewählt habe. Ich hätte noch ein oder zwei andere Analytiker aufsuchen sollen, bevor ich mich endgültig entschied.« Sie hatte sich einfach überweisen lassen und der »Verordnung« gehorcht.

Sie erlebt Warnzeichen genug, zweifelt an seiner Kompetenz für sie. Sie will die Stundenzahl reduzieren, bittet ihn, ihr einen anderen Therapeuten zu suchen. Aber er selbst scheint sich längst verkrallt zu haben, die beginnende eigene Erotisierung wird deutlich an dem therapeutischen Größenwahn. Die Patientin stürzt tief in ihre Verwirrung, in der mütterliche Zuwendung in der sexuellen Maskerade ersehnt und mit einer Dringlichkeit begehrt wird, über deren Macht man staunt, besonders wenn sie im Therapeuten rasch den falschen Widerhall findet.

Im Grund ist die ganze Analyse von Anfang an ein Kampf um die Trennung von einem inneren Monster, das ihr in der Außenwelt wiederbegegnet, das sie aber mitformt, und von dem sie geformt wird, weil beiden offensichtlich die minimale Sicherheit in und das Zutrauen zu ihren Rollen fehlen: »Ich sage ihm, daß ich manchmal gern in seinem Bett sein möchte, mich beschützt fühlen; dann würde ich warten, bis er eingeschlafen ist, und ihn erwürgen. Er behauptet, ich würde am liebsten sein Glied so lange umklammern, bis er daran stirbt.« Daß ein hysterischer Patient die therapeutische Beziehung erotisieren darf, ist selbstverständlich. Es ist ja die Last, die er oder sie mitbringt, und er hofft auf Klärung seiner Verwirrung, auf ein Verstehen der frühen Notmaßnahme, die die Sexualisierung darstellt.

Beim Analytiker ist die Erotisierung zuerst ablesbar an der Sexualisierung der Deutungen, die hier schon eingebettet ist in die gemeinsame Inszenierung der Analyse als eines mit Demütigung, Lockung und Vernichtung geführten Machtkampfes. Auch in der »Verführung auf der Couch« bereitet sich der Mißbrauch in der Erotisierung der Deutungen des Analytikers an. Diese führt und verführt zu einer »Fäulnis« der Atmosphäre in der Therapie. Es ist von den frühen Entbehrungen mit der Mutter und dem fehlenden Halt nie die Rede. Die Einbruchsstelle für die Pathologie des Analytikers ist folgende: er spürt, daß die Behandlung wirkungslos bleibt, ja sogar das Befinden der Patientin verschlimmert. Ihre Anklammerungswünsche, falsch gedeutet, werden intensiver. Er kann die Ohnmachtssituation nicht ertragen, die Patientin, immer verwirrter, bietet ihm Macht an in ihren erotisierten Wünschen. Schließlich glaubt der Tölpel daran, daß er in Form seines Penis noch ein Wundermittel bereit hätte, und versucht es groteskerweise in die Therapie einzubauen, ohne zu merken, daß er nur der phallokratischen Allmacht anheimfällt. Aus heilsamer Atmosphäre wird die »knisternde Stimmung« als berauschendes Ersatzelixier. Sie ist verzweifelt und hoffnungslos. »Dabei ist er da, ist gegenwärtig in meinen Ohren, die ich für Geld gemietet habe. Aber es gibt etwas, das keinen Preis hat, das ist die elektrische Spannung zwischen uns ...«, aus der sie aber nach den Stunden in eine »Gefühlsleere« taumelt, die die Süchtigkeit nach ihm nur festigt.

Die Schweizer Analytikerin Ursula Wirtz hat in ihrem Buch »Seelenmord« den infantilen Anteil der mißbrauchenden Therapeuten beschrieben. Sie tragen ein tiefes Ohnmachtserleben gegenüber ihrer frühen Mutter herum; die ohnmächtige und sehnsuchtsvolle Abhängigkeit der Patientinnen ist wie eine Droge für sie, die eine Umkehr der Verhältnisse verspricht. Und da sie auch in ihrer kindlichen Männlichkeit gedemütigt wurden, erlaubt der Peniskult, den sie betreiben, auch hier eine kurze berauschende Schein-Heilung. Die Bedürftigkeit kehrt sich auf eine manchmal ekelerregende Weise um. Ein Beispiel: die Patientin gesteht ihren in der Übertragung fast normalen Wunsch, von ihm schwanger zu sein. Es ist die regressive Ebene, auf der die kleinen Kinder ihren Eltern Heiratsanträge machen: »Ich möchte ein Kind von Ihnen haben oder vielmehr von Ihnen schwanger sein ...« Aber was antwortet unser klein-großer freudianischer Hosenmatz, der seine burschikos-verführerische Sprache als Überlegenheit genießt: »Sie möchten ständig meinen Schwanz in sich fühlen.«

Allmählich ändert sich bei beiden Partnern der Aggregatzustand der physiologischen Bedürfnisse. Er nimmt sie, die Verzweifelte, beim Stundenende ein paar Mal in die Arme, einmal, weil er spürt, daß er ihr therapeutisch ohnehin nicht das Richtige gibt, und dann, weil er der zunehmenden Sexualisierung auch nicht mehr widerstehen will. Die Stundenenden sind für sie die unerträglichen Augenblicke der Trennung. Sie erlebt sie wie das von der Mutter verlassene Kind: »Er steht auf; völlig verstört stürze ich mich mit solcher Heftigkeit auf ihn zu, daß er das Gleichgewicht verliert. Ich flehe ihn an, mich in den Arm zu nehmen ... Ich küsse ihn, presse ihn an mich und flüstere (wie zur grausamen Mutter): ›Es wird Ihnen nichts anderes übrigbleiben als mich wegzustoßen ...‹« Er hat aber keine Lust, die schwierige Übertragungsrolle der negativen Mutter zu übernehmen, und die körpertherapeutische Rolle einer elterlichen Idealfigur ist ihm unbekannt. Sie schreibt in ihr Tagebuch: »Ich rieche sein Rasierwasser, spüre sein hartes Glied an meinem Bauch. Als ich draußen auf der Straße stehe, bin ich wie betäubt, angewidert von mir selbst und fühle mich schuldig.«

Das Kind wie die Frau in ihr haben die Erregung des Therapeuten erkannt. Das Kind stürzt in die frühen moralischen Abgründe einer Mißbrauchsbeziehung, die hysterische Frau weiß, daß sie einen Sieg errungen hat, einen Pyrrhus-Sieg, der den Untergang einleitet. Aber immer wieder dominiert die Illusion der Geborgenheit und der Sicherheit. Doch der Appetit des Phallokraten ist geweckt, die Patientin ist nicht real, nur innerlich zurückgezuckt vor seiner Erektion. Das heißt für ihn, er hat das Begehren straflos mitgeteilt, und auf die Schreckensträume, die diesen Übergang bei der Patientin begleitet, hört er längst nicht mehr. »In meinen Träumen falle ich immer wieder in Brunnen ohne Boden.« Und: »Mir ist ständig übel, aber ich erbreche mich nicht.«

Ihr einziger Wunsch ist, zu trinken, »in ihm versinken, von ihm gefüttert zu werden«. Nun, das tut er bald auf *seine* Weise, nachdem sie selbst ihre therapeutischen Hoffnungen vergessen hat und ihm wie im hysterischen Wahn entgegenschleudert: »Ich will, daß Sie mich lieben, nicht daß Sie mir helfen.« Sie träumt nur vom Küssen, und auch da spürt man noch das Bedürfnis, gehalten und gestillt zu werden. Instinktiv verweigert er den Kuß, weil der Zeichen eines sei es auch noch so verdrehten Engagements wäre. Seine Spaltung funktioniert anders. Er schenkt ein wenig zärtlichen Halt und läßt ihn sich, außer mit Geld, mit streng lokalisierten Ejakulationen bezahlen.

Der Tanz geht in seine nächste Runde: zu Beginn einer Stunde, in die sie mit Magenschmerzen geht, wirft sie sich gleich in seine Arme und setzt sich dann auf die Couch, »erst nach einer Weile lege ich mich hin. Als sei es das Natürlichste von der Welt, folgt er meinem Beispiel, streichelt mir eine Brust, zieht mich an sich, streckt seinen Arm aus und führt meine Hand zu seinem harten Schwanz. Ich streichle ihn durch die Hose; er schließt die Augen. Ich gebe ihm zu verstehen, daß ich sein Verhalten nicht ganz verstehe.«

Sie ahnt genau, daß sie den Therapeuten verloren hat, den Mann aber nicht findet, wie sehr sie auch darum bettelt. Er wird zu einem unbegreiflichen Mischwesen, das einer schmierigen Zweideutigkeit verfällt. Er macht aus der Lüsternheit therapeutische Aktionen: er steht neben ihr bei der Couch, auf der sie liegt, und sagt, sie möge sich entspannen. »Seine Hand zwängt sich durch den Rockbund, wandert bis zu meiner Scham hinunter. Er fordert mich auf, im Rhythmus seiner Hand, die sich auf meine Brust preßt, zu atmen, und es gelingt mir, mich zu entspannen.« Die idealisierende, die sexualisierte und die negative Übertragung taumeln nun durcheinander. Die verlorene Kindfrau sagt: »Nehmen Sie mich, wenn Sie wollen, ich werde mich nicht wehren...« Er sagt mit seinen Händen auf Brust und Schoß: »Nein, es ist besser, wenn ich Sie so mit meiner Hand beschütze. Sind Sie böse, daß ich nicht will?« Sie schreibt danach auf: »Ich bin nicht böse, ich weiß, daß er mich begehrt... daß er trotz seiner Erregung nicht weitergehen will, bringt mich dazu, an seine Aufrichtigkeit zu glauben.«

Das Bedürfnis, ihn als standhaften Retter zu sehen, ist übermächtig. Aber darunter liegen natürlich längst der Zynismus und die Rachsucht des mißbrauchten Kindes, das, genau wie er, nach Macht sucht. »Er drückt mich an sich, zeigt mir, wie erregt er ist... Dann kommt er zum Sofa zurück. Er will meinen Mund, und ich gebe nach. Er liegt wie erstarrt. Ich lasse ihn meine Zähne auf seinem Glied spüren, um ihn daran zu erinnern, daß ich es bin, die dieses Spiel bestimmt.« Die Behandlung wird zur gelebten Pornographie, die zwischen Haß, Verschmelzung, Mißbrauch und therapeutischen Einsprengseln pendelt. Immer wieder sagt sie ihm, auch wenn die Leidenschaft anders spricht, mit der Stimme des Wunsches nach haltender Zärtlichkeit: »Ich habe keine große Lust, mit Ihnen zu schlafen... ich will nur berührt werden.« Er scheint in sich keinen *Elternkörper* zu fühlen, keinen leitenden Instinkt, der einem verlorenen Kind Schutz gewährt. Sobald er sie berührt, wird der gierige Penis zum alleinigen Kompaß der Irrfahrt. Und sie spürt längst das trostbedürftige Kleinkind in ihm. Sie kann es nicht fassen, daß er bei der zwanghaft gesuchten Fellatio nicht einmal die Jalousien herunterläßt... ich »bin wie gelähmt. Trotzdem bekommt er meinen Mund... weil er meine Therapiestunden nicht ausfallen läßt.« Ihre Träume kreisen in dieser Zeit um ihre Mutter.

Sie wird drei Jahre Therapie bei einem erfahrenen Therapeuten brauchen, um aus dieser Verstrickung herauszufinden. Aber die Trennung ist qualvoll, weil sie in ihrer Säuglingsabhängigkeit fast ertrinkt. Wie bei den meisten Mißbrauchsgeschichten gibt es keinen Dritten, dem sie sich anvertrauen könnte. Erst spät droht sie damit, mit einem Kollegen zu sprechen, und genießt sein Erblassen. Aber im Grunde fühlt er sich so sicher wie der »Onkel«, der dem Kind droht, es werde sterben, wenn es etwas verrät. Schließlich schafft sie es doch, einen anderen Therapeuten aufzusuchen, der sie allmählich aus dem Sumpf zieht, aber dessen kühler Kommentar sie zunächst erschreckt: »Gelegentlich sind die jungen Analytiker mit sich selbst nicht ganz im reinen ... Behalten Sie ihn doch als Liebhaber, aber die Analyse, das ist etwas anderes ...« Doch der mißbrauchende Analytiker läßt sie nicht los. Das Scheitern der Analyse schiebt sich die Patientin lange selbst zu. »Bin ich analysierbar?« fragt sie wie eine Verdammte, und er sagt: »Bei mir ja, bei anderen, das kann ich nicht sagen.« Er erlaubt ihr nicht zu gehen, und sie kann ohne seine Erlaubnis sich nicht lösen, seine Deutungsmacht nicht durchbrechen. Die Deutungen sind längst zum Kampfinstrument degradiert. Sie verkommen zum Spiel: »Du hast angefangen!« »Nein du!« Bei so viel Ausdauer auf beiden Seiten muß man an kindliche Verstrickungen auf beiden Seiten denken. »Es fällt mir nicht leicht zu schreiben, was dann geschah: Er ejakulierte in meinen Mund ... Eigentlich hatte ich damit endlich einen Grund, ihn als Schwein zu beschimpfen und die Tür hinter mir zuzuschlagen. Aber ich blieb wie gelähmt liegen. Er zog sich rasch wieder an und bat mich, ihm meine Gefühle zu beschreiben«, so als wechsle er problemlos aus dem Drehbuch des Mißbrauchs in das der Therapie.

Das Hin und Her der Trennung zieht sich noch lange hin, bis schließlich Haß und Entwertung siegen und er zur gängigsten Lösung von gescheiterten Therapien gelangt, zur negativen Diagnostik, bei der er ihr die Schuld zuschieben kann und ihr Deutungsdreck nachwirft: »Ich will Ihnen nicht als Medikament dienen. Sie haben Robert, Pierre und Renaud (Psychiater, Mann und Sohn) nur benutzt, um eine Leere auszufüllen, einen Mangel auszugleichen.« Er mag ja recht haben, aber deswegen ist sie zu ihm gekommen: mit der Leere der hysterischen Störung. Am Schluß steht die gegenseitige Beschuldigung, die Verachtung, der Verrat.

Es gibt in der Psychotherapie noch keine *Ethik der Trennung*, die besonders dann wichtig ist, wenn eine therapeutische Beziehung mißlingt. Deutungsdreck und Rache sind das Ende, Verbitterung und Verrat, Prozesse der langsamen Ausscheidung des anderen, der mühsamen Entgiftung. Man könnte sich sehr wohl einen fachkundigen Dritten vorstellen, der den beiden hilft, sich zu entflechten. Aber bis dahin ist sicher noch ein weiter Weg. Deshalb sind solche Bücher fast wichtiger als die noch recht tastenden

Bemühungen um Ethikkommissionen und Kriterien der Verwarnung oder des Ausschlusses aus therapeutischen Vereinigungen oder anderen, auch straf- und zivilrechtlicher Sanktionen. Nicht daß es falsch wäre, klare Regelungen zu treffen und auch zu lehren. Aber das meiste spielt sich ohnehin in undurchdringlicher Heimlichkeit ab. Deshalb ist es wichtig, daß sich Patienten, die sich, objektiv oder subjektiv, bedroht oder mißbraucht fühlen, an solchen Texten orientieren können, vor allem aber, daß sie lernen, die überhitzte Mechanik solcher Verstrickungen zu durchschauen. Während die »Verführung auf der Couch« ein dichterischer Versuch der Bewältigung einer entgleisten Leidenschaft war, ist der vorliegende Bericht so etwas wie die abschreckende Analyse einer entgleisten Chemie der Affekte, also nicht nur einer Verwirrung des Herzens, sondern eines tiefen, physiologischen Durcheinanders mit Alptraumcharakter.

Jeder Patient, der in Gefahr ist, auf eine solche schmierige Bahn zu geraten oder gezogen zu werden, und beginne sie noch so romantisch und verklärt, möge wissen, welches Leid ihm droht, und wieviel Zeit, Kraft und Hilfe er braucht, um zu genesen. Aber auch, wie mager die Bilanz des illusionären Rausches ist, in die er oder sie gerät. »Ich habe Angst. Ich habe ihm zu seiner Lust verholfen, aber was habe ich dabei gewonnen?« Oder: »Aber mir scheint, daß S. mich endgültig für jede gefühlsmäßige und sexuelle Bindung mit den Männern unbrauchbar gemacht hat.«

Mit manchen Störungen brauchen Menschen die heilende Berührung. Sie öffnet zumindest einen weiteren Kanal als die reine Sprache und gibt Mut und Halt für den Gang durch überwältigend schlimme Gefühle. Aber die Anforderungen an die Integrität des Therapeuten sind nur um so höher. Manche absolut gegen Körperpsychotherapie eingestellte Analytiker könnten dieses Buch als Mahnung betrachten und als Bestätigung ihrer Theorie, daß die Abkehr vom Weg der reinen Sprachkur zwangsläufig in solche Niederungen führe. Aber die überlegt angewandte Berührung kann zum notwendigen Medikament werden, das gerade den Unterschied zwischen Halt und Mißbrauch klärt, zwischen Grenzen und bedrohlicher Grenzenlosigkeit.

Das Büchlein endet mit einer perfekten Groteske. Der mißbrauchende Analytiker scheint Mitglied einer ehrenwerten Zunft und ist also in einem dicken Verzeichnis mit einem entsprechenden Ordenskürzel zu finden, nicht aber der spätere Therapeut, der die

Patientin vor dem Untergang bewahrt. Als die Patientin ihrem Dr. S. von dem neuen Therapeuten erzählt, geschieht folgendes: »Mit nachdenklicher Miene nimmt er ein dickes Buch aus dem Regal. ›Ich will nur nachsehen, ob es sich wirklich um Dr. G.... handelt, den ich kenne...‹ Mit dem Finger fährt er eine Namensliste herunter und meint dann in ärgerlichem Ton: ›Zu dumm, Ihrer ist kein Analytiker... Worüber spricht er mit Ihnen...?‹« Das diplomierte Ekel entwertet zum Schluß der sumpfigen folie à deux noch den offensichtlich reifen Therapeuten, der die Patientin allmählich zu sich selber bringt.

Literatur zum Thema

Der interessierte Leser kann sich an drei ausgezeichneten Büchern weiter orientieren:

1. Unter dem Titel »Tatort Couch« ist im Kreuz-Verlag ein außerordentlich wichtiges Buch zum Thema des sexuellen Mißbrauchs in der Therapie erschienen. Es stammt von Claudia Heyne, einer sprachmächtigen Soziologin, die sich nicht scheut, über ihre eigenen Erfahrungen zu berichten, auch über ihren Versuch, das seelisch aus der Bahn werfende Erleben juristisch, also durch eine Strafanzeige, wie durch Hearings, Forschung, unzählige Gespräche mit betroffenen Frauen aufzuarbeiten. Sie liefert ein erstes Handbuch mit Forschungsbericht, kommentierter Literatur, einem Verzeichnis der Stellen, an die Betroffene sich wenden können. Sie filtert aus ihren Interviews die sich fast immer gleich wiederholenden Verlaufsmuster des Mißbrauchs heraus, die scheinbar als Liebesgeschichten beginnen und im Schock der entwürdigenden Trennungen enden. Sie zeigt vor allem auf, wie sich der Mißbrauch in den Therapien ankündigt, wie die Frauen versuchen, die Augen zu verschließen, oder wie sie, auch wenn sie die drohende »Unordnung«, das Schlingern der Therapie spüren, sich doch nicht wehren können, weil Zuneigung und Dankbarkeit noch lange überwiegen. Übereinstimmend benennen die diskutierten Forschungsberichte wie die kommentierten Interviews das vorbereitende Verhalten der Mißbrauchenden als subtile Manipulation und sprachliches Verwirrspiel. Die meisten Therapeuten erscheinen, wenn nicht als Schweinehunde, so doch als arme Schweine, hinter denen Angeber und gierige Kleinkinder zum Vorschein kommen. Dies sei nicht zu ihrer Entschuldigung gesagt,

sondern als grobe Diagnose ihrer Seelenlage, quer durch alle Schulen. Der verdienstvolle, engagierte Band dürfte die Bewußtseinslage zum Thema verändern, zumal einige Fachspezialisten die juristischen, verbandspolitischen und nach-therapeutischen Möglichkeiten verdeutlichen. Wohl zu Recht wirft Claudia Heyne den Verbänden Lethargie vor und weist nach, daß viele Regelungen bis ins Sprachliche hinein noch immer eher die Täter als die Opfer schützen. Wer in den Spiegel dieses Buches schaut, als Klient wie als Therapeut, der kann sich besser orten. Er verliert die Unschuld, im Erleiden wie im Arrangieren einer entgleisten Abhängigkeit und ihres Mißbrauchs. Die Zeit des Schweigens geht zu Ende, doch der Gang an die Öffentlichkeit ist noch immer ein Spießrutenlaufen, auch bei Gericht. Aber: »Es war, als begründe sich durch das Schweigen eine heimliche Komplizenschaft, ein unsichtbares Band, das mich an ihn fesselte. Mißbrauch und Schweigen, das gehört zusammen. Ich konnte mich, solange ich schwieg, nicht aus der Rolle des Opfers befreien.« Übrigens: fast alle Therapeuten reden sich hinterher darauf hinaus, die Patientin habe sie verführt.

2. Das faszinierend spannende Buch von Krutzenbichler und Essers, »Muß denn Liebe Sünde sein? Über das Begehren des Analytikers« (Kore-Verlag, Freiburg 1991) dokumentiert die erotische Hochofentemperatur, in der die ersten Analytiker, einschließlich Freud, mit dem Libidoquantum der hysterischen Patientinnen und dem, was sie in ihnen weckten, umgingen. Es wird deutlich, wie gefährdet sie sich fühlten, wie sie sich verstrickten und wie Freuds technische Schriften zum haltgebenden Gesetzestext wurden. Als Jung sich in Sabina Spielrein verliebte, wurde die Forderung nach der Lehranalyse überfällig.

Beinahe tragisch mutet es an, aus welcher Nähe Freud früh die erotischen Eskapaden seines Lieblingsschülers Ferenczi mitverfolgte und sogar massiv eingriff. Dies hat sein späteres Urteil über Ferenczis technische Veränderungen massiv beeinflußt. Freud war mißtrauisch, ob Ferenczi seinem Bedürfnis nach Nähe und Wechselseitigkeit in der Analyse noch Grenzen zu setzen wußte.

Die Autoren schreiben mit kriminalistischem Scharfsinn über die »Wild-West-Zeit« der Psychoanalyse, aus der dann die spätere Rigidität der Normen hervorging, über die sich nun wieder Freud entsetzte. Kritisch war später vom »scharfgesichtigen Blechaffen«

die Rede, als den sich der Analytiker darstellen sollte. »Der Blechaffe wird im Berliner Psychoanalytischen Institut zum Standard-Analytiker ausgerufen, und die Haltung der zwanghaften Vermeidung jeglicher Gefühle und Nähe zum Patienten wird zur Norm und Richtschnur dessen, was analytisch, was verwerflich und gefährlich ist.« Denn in Wien ist die Liste der Psychoanalytiker, die Patientinnen heiraten, lang. Aber die Über-Ich-Norm hilft nur wenig, wenn es, wie die Autoren feststellen, überall an der Thematisierung dieser schwierigen Fragen in der Ausbildung fehlt. Das Thema ist tabu, in allen Instituten wird nur hinter vorgehaltener Hand über die Grenzüberschreitungen gesprochen. »Diese sich scheinbar ausschließende Gegensätzlichkeit von strengster, unnahbarer Abstinenz als Über-Ich-bestimmte Standardhaltung des Analytikers einerseits und sexuellen Beziehungen mit Analysandinnen andererseits in jenen Jahren sind lediglich zwei Seiten ein und derselben Medaille.«

Das mit achtungsvoller Eindringlichkeit und permanentem Schmunzeln zwischen den Zeilen geschriebene Buch müßte Mut machen, endlich über das »Begehren des Analytikers« und seine erotische Gegenübertragung zu sprechen. Die Vertiefung des Themas käme allen therapeutischen Schulen zugute.

3. Den Stand der amerikanischen Forschung zum sexuellen Mißbrauch von Patienten durch Psychotherapeuten vermittelt hervorragend das 1986 in den USA erschienene, jetzt auf deutsch bei Hoffmann und Campe vorliegende Buch »Als hätte ich mit einem Gott geschlafen« von Kenneth S. Pope und Jacqueline B. Bouhoutsos (Hamburg 1992). Es ist deshalb so wertvoll, weil die Autoren nicht nur als Forscher, sondern auch als Mitglieder von Ethikkommissionen und Ausbilder von »Folge-Therapeuten« sprechen. Mit der speziellen Fortbildung ist gemeint, daß Therapeuten, die mißbrauchte Patienten behandeln, besondere Schwierigkeiten beachten müssen und Qualitäten brauchen, die ihnen die Gratwanderung zwischen Parteinahme, Solidarisierung und Förderung der Autonomie des Patienten erlauben. Die Autoren diskutieren auch ausführlich die Frage von Strafanzeigen und Schadenersatzprozessen, von Selbsthilfegruppen, von besonders gefährdeten Therapeuten und Patienten, und sie helfen Patienten mit einem Kriterienkatalog, sich zu orientieren, wenn der Therapeut sich vom rechten Weg zu entfernen scheint. Es ist abenteuerlich, was von

Therapeuten als Rechtfertigungen vorgebracht wird, wenn sie, und meist sind es Wiederholungstäter, Patienten mißbraucht haben.

Am spannendsten ist das lange Kapitel über die gängigsten »Szenarios« des Mißbrauchs. Eindrucksvoll aber auch die in vielen US-Staaten bereits durchgesetzten ethischen und juristischen Regeln zum Umgang mit den schweren Schäden, die die Patientinnen meist davontragen, sowie das Regelwerk zur Überprüfung gefährdeter oder bereits rückfälliger Therapeuten.

Die Autoren sind psychoanalytisch orientiert, doch ihre sorgfältig zusammengestellten Einsichten und Forschungsergebnisse dürften für alle Schulen gültig sein. Die Epoche, in denen hohe Dunkelziffern und die verbreitete Einschätzung von Mißbrauch als Kavaliersdelikt gängig waren, dürfte sich jedenfalls dem Ende zuneigen.

Einsamkeit jenseits des Erträglichen

Über Siegfried Petrys Buch »Stell dich nicht so an! Geschichte und Therapie eines sexuellen Mißbrauchs«

Manchmal liest man Bücher, da weiß man nicht mehr, wohin mit seiner Wut oder seiner Rachsucht. Und dies, obwohl man spürt, daß auch der Täter nicht mehr wußte, wohin mit den Demütigungen und Erniedrigungen seiner eigenen Kindheit, die er in blindem Wüten weitergibt. Therapeuten, die sich mit mißhandelten oder mißbrauchten Kindern beschäftigen, wissen, daß auch der Täter Hilfe braucht, soll die Familie nicht zerstört werden. Im Falle der Patientin von Siegfried Petry, die über dreißigjährig zu ihm kam, ist der Vater schon tot, auch die Mutter wohl nicht mehr erreichbar. Also: keine Zeit mehr für Versöhnung und Hilfe. Vielleicht rührt daher auch der Eindruck, man befinde sich in dem geschlossenen Raum einer unausweichlichen Katastrophe, die sich über zwölf unendlich scheinende Jahre hinzieht. Eva, so nennt der Therapeut seine Patientin, wurde, als drittes Kind unerwünscht und nach zwei Abtreibungsversuchen in eine zerquälte Ehe geboren, von ihrem Vater vom zweiten Lebensjahr an sexuell mißbraucht, geschlagen, gefesselt, bedroht. Die Mutter läßt sie links liegen, will nichts wissen, überläßt sie dem Vater, um sich mehr den Söhnen zuzuwenden.

Das Kind berührt immer wieder die Grenzen des Wahnsinns. Es macht Suizidversuche und geht, achtjährig, mit dem Messer auf den Vater los. Sie wird mit Psychopharmaka betäubt. Zweimal müssen Ärzte zugezogen werden. Sie scheinen etwas zu spüren, aber decken den schwarzen Schleier der Ahnungslosigkeit wieder über den Abgrund. Alle Mechanismen, die inzwischen bekannt sind über die Psychologie und Tiefenpsychologie mißbrauchter Kinder, lassen sich hier mitleidend in Entstehung und Auswirkung erfassen, wo man doch selbst den Kopf wegwenden möchte. Die Schuld wird dem Kind zugeschoben; es straft sich selbst, um wieder gemocht zu werden, vergeblich. Es ist dem Erwachsenen ausgeliefert, wie es nur noch in der Folter möglich ist. Der Quäler dringt in die tiefsten Falten der Seele ein, bis diese zusammenbricht und in ein Exil geht, aus dem die Wiederkehr ungewiß ist. Es gab Phasen, wo Eva selbst süchtig wird nach dem ekelhaften »Saft«, der ihr eingeflößt wurde, damit sie nicht mehr schreit und trotz der Angst und der Alpträume einschläft. Der Ekel geht in Wellen über sie hinweg, weil der »Saft« nicht nur ein Schlafmittel, sondern auch das unentrinnbare Sperma des Vaters ist, das sich, wenn sie unter den Schlägen zusammengebrochen ist, in ihren Mund ergießt.

Der Vater behauptet, flüstert oder schreit, er liebe und er brauche das Kind, und die Strafen seien notwendig, um Eva von der Bosheit zu kurieren. Sie muß ihre Seele solchen Sätzen überlassen und übernimmt sie in das Reservoir der eigenen Selbstquälerei. Die Drohung, daß er sie umbringe, wenn sie »aussage«, wird plausibel gemacht durch Fesselung, Einsperren im Dunkeln, aber auch durch eine Art Gehirnwäsche: er zwingt sie immer wieder, zu sagen, daß sie ihn liebe und es ihm durch Fügsamkeit und Stillschweigen beweisen werde.

Natürlich erscheint der Vater, der ein nach außen wohlanständiges Kleinbürgerleben zu führen scheint, wie ein Monster, von denen es in kleinerem Format, wie wir heute wissen, viele gibt: anders, als es Freud nach seiner Abkehr vom Realtrauma bei den Hysterikern postuliert, denen er die anstößigen Geschehnisse in ihre Phantasie zurückschaufeln wollte.

Der Vater fühlt sich zum Sadismus berechtigt durch eine Verschiebung der Wut von der wohl verachtungsvollen Frau und der eigenen Mutter auf seine Tochter, die er als absolut ihm zur Verfügung stehend erlebt. Die Regungen der Gegenwehr der Tochter »legitimieren« seinen Jähzorn, so daß ihnen beiden die Strafe wie ein höheres Naturgesetz erscheint. Sein höchster Triumph, mit kaltem Lachen ihr ins Gesicht geschleudert: »Es glaubt dir sowieso keiner!« Und sie teilt schließlich diese Überzeugung, weil sie es erlebt hat, als sie mit Teilwahrheiten herausrücken will. Es bleibt offen, ob die Mutter Mitwisserin ist oder nur blind vor Abscheu und Abneigung.

Der Autor, der die Patientin geduldig durch 500 mehrstündige Sitzungen begleitet und aus dem riesigen Berg der Protokolle knapp einhundertfünfzig Seiten ausgewählt und kommentiert hat, behautet nun, eine neue, einfach zu handhabende und einmalige Therapie erfunden zu haben. Also muß man unterscheiden zwischen dem Mut und der Integrität, der Geduld wie der Hilfsbereitschaft des Therapeuten, und der vollmundigen Reklame für seine neue Methode. Sie steht den amerikanischen Selbstanpreisungen neuer und einfacher Therapien in nichts nach, und natürlich gründet er sofort eine neue Schule, in die arbeitslose Lehrer, Sozialpädagogen, Erzieher und kirchenmüde Priester laufen werden, um rasch an der Rettung der Menschheit beteiligt zu werden. Diese meine Bitterkeit rührt daher, daß die Vertreter vieler neuer Therapieformen, mangels Patienten, Kassenzulassung und therapeutischer Geduld, Ausbildungsformen aus dem Boden stampfen, in denen sie rasch an die Spitze neuer Institute und Ausbildungshierarchien rücken und verdeckte Patienten gleich zu Ausbildungskandidaten rekrutieren.

Aber zurück zu Siegfried Petrys Buch. Es ist ein ernsthafter, tief berührender Bericht über eine sogenannte *Protokolltherapie*. Damit ist gemeint, daß die kindlichen Traumata sich tief einschreiben in Seele und Körper und sich wörtlich und bildlich wieder heraufholen lassen. Petry nennt solche Menschen, die dies bis ins Erwachsenenalter können, Eidetiker. Der Zugang in der Regression, im Liegen, ermutigt durch den Therapeuten, bringt diese sogenannten Engramme – er nennt sie Protokolle – wieder ans Licht. Der Patient geht noch einmal seine Erlebnisse durch, immer wieder, bis sie sich auflösen, in Schmerz, Qual und Hoffnungslosigkeit, aber im Beisein eines wohlwollenden, ermutigenden, fragenden Zeugen, der die entsetzliche Einsamkeit zu lindern hilft.

So weit, so gut. Darauf beruht die von Janov begründete Primärtherapie und viele ihrer Varianten, die inzwischen sogar in psychosomatischen Kliniken angewandt werden. Ebenso die auf Stanislaf Grof zurückgehenden Therapiemethoden, auch Rebirthing, Regressionstherapie und vieles mehr. Warum Petry also behauptet, so etwas gebe es noch gar nicht, ist mir unbegreiflich. Er vergleicht seine Therapieform nur kurz mit einer simplifiziert wiedergegebenen Psychoanalyse und gibt immerhin zu, daß wir noch nicht wüßten, wie die beschriebenen Engramme sich auflösten, bei denen manche bis zu fünfzig Mal in Qualen wiedererlebt werden müssen.

Nun, darüber machen sich viele kluge Leute Gedanken und forschen und forschen und haben sogar schon manches herausgefunden. Auch über das Setting: denn eine der Grundfragen ist, ob die sich einspielende Urschmerzroutine, wie sie auch Janov zu Recht vorgeworfen wurde, nicht gemildert werden kann durch alternative Erfahrungen mit dem Therapeuten oder in der Gruppe, die mit Halt, Trost und neuen »inneren Objekten« zusammenhängen. Petry erwähnt mit keinem oder höchstens andeutenden Worten seine Funktion in der Therapie, die Bedeutung von Übertragung und Gegenübertragung. Am klarsten wird, daß er mitfühlender Zeuge ist, Ermutiger und Forscher.

Aber Geduld! Ein theoretisches Werk über die Protokollanalyse ist versprochen. Zur Ausbildung kann man sich schon mal anmelden. Also: Hochachtung vor dem Therapeuten, der ein seelisch fast abgestorbenes Menschenkind durch seine langjährige Hölle der Kindheit begleitet hat, Skepsis eher gegenüber dem Marktschreier, der keß behauptet: »Vergleiche mit anderen Therapieformen erübrigen sich, weil diese keine Gemeinsamkeiten mit der Protokollanalyse haben.« Sozusagen mit dem Megaphon am Mund verkündet er: deshalb komme er zu der »Überzeugung, daß keine andere mir bekannte Therapieform auch nur im entferntesten ähnlich effizient ist wie die Protokollanalyse.« Nachtigall, ik seh' dir poltern!

Siegfried Petry, *Stell dich nicht so an! Geschichte und Therapie eines sexuellen Mißbrauchs*. Weinheim und Basel 1991

Lehranalyse und Körperarbeit – Gegensatz oder Ergänzung?
(zusammen mit Gisela Worm)

Liebe Kollegen,

Sie werden nicht erstaunt sein, wenn ich die Frage eindeutig in Richtung der Ergänzung beantworte. Es gibt zwar bereits einige Lehranalytiker, die selbst körpertherapeutische Erfahrungen gesammelt oder sich sogar einer Fortbildung unterzogen haben, aber soweit ich weiß, wird Körperarbeit innerhalb der Lehranalyse noch nicht praktiziert, oder allerhöchstens klammheimlich. Ich bin aber überzeugt, daß in zehn Jahren es wenigstens nicht mehr als abnorm oder unanalytisch betrachtet werden wird, wenn auch in einer Lehranalyse der Therapeut bei einer Krise oder bei starker Regression ein Stück Halt anbietet oder konkret-symbolische Interaktion.

Aber die meines Erachtens notwendige Integration der Körpertherapie in die Psychoanalyse oder die Durchdringungen der ebenso wilden wie fruchtbaren Körpertherapieszene durch die Psychoanalyse wird sich andere Wege suchen: es mag die Neugier mancher Kandidaten sein, die sie zu Ausflügen verlockt, oder das Gefühl, daß die Analyse eine wichtige Ebene nicht erreicht; es mag ein Triangulierungswunsch sein, der in der reinen Dyade schwerer zu realisieren ist; es mag die Begegnung mit dem sogenannten *Durchbruchspatienten* sein, die den Kandidaten nach einem Stück weiterer Erfahrung suchen läßt; oder er hört von Freunden und Kollegen, daß sie auch mit dem Körper arbeiten, und er spürt den Wunsch, eine solche den Freunden offensichtlich wichtige Erfahrung auch einmal zu machen. Mit dem Durchbruchspatienten meine ich folgendes Phänomen, und einige Briefe von sonst klassisch arbeitenden Kollegen, auch Lehranalytikern, belegen das, vor allem nach dem Erscheinen meiner »Körpertherapeutischen Phantasien«: es gibt Patienten, die in bestimmten Phasen Berührung so dringend zu brauchen scheinen, daß der Analytiker sich von der Evidenz der Entbehrung berühren läßt und ihm oder ihr den Kopf oder die Hand oder die Schulter hält; es gibt auch Patienten, die ihren Analytiker zusätzlich durch ihre plausiblen Argumente zu überzeugen vermögen. Der Analytiker geht mit Herzklopfen darauf ein, falls er nicht einen enormen Druck aushalten will oder mit Schuldgefühlen zu kämpfen hat, und berührt den Patienten. In den Briefen oder Anrufen, die ich bekam, ging es gut, es schien sogar ein Durchbruch nach einer langen Krise, manchmal reichte eine einzige Berührung, manchmal ging es um eine Phase, in der öfters Halt gegegeben werden mußte. Beide, Patient und Analytiker, hatten aber das Gefühl eines elementaren Erlebnisses und der Veränderung der Beziehung in einer wichtigen Dimension, die die analytische Arbeit plötzlich als realer und tiefer erscheinen ließ.

Die Idealisierung und Kodifizierung einer berührungsfreien Abstinenz in der klassischen Analyse ist aber so groß, daß solche Phänomene sich nicht ohne große innere Aufregung, Schuldgefühl und dem Bedürfnis nach Halt und Orientierung vollziehen. In der Beziehung zum Patienten werden plötzlich die tiefsten Fragen der Loyalität gegenüber der analytischen Gemeinschaft, dem Lehranalytiker, den Lehrern oder dem eigenen Ichideal und Über-Ich angesprochen. In allen Fällen, von denen ich erfuhr, handelt es sich beim Übergang zur Berührung um ein aufwühlendes Erlebnis, das verstanden und geortet werden will, und das nach solidarischem Verstehen verlangt.

Und eben diese tiefe Frage der Loyalität wird auch berührt, wenn wir das Thema der Körpererfahrung in der Lehranalyse aufgreifen. Die Arbeit in der analytischen Dyade führt, sofern nicht Störungen vorliegen, zu einer tiefen Identifikation nicht nur mit dem Tun des Analytikers, sondern auch mit seinen tieferliegenden Hypothesen und Leitlinien, die explizit oder implizit in seine Arbeit und seine Deutungen eingehen. Und wie in jeder Familie kommt es zur Übernahme von Grundhaltungen, die nur im Konfliktfall noch diskutiert werden oder umstritten sind. Es gehört aber zu unserer Kultur, daß den Kindern wenigstens in der Pubertät das tiefe Infragestellen dieser Grundhaltungen zugebilligt wird, auch wenn diese allgemeine Billigung im konkreten Fall die Eltern jeweils wieder an ihren wundesten Punkten erwischen mag. Ich habe schon im letzten Jahr in Darmstadt betont, daß es eine der merkwürdigsten Phänomene der Lehranalyse ist, daß eine Pubertät als ein kritisches Infragestellen auch der basalen, vor allem der einschränkenden Grundregeln, kaum stattfindet. Die Kämpfe gehen oft um Formalien und bürokratische Probleme: Satzungsdetails, Kolloquiumsformen, Schülermitverwaltung im Kurrikulum, Mitspracherechte bei der Ernennung von Lehranalytikern usw.

Aber es geht ja nicht nur um ein Infragestellen, sondern um das Problem: wie wird Neues integriert in ein System, das sich höchstens aus sich selbst, nicht aber durch Befruchtung von außen erneuern will.

Neulich erzählte mir eine Kollegin, die gegen Ende ihrer Lehranalyse vor mehr als zehn Jahren in eine Ausbildung für Gruppentherapie eintreten wollte, daß der Lehranalytiker ihr sehr klar sagte, er werde die Lehranalyse beenden, wenn sie den Plan nicht aufgebe. Er glaubte, sicher nach bestem Wissen und Gewissen, daß die Analyse in Gefahr wäre, wenn die Analysandin ihre Konflikte und Übertragungsbereitschaft noch in ein anderes Setting trüge. Heute können wir uns vielleicht schon wünschen, daß der Lehranalytiker sagt: Wir beide wollen das Gelingen Ihrer Analyse, wir müssen also zusammen herausfinden, was diese Ausbildung bedeutet und wie wir die Dinge zusammensetzen.« Der gleiche Lehranalytiker kann unter Umständen davon schwärmen, wie gut es Kinder früher in der Großfamilie hatten, die sich an mehrere Personen wenden konnten und differenzierte Beziehungen nicht nur in der Kleinfamilie eingehen durften und im Konfliktfall wohl auch einmal Hilfestellung durch eine Tante oder einen Großvater erhielten. Der gleiche Analytiker sieht aber die Reinheit der Analyse oder des Übertragungsfeldes in Gefahr, wenn der Analysand eine andere Erfahrung macht als die in der monopolistischen Dyade mit ihren oft nicht mehr hinterfragbaren Identifikationen.

Das gleiche Problem dürfte also bei manchen Couch-Sessel-Tandems wiederauftauchen, wenn der Kandidat eine körpertherapeutische Erfahrung machen möchte, und zwar, *solange er noch in Lehranalyse ist.* Er betritt damit einen Bereich, in dem sein Lehrer keine Erfahrung hat, ja, nicht haben kann, weil es ein solches Angebot früher kaum gab. Die Situation hat sich grundlegend geändert. Das Denken ist flexibler geworden, das Angebot an ausgefeilten Verfahren reicher, und das Bedürfnis nach der Wiederentdeckung des Körpers ist nicht nur eine Mode, sondern anscheinend ein tieferes Bedürfnis der Zeit. Die Wiederentdekkung des Körpers ist aber auch Ergebnis einer gewissen Frustration durch den immergleichen Imperativ der Verwörterung aller Konflikte bei gleichzeitiger Ruhelage des Körpers, ein Imperativ, der ja in den psychosomatischen Kliniken mit ihren parallelen Körperangeboten längst fallengelassen wurde.

Unsere Diagnostik hat sich differenziert, und sehr prominente

Analytiker haben sich immer wieder über die Grenzen des Verfahrens geäußert, vor allem bei ich-strukturellen Störungen.

Es handelt sich aber auch um einen Generationenkonflikt: der Lehranalytiker müßte aushalten, daß sein Analysand sich auf ihm unbekanntes Gelände wagt und ihn trotzdem braucht als Zeugen und Begleiter für die Aufarbeitung, oft aber auch nur als Zuschauenden, der dem Kandidaten etwas gönnen muß, was er selbst nicht bekommen hat, oder sich, angesichts des strengen Klimas seiner Ausbildung, sich nicht getraut hat zu nehmen. Er muß weiterhin ertragen, daß er für das ihm Berichtete zunächst keine sicheren Kategorien hat, daß also seine Fähigkeit, rasch Deutungen zu geben, suspendiert werden muß. Einem gewissen Kompetenzverlust entspricht aber, wenn er die Unsicherheit aushält, auch ein beträchtlicher Kompetenzgewinn durch wachsende Kenntnis auf einem ganz neuen Feld. Es muß aber noch mehr hinzukommen, um den inneren Wandel in der Einstellung lohnend zu machen. Die Macht des Herkömmlichen, die ja auch im Ichideal und im Über-Ich verankert ist, neben der direkten kollegialen Kontrolle, ist stark. Es braucht einen Wandel im Ichideal: nicht die reine und exklusive Lehre zu vertreten, sondern zusammen mit dem Kandidaten ein Experiment der Erkundung zu wagen, bei dem beide lernen, und bei dem für die Beteiligten wie für die Psychoanalyse neue Bereiche erschlossen werden.

Innere Konflikte bleiben beiden Seiten nicht erspart: der Analysand riskiert ein Stück Einsamkeit, und er wird nicht mehr das Gefühl haben können, durch eine quasi universelle Identifikation mit der gleichen Art von Psychoanalyse mit dem Lehrer verbunden zu sein. Er mag natürlich auch Überlegenheitsgefühle mit seiner Erfahrung verbinden. Und der Lehranalytiker wird mit dem Einfluß einer dritten Person oder eines dritten Verfahrens konfrontiert, das in seinem Patienten Dinge stimuliert, aktualisiert, zuspitzt, zu denen er nicht im gleichen Maße Zugang finden oder vermitteln konnte. Doch dies ist das notwendige Schicksal aller Eltern: sie werden sich aber mehr Achtung und Zuneigung erwerben, wenn sie mit den Einflüssen der Nachbarschaft oder ferneren Verwandtschaft großzügig umgehen, als wenn sie den Zugang versperren oder die Erfahrungen außerhalb der engeren Familie entwerten.

Ich möchte Sie also einladen, hier gemeinsam mögliche Spannungen oder Probleme zu durchdenken, die durch eine solche

Konstellation zwischen Tradition und Erneuerung entstehen, die gleichzeitig in einen Generationskonflikt eingebettet ist und umgeben von Normen, deren Lockerung zunächst angst machen kann. Denn die Alternative ist die: die Geltung der Normen zu fordern oder zu erzwingen, obwohl sie etwas absichern sollen, was nur durch konkrete Erfahrung wirklich auszuloten ist. Nicht von neuer Erfahrung getragene Normen sollten eigentlich einer kreativen Psychoanalyse unwürdig sein.

Die meisten von uns haben Erfahrungen mit der Rolle des Körpers aus ihrer eigenen Lehranalyse, und viele sind inzwischen wohl auch durch Patienten mit dem Thema konfrontiert worden. Der orthodoxe Verdacht ist der der Spaltung: von Übertragung und Beziehung. Der gleiche Verdacht läßt sich auch umkehren: eine Psychoanalyse, die sich den neuen Methoden nicht stellt und sich nicht befruchten läßt, kann ebenso eine Spaltung verfestigen, nämlich die zwischen polemisch gegeneinander abgegrenzten Therapiebereichen, die sich bekämpfen, statt sich zu bereichern. Es geht aber um Integration. Sie beginnt bei den methodisch durchdachten Kostproben, bei dem Mut, sich neuen Erfahrungen auszusetzen, ja sogar, sich in neue Erfahrungen führen zu lassen und sie in der gemeinsamen analytischen Arbeit wieder zu orten.

Gisela Worm:

Der therapeutische Markt wird immer komplexer. Oft kennzeichnen Polemik, gegenseitige Abwertung und polarisierende Vereinseitigung die Macht- und Identitätskämpfe zwischen den Schulen, auch zwischen der Psychoanalyse und den körpertherapeutischen Methoden.

Viele Lehranalysanden geraten in dieses Spannungsfeld, je mehr die neuen Methoden in der Öffentlichkeit die therapeutische Landschaft mitgestalten und durchdringen. Die Konzentration auf *einen* methodischen Ansatz in der therapeutischen Ausbildung ist verständlich, um erst einmal ein sicheres »Zuhause« bei der Identitätsbildung zu gewinnen. Ebenso nachvollziehbar ist aber auch die Neugier, sich in anderen methodischen Ansätzen zu erfahren und zu orientieren mit dem Wunsch, diese Erfahrungen noch in der Lehranalsyse unter inhaltlichen und methodischen Gesichtspunkten zu betrachten, auch weiter auszuprobieren und zu integrieren.

Durch das Spannungsfeld zwischen den Methoden, das emotional oft sehr stark aufgeladen ist, bekommen diese Erfahrungen, neben ihrer eigenen inhaltlichen Bedeutung, meistens auch einen Stellenwert, der sich auf Konkurrenz, Loyalität, Ergänzung oder gar »Lagerwechsel« bezieht. Komplizierend wirkt sich noch aus, daß nicht nur der Analysand, sondern auch der Lehranalytiker in diesem Spannungsfeld steht. Dies kommt in einer Lehranalyse sicher noch stärker zum Tragen als in einer rein therapeutischen Analyse, da es hier ja auch um die Übermittlung einer Methode und Haltung wie um die Identifikation mit der Analytikerrolle geht, die sich oft noch in sehr starren Grenzen definiert. Aus diesem von beiden Partnern unterschiedlich erlebten Spannungsfeld folgen auch die Schwierigkeiten, das Erfahrungsmaterial genauso im Verlauf des analytischen Prozesses zu verstehen wie alles andere Material, es also auf seine Wachstums-, Übertragungs- und Widerstandsbedeutung hin zu untersuchen.

Oft kommt es noch zu Verboten, oder zu Heimlichkeit und Verschweigen, oder einer Vermeidung solcher Erfahrungen um des lieben Friedens willen, manchmal sogar in vorauseilendem Gehorsam; zu Scheinsolidarisierungen in gemeinsamer Idealisierung der »reinen« Analyse und in gemeinsamer Abwertung alles »Nicht-Analytischen«. Außerhalb des Verstehens verblieben, vollzieht sich mit dem Material das gleiche wie bei den anderen Formen eines einseitigen oder beidseitigen Agierens. Ein wichtiger Bereich des Übertragungsspektrums bleibt unbeleuchtet, die Entwicklung wird an diesem Punkt eingeengt oder bleibt stecken. Aber nicht so sehr die vermeintliche Unvereinbarkeit der Methoden ist dann das Problem, sondern die hohe Belastung des Übertragungs-Gegenübertragungsgeschehens, das sich an der Methodenauseinandersetzung festmacht und dahinter verbirgt.

Deshalb zurück zu der Frage, warum es gerade an diesem Punkt oft zu einem Verständigungspatt statt zu einer Verbreiterung, Belebung und Ergänzung der Erfahrung in der Lehranalyse kommt. Wie anfangs erwähnt, glaube ich, daß sich die Methodengegensätze besonders zur Darstellung von Kindheitskonflikten eignen, in denen es *auch* um die Erfahrung scheinbar unvereinbarer Gegensätzlichkeiten ging, die, unaufgehoben, zu Splittingprozessen und anderen neurotischen Abwehrlösungen führten. Besonders können mißglückte Erfahrungen mit »Dritten«, die zu einer verschieden gearteten »symbiotischen Fixierung« führten, neu inszeniert werden. Erlebnismäßig kann es dabei aber auch um

Probleme der Triangulierung gehen, also um das ödipale Dreieck, oder um das Latenz- oder Pubertätsdreieck Kind – Elternhaus – Außenwelt.

Auf dem Hintergrund dieser Hypothese sei ein erhellendes Beispiel diskutiert: Im Heft 3 der Heidelberger Zeitschrift »Psychoanalyse im Widerspruch« (1990) findet sich im Aufsatz »Zu nah oder zu fern« von Manfred Drücke folgende Passage:

»Der Teilnehmer eines Psychodrama-Seminars war beeindruckt von seiner noch immer starken Gebundenheit an die Eltern, die er auch körperlich zu spüren bekam. Er sagte: ›Das darf ich aber nicht meinem Lehranalytiker erzählen.‹ Die anderen Teilnehmer lachten und hielten das für einen Witz. Aber er hatte es ihm auch zwei Monate später tatsächlich noch nicht erzählt. Ich kann das nur so verstehen: der Teilnehmer war auch ›körperlich‹ an seinen Lehranalytiker gebunden und konnte/durfte/wollte diese Bindung nicht durch die Mitteilung einer wichtigen Erfahrung, die er mit Dritten gemacht hatte, gefährden. Allerdings bekam er anscheinend auch keine Hilfe bei diesen ›Dritten‹ bei der Vorbereitung der Mitteilung oder der Umsetzung der Körpererfahrung in seine lehranalytische Situation. Weiterphantasierend kann ich mir vorstellen: dieser Teilnehmer hatte früher auch sonst keinen hilfreichen Dritten, der ihm durch eine verständnisvolle Hand aus der symbiotischen Verklammerung geholfen hätte. Vielleicht war damals auch schon Lachen, Unverständnis usw. die eher zusätzlich ängstigende Reaktion des Dritten. Und vermutlich hat das ursprüngliche symbiotische Objekt auch wenig Toleranz für Distanzierung oder ergänzende Erfahrungen gehabt. Wenn die Ängste des Patienten nun auf einen Analytiker treffen, der die psychodramatische Erfahrung eher als Versuch der emotionalen Verdünnung der Analyse oder als Mißtrauensantrag gegen ihn, die Methode, oder als Widerstand gegen den Behandlungsprozeß versteht und deutet, ist die alte Situation wiederhergestellt, und beide agieren, statt gemeinsam zu wachsen. Der Analysand hat vielleicht, auch wie früher, das Gefühl, durch das Verschweigen einen eigenen Bereich retten zu können, aber eine neue Lösung der symbiotischen Fixierung ist verpaßt.

Nun ist es ja denkbar, daß der Wechsel der Erfahrungsfelder tatsächlich *auch* als Widerstand im besagten Sinne zu verstehen ist – als Angst etwa, sich auf eine Person oder Sache wirklich einzulassen, ein Bein immer draußen zu halten oder die Flucht zu einem

Dritten zu benutzen, um so die Fixierung »agierend« und spaltend zu lösen, statt sich der in ihr enthaltenen Angst zu stellen. Verschweigt der Analysand aufgrund realistischer oder neurotischer Ängste die Erfahrung, dann braucht der Analytiker sehr viel mehr Scharfsinn, um eine Ausblendung in der Gegenübertragung zu vermuten. Erfolgt aber die Mitteilung des »Seitensprungs«, warum sollte dann die Analyse hier nicht greifen wie bei der Bearbeitung anderer Widerstände auch. Warum also den analytischen Weg verlassen und zu Verboten greifen? Ist dies nicht schon ein Zeichen für die Überlastung der Gegenübertragung durch die Schwierigkeiten des Umgangs mit dem Dritten in der Dyade? Eine das Verständnis erweiternde Begleitung wäre viel eher eine Brücke, die neues Vertrauen in die Nähe schafft, ohne die Angst, neue Erfahrungen dafür opfern zu müssen.

Es kann für die Analyse sehr förderlich sein, wenn der Analysand ein altes inneres Tabu durchbricht und die Erfahrung mit dem Dritten zuläßt, die auf der inneren Ebene im Gegensatz steht zu den alten symbiotischen Objekten. Die Angst, hier in eine innere Zerreißprobe zu geraten, ist sicher um so stärker, je größer der Gegensatz zwischen den Eltern oder deren Graben zur Außenwelt war: Loyalität dem einen Elternteil gegenüber bedeutet Aufgeben, Verzicht auf den anderen, der Dritte bleibt verbotenes Gelände. Oder aber, wenn die Spaltung stärker zwischen Familie und Außenwelt lag: Erfahrungen mit Dritten außerhalb der (analytischen) Familie bedeuten Verrat – die Mauern der alten »Festungsfamilie« sind wieder geschlossen.

Die alten Gräben fixieren sich um so leichter, je mehr sich der Analytiker in diese Gegensätzlichkeit hineinziehen läßt. Sie wird ja von Analysanden oft auch vehement und mit der noch ganz unbewußten Hoffnung auf eine neue Lösung nach Erfahrungen mit anderen Methoden in die analytische Situation hineingetragen. Auch ich kenne etwa folgende, zunächst einmal nicht ganz leicht zu ertragende Äußerung: »Auf dem Training ist endlich mal was passiert – und zu dieser Erfahrung hätte ich hier Jahre gebraucht – hier ist alles so mühsam, dort ist Befreiung und Freude. Hier bleibt alles im Kopf, ich weiß nicht, ob ich hier noch am richtigen Platz bin.« Dabei könnte man sich als Analytiker ja auch beruhigt sagen: »Ja, mit unserer Vorarbeit waren sie dort für etwas Neues offen.«

Angriffe dieser Art wirken oft stark auf uns und belasten die

Gegenübertragung, da sie sich mehr auf den Gesamtrahmen und die Realperson des Analytikers beziehen als andere Kritiken, die sich als Übertragungsangriffe leichter identifizieren lassen. Solchen Angriffen nicht in Gedanken oder halbbewußten Handlungen entgegenzuagieren, ist oft nicht so einfach. Die Situation erinnert oft an den Umgang mit Kindern, die in ihren auch entwicklungsbedingten Konflikten die Eltern gegeneinander ausspielen oder die gesamte Familie in Frage stellen. Treffen sie dabei auf reale Schwachpunkte, etwa auf starke Spannungen zwischen den Eltern, ideologische Einengungen oder Unsicherheiten in der Außendarstellung, so wird tatsächlich der Dreierkonflikt unlösbar – Verbote, Abspaltungen, Heimlichkeit und Vermeidung sind die Folge.

Erschwerend für die Lehranalytiker der jetzigen Generationen kommt sicher hinzu, daß sie noch kaum oder gar nicht die Möglichkeit hatten, Erfahrungen in anderen therapeutischen Settings zu machen, um so zu einer Einschätzung auf eigener Erfahrungsbasis zu gelangen. Auch daraus entsteht Unsicherheit.

Und noch eine Komplizierung: Lehranalytiker und Analysand stehen bereits zu einem anderen Dritten, der Institution, in die sie beide durch die Ausbildungssituation eingebunden sind, in einer Dreiecksbeziehung. Hier wiederholen sich noch einmal Loyalitätskonflikte und Über-Ich-Ängste, wenn es darum geht, körpertherapeutische Erfahrungsmomente durch ein teilweise verändertes Setting in die analytische Situation mit hineinzunehmen. Der Lehranalytiker fühlt sich vielleicht sogar zu einer methodischen Striktheit verpflichtet, die nicht mehr seinen Überzeugungen entspricht, und die er mit den anderen Patienten auch nicht mehr voll einhält. Beide Partner in der Lehranalyse gehen also eventuell mit Verlassenheits-, Entwertungs-, Rivalitäts- und Über-Ich-Ängsten um, die das Übertragungsgeschehen komplizieren, aber auch Chancen für neue Erfahrungen bieten.

Ich möchte wünschen, daß die Reflexion dieser emotionalen und institutionellen Implikationen allmählich aus der Polarisierung herausführt und die »Eltern« der verschiedenen Methoden statt dessen eine fruchtbare Polarität zwischen sich und dem reichen »Familienumfeld« leben. Die Lernenden brauchen dann nicht in einseitiger Idealisierung und Überidentifizierung steckenzubleiben, die manchmal einer freiwilligen Icheinschränkung gleicht, ohne daß sie dem analytischen Prozeß dient, sondern die

Erfahrung mit einem therapeutischen Dritten kann für beide Partner eine ergänzende Neuerfahrung sein.

Theoretische Positionen

Lyrik, Forschung, Sturm und Drang
Allgemeinverständliches über Säuglingsforschung

Stellen wir uns einmal vor, wir verlieren unser Gedächtnis, die Beherrschung unseres Körpers, die Sicherheit unserer sinnlichen Wahrnehmung, die Gewißheit, daß wir uns selbst am Leben erhalten können. Wir wüßten nicht mehr, wie Raum und Zeit konstruiert sind, welche Gefahren uns drohen und wer uns beisteht bei so viel Hilflosigkeit. Wo man uns hinlegt, müßten wir liegen bleiben, fähig, nur für kurze Zeit den Kopf zu heben und uns doch nicht orientieren zu können. Zur Verständigung, nein, höchstens zur Meldung von Position in der Welt und Stimmung im Körper hätten wir uns selbst unvertraute Laute, ein Schreien oder Wimmern. Wir wüßten nicht, ob es andere, uns ähnliche Lebewesen gibt, und erst recht solche, die unsere Laute verstehen. Irgendwann taucht eine riesige Gestalt über uns auf, die uns hochhebt, daß es uns in den Ohren saust. Sie drückt uns an einen warmen Körper, der freilich gut riecht, und die Laute, die sie ausstößt, klingen auch nicht erschreckend, sondern beruhigend. Wenn unser Kopf nicht gehalten wird, baumelt er nach vorn oder zur Seite. Unsere Augen werden plötzlich von schmerzendem Licht geblendet, dem wir uns doch zuwenden wollen, weil es uns neugierig macht. Rasch kneifen wir die Augen zu und sind wieder in sicherem Dämmerlicht, wenn nur nicht in unserm Inneren ein Untier tobte: der Hunger, dessen Schmerz wir aber nicht einmal genau fühlen oder benennen können. Er ist einfach überwältigend und setzt unseren Mund in blinde Suchbewegung. Was immer ihn berührt, er versucht daran zu saugen. Nach sieben Mal brüllen und ebensovielen vergeblichen Versuchen, uns etwas einzuverleiben, quillt etwas Süßes unseren Schlund hinab, falls wir wüßten, wohin dieser warme Schlauch in unser Inneres führt. Wir scheinen zunächst einmal gerettet. Total ungastlich scheint diese Welt nicht zu sein.

Genug von diesem Gedankenspiel? Es kann einen schon gruseln, wenn man als Erwachsener an das Ausmaß von Hilflosigkeit und Abhängigkeit denkt, in das Babys hineingeboren werden. Freilich, ihre Ausstattung an Überlebenshilfen, an Apellkräften, die die Erwachsenen rühren und in Bewegung setzen, ist nicht gering. Aber unser Wissen um diese Ausstattung des Säuglings, um sich auf der Welt das Leben erträglich machen zu lassen, ist relativ neu. Die Volksweisheit wußte mehr als die medizinische und psychologische Wissenschaft: der Säugling galt ihr als passives Bündel ungerichteter Bedürfnisse, quengelig oder schreiend; nach Sättigung vorübergehend zufrieden vor sich hin lallend; anspruchsvoll und ewig mit vollen Windeln, kaum hat man ihn frisch gewickelt.

Wie Säuglinge sich selbst erleben, das hat jahrhundertelang niemanden interessiert. Wenn die sozialen Bräuche die Mütter nicht massiv gestört haben in ihren intuitiven Verrichtungen und Angeboten, dann haben sie mit ihren Kleinen ein heimliches Glück genossen und sich mit ihnen verständigen gelernt. Aber die Männer, die Priester, die Herrscher, die Ärzte, oft auch die Hebammen, hatten ihre eigenen Ansichten und Gesetze; und so diktierten sie den Müttern, was sie zu tun und zu lassen hätten. Ungastlicher ist es auf jeden Fall auf Erden geworden für die Säuglinge, bis in die jüngste Zeit hinein, wenn es nach Lehrbüchern und herrschenden Meinungen ging. Viele Völker wußten besser, wie man durch frühe Entbehrungen und Maßregeln tapfere Krieger erzieht anstatt glückliche Menschen. Die Ethnologen staunten nicht schlecht, als sie zu Beginn des Jahrhunderts ausschwärmten und Kulturen fanden, die in ihrer Dressur des winzigen Nachwuchses weniger hart und zielstrebig abhärtend waren.

Zurück zu unserem Versuch, uns als Erwachsene einzufühlen in die Lage des Neugeborenen. Sie hat uns anscheinend so erschreckt in unserem Bedürfnis nach Autonomie, Stärke und Macht, daß wir dem Säugling angedichtet haben, er merke es ja gar nicht, was alles mit ihm passiert, denn sein Gehirn funktioniere noch nicht. Erst mit ein paar Jahren werde das Kind dann als kleiner Erwachsener wahrgenommen und entsprechend behandelt. Es bedurfte vieler Reformwellen des Denkens, bis sich das änderte. Selbst die Psychoanalyse, der wir so viel Wissen über das Erleben von Kindern verdanken, sah den Säugling noch als sogenanntes polymorph perverses Triebbündel, auf Fressen, Saufen und sonstige Lüste aus und der Mutter nur aus Not zugewandt, weil von ihr eben am meisten Leckereien und Lebenserleichterungen zu holen waren. Entsprechend galt Erziehung als Schwerarbeit mit asozialen kleinen Wilden, die man zur Kultur regelrecht prügeln und abrichten mußte. Die Künstler, die fähig waren, zu beobachten oder sich zurückzuversetzen in ganz frühe Zeiten, haben freilich immer mehr gewußt. Aber es blieb manchmal für Jahrhunderte, manchmal für Jahrtausende geheimes Wissen.

Und dann das Wunder: die Menschheit, zwar noch nicht müde im Kriegführen, aber doch entsetzt und verwirrt über das Ausmaß an destruktiven Fähigkeiten, an Entmenschlichung des Menschen, fängt an, die eigenen frühen geschichtlichen Ursprünge jedes einzelnen von uns zu erforschen. Kaum zwei Jahrzehnte ist es jetzt her, seit die Säuglings- und Kleinkindforschung zu explodieren begann, ein neuer Kontinent der Wissenschaft, aus vielen Quellen genährt, auch von der Verhaltensbeobachtung an Tieren, die ihr vorausging. Ob Weltkrieg und Holocaust wirklich die Wendepunkte untergründig markieren, wird sich nicht mit Bestimmtheit sagen lassen. Aber das Rätsel Mensch ist doch noch einmal auf so dringliche Weise zum Thema geworden, daß es wie ein schönes, aber plausibles Märchen klingt: die Menschen hatten endlich herausfinden wollen, wie sie zu Menschen werden, wenn sie die Erde betreten. Und in der Tat, die Säuglingsforschung vermag uns die Wege zu zeigen, wie ein Mensch sich entfaltet, zum Mitmenschen oder zum Mostrum, je nachdem, wie er begrüßt und geleitet wird auf der Welt; und je nachdem, mit wieviel Sorgfalt, Intuition und Freude seine Nächsten mit ihm umgehen.

Hat sich der Blick erst einmal geweitet dafür, wie reich ein Säugling für sein künftiges Menschsein ausgestattet ist, so staunt man um so mehr oder mag sich empören, wie Macht, Ideologie, Verblendung und Obskurantismus darüber hinwegsehen konnten, um ihn sich nach ihren Bedürfnissen zu verunstalten und für gesellschaftlichen und politischen Mißbrauch gefügig zu machen. Denn der Dreh- und Angelpunkt aller charakterlichen Verunstaltung und seelischen Schädigung ist die extreme Abhängigkeit des Säuglings, zu deren Nachempfindung ich anfangs eingeladen habe. Wer uns aufhebt und nährt, wärmt und anlacht, mit uns redet und uns sieht, uns antwortet und uns lenkt: den *müssen* wir lieben, weil diese Liebe unsere Hauptwegzehrung ist. Wir vermögen sie zu wecken bei halbwegs glücklichen und freien Eltern, die nicht unter einer Knute stehen, sei es Hunger oder Angst oder anderes, und die ihr Glück fühlen und genießen dürfen.

Aber in der Geschichte der Menschheit haben mehr Eltern ihre Kinder mißbrauchen und deformieren müssen als sie wahrnehmen und gedeihen lassen dürfen. Deshalb mag die Ausbreitung der Säuglings- und Kleinkindforschung eine Menschheitsschwelle sein, in einer Epoche, wo ihre Selbstauslöschung denkbar wäre.

Wie erleben sich Säuglinge selbst? Schon daß die Frage zur Frage wurde, in der Wissenschaft wie bei den interessierten Laien ist neu und gehört gefeiert. Denn all die unzähligen Wissenschaften vom Menschen hatte die Frage bisher kaum interessiert, nicht einmal die Psychologen und die Pädagogik, die Psychotherapie und die Psychiatrie, die Kinderheilkunde oder die Theologie. Sie alle behaupteten oder wußten, postulierten und dozierten, aber es gab kaum Forschung, es gab nicht die Fragestellung. Säuglinge und Kleinkinder hatten keine Seele, kein Innenleben, keine Aktivität, keine Phantasien, keine Träume, keine Ziele, keine innere Organisation. Allenfalls waren es Reiz- und Reaktionsbündel, ohne Individualität, und vor allem ohne eigenen, erst noch zu entfaltenden Lebensplan. Und diese Annahmen waren ja gerade der Freibrief für Dressur, für Zwang, für Mißbrauch und für eine Zurichtung je nach familiärem, gesellschaftlichem oder politischem Bedarf.

Nach dieser Vorrede, mit der ich das Neue, das Außergewöhnliche, das historisch Erstmalige an der Säuglingsforschung hervorzuheben versuche, nun zu ihren Ergebnissen. Aber zuvor noch etwas über die Zweige dieses riesigen Forschungsbaumes. Am nächsten der Psychoanalyse ist derjenige Teil, der die Phantasien und unbewußten Wünsche der Eltern an das Kind untersucht. Jede werdende Mutter, jeder werdende Vater spürt die Macht seiner eigenen Vergangenheit, die in ihm aufsteigt, wenn die eigene Elternschaft fühlbar oder sichtbar naht. Manche Forscher behaupten, das wirkliche Kind sei zunächst einmal fast unbedeutend oder zunächst gar chancenlos im Gegensatz zum erträumten, phantasierten oder gefürchteten Kind in der Seele der kommenden Eltern. Aus späteren Phasen der Familienentwicklung war dies längst bekannt und auch gründlich erforscht, ich erinnere nur an Horst Eberhard Richters Buch »Eltern, Kind, Neurose«. Da wird aufgezeigt, in welchem Ausmaß die Kinder Spiegelbilder elterlicher Konflikte, Projektionen, Wunsch- oder Haßvorstellungen sind. Diejenigen Forscher, die die Macht der inneren Elternbilder über das reale Kind betonen, sind meist die, die mit Schwangeren oder mit jungen Familien mit Problemen arbeiten. Natürlich stammt ein Teil dieser Einsicht aus der Beschäftigung mit seelisch gestörten Eltern. Die Macht der Projektionen ist aber nicht geringer bei gesunden Eltern, nur sind dort auch die leitenden Vorstellungen über das Kind gesünder. Der Säugling muß nicht in einen abenteuerlichen Kampf eintreten, in dem es darum geht, ob er sein eigenes Selbst entfalten darf oder ob ihm etwas übergestülpt wird, das er entweder übernehmen muß oder gegen das er zur Tarnung ein anderes falsches Selbst setzt.

Der große französische Säuglingsforscher und Psychoanalytiker Serge Lébovici spricht, um die Macht der Vorstellungen der Eltern über die zunächst neue Realität des Kindes zu betonen, gar von vier verschiedenen Kindern, wenn er von demselben Säugling redet: er nennt *das phantasierte Kind* die Summe der unbewußten Phantasien der Mutter; *das vorgestellte Kind* jenes eines realistischen Kinderwunsches innerhalb einer Ehe; drittens, das »Kind, das sich in der primären Identifizierung mit ... seinen Eltern befindet« ist jenes, das *von den heftigen Gefühlen der Eltern umgeben ist*; und viertens, *das interaktive Kind*, mit dem die Mutter dann täglich handelnd umgeht. Um die Übermacht der elterlichen Vorstellungen zu betonen, spricht er vom »psychoanalytischen Kind« als der Summe der Vorannahmen.

Im krassen Gegensatz dazu stehen die Forschungsansätze der Verhaltensbiologen und der experimentellen Beobachter. Sie wollen nur gelten lassen, was sich messen und exakt abbilden läßt. In ständig verfeinerten Arrangements der Beobachtung wird festgestellt, wie das Raum- und das Zeitempfinden sich bildet, Wahrnehmung, Sinnesleistungen, Lernvorgänge, Intelligenzentwicklung, Beobachtungsgabe, Gedächtnis und viele meßbare Eigenschaften mehr. Die beiden letztgenannten Forschungszweige stehen natürlich in einem scharfen, oft auch ideologisch überhöhten Gegensatz und Streit, etwa über die Wirklichkeit und die Bedeutung von Beobachtungen. Es bahnt sich allerdings auch eine kooperative Auseinandersetzung an.

Eine dritte, zentrale Forschungsrichtung beobachtet die Mutter-Kind-Beziehung, die Vorgänge zwischen Mutter und Kind, die intensiv aufeinander bezogen sind, und zwar so sehr, daß es inzwischen weitgehend anerkannt ist, daß ein Säugling ohne die Mutter, und umgekehrt, kaum zu denken ist. Die meisten Reaktionen sind nur zu verstehen als Reaktionen aufeinander. Ich würde diesen Forschungszweig als im Zentrum stehend bezeichnen, einfach deshalb, weil sich die vielen Spezialforschungen relativ zwanglos eingruppieren lassen in die Erforschung der Wechselseitigkeit in der Mutter-Kind-Beziehung.

Es herrscht heute allerdings weitgehend Übereinstimmung darüber, daß ein Säugling schon sehr früh auch den Vater wahrnimmt und in eine eigene Erlebniswelt mit ihm eintritt. Und wenn der Vater genug Zeit hat, gibt es ein frühes Glück zu dritt.

Ohne die Verfeinerung der moderenen Videotechnik ist die Säuglingsforschung heute nicht mehr denkbar. Damit komme ich zu den Forschungsinstrumenten, die ich nur kurz streifen möchte. Natürlich wird noch an vielen Orten durch Beobachtungen und Protokollieren geforscht. Aber der Hauptdurchbruch liegt wohl dort, wo durch die genaue Analyse verlangsamter Filmaufnahmen auch die sogenannten *Mikrointeraktionen* sichtbar werden, also kleinste Einheiten der wechselseitigen Beeinflussung, die so schnell und so kurzzeitig verlaufen, daß das normale Auge sie nicht wahrnimmt. Die verlangsamte Filmaufnahme könnte man, in grober Analogie, gleichsetzen mit der Verwendung des Mikroskops in den Naturwissenschaften. Es werden Dinge beobachtbar, die bisher außerhalb der bekannten Wirklichkeit lagen, auch wenn viele Forscher sie postulierten, also aufgrund ihrer Auswirkungen erschlossen haben. Hier ist die poetische Ahnung und die forschende Intuition durch eine erstaunliche Detailkartographie ersetzt worden.

Wie erlebt sich der Säugling selbst? Eine der wichtigsten Entdekkungen ist die Tatsache, daß kaum ein Gefühl des Säuglings, ja kaum eine Fähigkeit besteht ohne Bezug auf die Mutter (oder die konstante Pflegeperson). Trotzdem braucht ein Säugling Zeiten des Rückzugs, der emotionalen Verdauung, ja der Abschottung. Denn Beziehung und Lernen sind anstrengend, obwohl alles im Säugling sich nach dieser Anstrengung sehnt, die oft natürlich auch jubelnd und lustvoll ist. So kommt das folgende Paradox zustande: einerseits werden die enormen Kräfte der Werbung im Kleinkind immer genauer erforscht, ihr Appellcharakter, ihr auf normale Mütter oder Väter verführerisch wirkender Drang nach Begegnung und Austausch; und auf der anderen Seite die enormen Fähigkeiten der Säuglinge zur Selbststeuerung, zur Einwirkung, zur Abgrenzung, zur Dosierung der lebensnotwendigen Stimulation. Aber oft sind die Eltern so bedürftig nach den Reaktionen des Säuglings, der sie beachten und wichtig finden soll, daß sie ihm die notwendigen Ruhezeiten nicht lassen; daß sie das Abwenden des Blicks, das Schließen der Augen, die Abwendung des Kopfes nicht beachten, oder auch die Entleerung des Blicks, die vielfältigen

Formen des Stirnrunzelns, die Verschiebungen der Augenbrauen, kleine Verzerrungen des Mundes. Mutter und Vater sollten ein gefühlshafter Spiegel des Kindes sein. Aber wie oft brauchen die Eltern die jederzeit abrufbare Spiegelung ihrer Elternschaft durch das Kind: sie vertrauen darauf, daß man Zuwendung jederzeit abrufen dürfe, um sich bestätigt zu fühlen oder gebraucht oder nicht allein.

Auch wenn die Kinder in sich selbst versunken scheinen, sind sie oft genug noch mit Nacharbeiten beschäftigt, mit der Herstellung von Verknüpfungen, dem Vergleich von Bildern, dem Prüfen von Sinneseindrücken. Sie danken der Mutter die Ruhe, die sie ihnen läßt, durch um so intensivere Zuwendung, wenn sie sie bei der seelischen Verdauung in Frieden läßt, ohne sie doch zu verlassen.

Die Forschung erkennt allmählich die unzähligen Zeichen, die das Kind gibt, das Ausmaß von Initiative, Rückmeldung, Vergewisserung; die Lock- und die Distanzierungsbotschaften. Schon wenige Tage alte Säuglinge vermögen, wenn auch nur mit dumpfem Unbehagen, zu fühlen, ob sie wirklich in ihrem augenblicklichen Zustand gesehen werden, oder ob sie überschwemmt werden; ob ihnen Vorformen des Gehorsams abverlangt werden. Sie brauchen die Mitwirkung im Dialog, und man könnte sogar sagen: *in der erlebten Wechselseitigkeit liegen die Wurzeln der Menschenwürde*. Ein Kind, das mit seinen Signalen nicht ankommt, das erleben muß, wie sie uminterpretiert werden je nach den Bedürfnissen und Ängsten der Eltern, baut kein gutes Selbstgefühl, kein gutes Selbstwertgefühl auf. Er lernt nicht, seinen Reaktionen zu trauen. Es muß die Stimmungen der Eltern erschließen lernen, muß auf andere Wege sinnen, sie doch noch zu beeinflussen, wenn seine natürlichen Mittel nicht ausreichend sind. So kommt es, daß schon kleine Kinder Druckmittel erfinden, vielerlei Art: sie quengeln, werden krank, spucken viel, laborieren mit Eßstörungen, lassen sich nicht hinlegen, schlafen nicht ein oder nicht durch.

Wir finden hier einen der Schlüsselpunkte für das große Rätsel: wie aggressiv ist der Mensch? Produziert er ein konstantes Quantum an Wut, gar an Zerstörungslust, wie Freud es noch postuliert hat? Oder ist er viel früher, als alle bisherige Forschung es dachte, Frustrationen ausgesetzt, die viel subtiler sind als Schläge oder grobe Behandlung? Einer der bedeutendsten Theoretiker der Säuglingsforschung, der amerikanische Psychoanalytiker Joseph D. Lichtenberg, formulierte es so: Säuglinge haben viel weniger biologische Triebe als ein breites Spektrum von Motivationssystemen, also breit angelegten Bedürfnissen, von denen die meisten mit Aktivität, Erkundung und Neugier zu tun haben. Das bedeutet aber auch, daß sehr viel mehr Dinge erkannt oder frustriert werden können als nur Hunger, Wunsch nach Nähe, Distanz und Bewegungsdrang. Es wird immer deutlicher, daß die Aggression gebraucht wird zur Abgrenzung, zum Selbstschutz, zum Signale-Geben, wenn Unbehagen oder Überdruß entsteht. Er nennt die nicht ursprünglichen Wut-Reaktionen die *aversiven Reaktionen*. Der Säugling braucht sie unzählige Male, denn er kann oft nur durch eine solche Reaktion anzeigen, wenn ihm etwas nicht paßt, zu viel wird, wenn ein Mißverständnis vorliegt. Erst wenn die subtilen Verletzungen, Verkennungen, Überfremdungen zunehmen und die aversiven Reaktionen die Mutter nicht mehr erreichen, verwandelt sich ihr Potential in Wut, Kränkung, Rachsucht und Destruktionslust.

Der Säugling baut sehr früh an seinem Grundgefühl von Mitsprache, Autonomie, Würde und Gesehenwerden, inmitten der größten Abhängigkeit, ja gerade dann. Die gelungene Interaktion soll eine *gemeinsame Schöpfung* zwischen Mutter oder Vater und Kind sein. Greift die Pflegeperson die Signale richtig auf und beantwortet sie, dann kann der Säugling so abhängig sein wie er will: er kooperiert und hat das Gefühl von Einfluß und Mitbestimmung. Exakt das gleiche spielt sich später in den Psychotherapien ab: auch dort wird, wenn sie früh schief ging, das Ausmaß der Abhängigkeit gefürchtet und gleichzeitig ersehnt, aber in eben dieser kooperativen Weise, deren Mißlingen das Selbstwertgefühl zerstört.

Vielleicht könnte man das Kleinkind mit einem Künstler vergleichen, und der große Säuglings- und Kinderforscher Winnicott hat das Wort Kreativität zum Kernbegriff seines Lebenswerkes gemacht: das Kind ist der Schöpfer der guten Mutter, wenn sie fähig ist, sich erschaffen zu lassen. Natürlich hat sie ihr Eigenleben, und es geht hier nicht um die Selbstaufopferung der Mütter, oder gar der Väter, die ohnehin sich eher dem Beruf als den Kindern verschreiben. Im Gegenteil: es geht um ihre Fähigkeit zum Duettsingen, zur kontrapunktischen Mitwirkung. Die Angebote des Säuglings sind vielfältig, aber er weiß oder fühlt ja zunächst nicht, wie sie ankommen in der Welt. Ihr Sinn erschließt sich erst, wenn die Mutter sie erkennt und beantwortet, wenn sie sinnstiftend auswählt und zunächst rätselhaften Initiativen des Kindes erfinderisch eine Handlungsgestalt verleiht. Und auch vorübergehender Rückzug muß keine Handlunggestalt, keine Demonstration oder kein »Verlassen« der Mutter sein, keine Anklage oder kein für Untauglicherklären ihrer oft ängstlichen Angebote. Beide dürfen Ruhezeiten haben, in denen sie sich voneinander erholen, und beide dürfen Zeiten für Haß aufeinander haben, wenn sie sich mißverstehen oder wenn die Bedürfnisse allzusehr auseinanderstreben. Je ängstlicher eine Mutter ist, desto mehr überschwemmt sie ein Kind mit ihren inneren Prozessen. Dann hat das Kind keine Chancen mehr, mit seinen Signalen anzukommen. Und es gehört zum Signalreichtum des kleinen Kindes auch mitzuteilen: »Wenn du meinen Zustand erkennst, ist alles in Ordnung. Dann fallen dir auch die richtigen Maßnahmen ein!« Es gibt also auch Zeichen, die der Mutter sagen: »Du bist in Ordnung, du machst es gut, ich weiß, du versuchst, mich kennenzulernen und mich zu verstehen!« Dies ist ein Teil des Grund- oder Urvertrauens, das sich ausbilden muß.

Auf dieser Basis sind auch die Überraschungen wichtig: vieles Neue kündigt sich durch Überraschungen an. Eine der Entdeckungen der Forschung ist, daß die Säuglinge früh Handlungen *planen*, ihre Wirkungen abzuschätzen beginnen, und daß sie bei der Mutter Handlungsentwürfe ahnen und dechiffrieren lernen. Sobald sie es aber besser können, erwacht auch der Schalk. Es gehört zu den heimlichen Triumphen schon kleiner Kinder, mit der Mutter Erkennen und Verkennen zu spielen. Die Seele entsteht auch dort, wo die kleinen Geheimnisse beginnen. Noch ist umstritten, wann der Säugling die Mutter zum ersten Mal auf den Arm nimmt. Es hängt vermutlich mit ihrer Fähigkeit zum Humor zusammen. Manche Eltern werden böse und unterstellen dem Kind schlechte Absichten oder einen schlechten Charakter, wenn es von seinem Grundrecht Gebrauch macht, die Eltern in die Irre zu führen. Denn in jedem Säugling steckt ein kleiner Stratege, der lernen muß, mit den geliebten und oft auch gefürchteten Dinosauriern, von denen er abhängt, umzugehen. Je offener der Handlungsdialog geführt wird, desto weniger manipulativ wird die Beziehung. Aber ohne kleine Manipulationen geht es nicht: wenn die Mütter ihre Säuglinge nicht mehr überlisten dürften, müßten sie zweimal jährlich in die Müttergenesungskur. Und wenn den Säuglingen und Kleinkindern der Schalk verboten wäre, würden kleine Roboter oder Gehorsamssoldaten aus ihnen, ohne Innenleben und die wichtigen Zonen des inneren Triumphs über die Saurier.

Säuglinge sind in einem erstaunlichen Maß fähig zu Freude, Jubel und Glück. Und sie vermögen dies denen zu vermitteln, die Zeit, Freiheit von Not und Bedrängnis und Gelassenheit genug haben, sich davontragen zu lassen. Deshalb wird die Säuglingsforschung auch die Psychotherapie verändern: hin zu mehr Freude, Wechselseitigkeit, Spiel und Begeisterung. Und keiner denke, die Säuglinge seien nicht trotzdem fleißig: sie bewältigen ein enormes Programm an Erkennen der Welt und auch an deren Veränderung. Freiwillig! Und in unermüdlichen Anläufen, nach Phasen der Ruhe, des Seins, der stillen Selbstvergewisserung.

Je besser wir sie kennenlernen, desto mehr mag von ihnen etwas ausgehen, was die Welt im ganzen bewohnbarer machen könnte. Vielleicht ist der gewaltigere Teil des Christentums nicht die Sünden- und die Opfertodlehre, um deren Feinheiten Krieg geführt wurden, sondern die Tatsache, daß ein Kind in den Mittelpunkt des Heilsgeschehens gerückt ist. Ein Schweizer Kollege, Franz Renggli, wohl selbst einst ein unglückliches Kind, schrieb ein monumentales Werk über die Marien-Jesuskind-Bilder in Mittelalter und Renaissance.[1] Er fand lebendige Darstellungen, aber mehr solche, auf denen die Beziehungsstörung schon die späteren Erkrankungen, die Dressur wie die Verletzungen der Kinder erkennen lassen. Er geht so weit, die sozialen und militärischen Verheerungen der Neuzeit mit den grotesken Verkennungen und Verbiegungen des Kindes in ursächlichen Zusammenhang zu bringen. Andere ernst zu nehmende Forscher bringen die Veränderungen in Rußland mit den Veränderungen im Umgang mit Geburt und früher Kindheit in Zusammenhang. Monokausale Theorien stimmen selten im Bereich menschlichen Lebens. Aber die Zusammenhänge werden endlich erforscht.

Allerdings führt die deutsche Säuglingsforschung ein noch kümmerliches Dasein. Die großen Durchbrüche stammen nicht von deutschen Forschern. Der Münchner Psychoanalytiker Jochen Storck führt es auf die lange Zeit fast ausschließlich biologische Orientierung von Psychiatrie und Kinderpsychiatrie zurück, der

1 Franz Renggli, *Selbstzerstörung aus Verlassenheit*. Die Pest als Ausbruch einer Massenpsychose. Zur Geschichte der frühen Mutter-Kind-Beziehung, Hamburg 1992.

die Beobachtung der subtilen Vorgänge zwischen Mutter und Kind nicht wissenschaftlich erschien. Zu den wenigen, die in der internationalen Forschung mithalten können, gehört das Münchner Forscherpaar Papousek. Deshalb lasse ich sie hier noch zu Wort kommen in bezug auf die Suche nach Wirkung bei den Säuglingen. Sie schreiben: »Je früher und zuverlässiger das Kind wichtige Ereignisse in seiner Umwelt in ursächlicher Beziehung zu seinem eigenen Verhalten erlebt, desto eher bildet es Erwartungen über diese Zusammenhänge aus, begrüßt deren Eintreten mit Freude und wird so stets neu darin bestärkt und ermutigt, sich seine Umwelt zu erobern und mit ihr vertraut zu machen.« Ich gebe zu, daß ich diesen Satz ein wenig eingedeutscht habe aus der Wissenschaftssprache, weil er sonst auch für normale Erwachsenengehirne schwer verständlich wäre. Aber was sie über die hundertfältige tägliche »Grußreaktion« zwischen Mutter und Kind schreiben, über die Funktion des »biologischen Spiegels«, den die Mutter für das Kind, und umgekehrt, bedeuten, beruht auf solider Forschung und ist trotzdem auch poetisch wahr. Es stimmt auch zuversichtlich, was sie über die Korrigierbarkeit von mütterlichen Fehlern herausgefunden haben. Die Flexibilität der kindlichen Seele erlaubt eine Vielzahl von »Reparaturen« der verlorenen Wechselseitigkeit. Dies gilt auch noch im späteren Lebensalter in einer Psychotherapie, die das Kind im Patienten nicht leugnet oder ihn nur zum Trauern anhält. Auch der bekannte Düsseldorfer Gestalt-Therapeut Hilarion Petzoldt arbeitete mit sehr konkreten Forschungsarrangements. Aber wo? An der Freien Universität von Amsterdam!

Vieles läßt sich heute ausdrücken in der Wissenschafts- wie in der Alltagssprache. Wir beobachten Kind und Mutter, sprechen über sie und fühlen uns ein. Und doch kann die Wissenschafts- wie die Alltagssprache nicht alles erfassen. Die Künstler werden weiter Neuland betreten in ihrer Einfühlung in sich selbst und in andere. Diese Tatsache: daß die Wissenschaftssprache nicht alles erfassen kann, mag auch dazu geführt haben, daß einer der Großen in der Säuglingsforschung, der in Genf lehrende David N. Stern, dessen Lehrbuch »The interpersonal world of the baby« in diesem Frühjahr auf deutsch erscheint (Stuttgart 1992), den Versuch unternommen hat, sich dem Geheimnis, wie ein Säugling sich selbst erlebt, auf dem Wege der Poesie zu nähern. Er schrieb nämlich das wunderbare »Tagebuch eines Babys« (München 1991) mit dem

Untertitel: »Was ein Kind sieht, spürt, fühlt und denkt.« Und darin heißt es unter der Überschrift »Ein Hungersturm«: »Das Unbehagen wächst. Es breitet sich vom Zentrum her aus und verwandelt sich in Schmerz. Genau im Zentrum bricht jetzt der Sturm los. Genau im Zentrum wird er stärker und geht in pulsierende Wellen über. Die Wellen treiben den Schmerz heraus, ihr Sog zieht ihn jedoch zurück nach innen. ... Die pulsierenden Wellen türmen sich auf und nehmen die gesamte Atmosphäre ein. Die Welt ist ein einziges Brüllen. Alles explodiert und wird hinausgeworfen und bricht in sich zusammen und rast zurück zu einem punktförmigen Schmerz...

Hunger ist eine überwältigende Erfahrung ... Er rast durch das Nervensystem eines Säuglings wie ein Orkan, unterbricht alles, was vorher war, und setzt vorübergehend jedes geordnete Verhalten und Erleben außer Kraft ... Der Gefühlston aller Dinge verändert sich mit einem Mal, so wie das ›Licht‹ vor einem Sturm ›metallisch‹ wird« (38/39).

Oder als letztes noch eine Szene, die das Glück der Wechselseitigkeit zwischen Mutter und Kind erhellen, das Entdecken und Teilen von außergewöhnlichen und doch alltäglichen Zuständen. Das Kind von inzwischen einem Jahr hat ein Plüschtier gefunden und zeigt es stolz und mit vielen Lauten der Mutter. Sie beantwortet seine Laute mit einem orchestrierenden, spiegelnden, einfühlenden und bestätigenden »JaaaAAaa!«, wobei sie die Tonhöhe erst ansteigen und dann wieder abschwellen läßt.« Und nun kommt der poetisierte Nachhall im Kind: »Ich habe es gefunden! Hier ist es. Eine Woge des Entzückens steigt in mir auf. Sie schwillt an und bekommt eine weiße Krone. Sie lehnt sich vornüber, kräuselt sich und zerstiebt zu zart klingender Gischt. ... Fühlt sie die Woge auch? – Ja! Sie ruft wie ein Echo das Steigen und Fallen der Woge in mir zurück! Ich steige mit dem Echo auf und wieder hinab. Es durchdringt mich, und ich fühle, daß mein Entzücken auch in ihr ist. Es gehört jetzt uns beiden« (108).

Im Gefängnis der psychoanalytischen Position
Über Ralf Zwiebels Buch »Der Schlaf des Psychoanalytikers«

Einleitung oder: der augenzwinkernde Gruß an den Freund

Mit Ralf Zwiebel verbindet mich seit unserer gemeinsamen Ausbildung am Sigmund-Freud-Institut eine jahrelange Freundschaft mit vielen kontroversen Diskussionen über Psychoanalyse, psychoanalytische Institutionen und schwierige Patienten. Auch das Thema der Müdigkeit des Analytikers hat dabei immer wieder eine Rolle gespielt. Eine Einschlafszene während einer eigenen Behandlung habe ich in dem Therapiebericht »Das erste Jahr« genauer beschrieben. Eine sich über Monate hinziehende, quälende Müdigkeit kenne ich auch aus einer meiner ersten Psychotherapien im Sitzen: ich fühlte mich beinahe hypnotisiert von dem Patienten und schämte mich enorm über das nicht zu steuernde Zufallen der Augen. Mit einer Mischung aus Mitleid, Triumph und Enttäuschung betrachtete er mich dann und zweifelte auf der manifesten Ebene vorwurfsvoll an meiner Kompetenz. Damit hatte er insofern recht, als ich weder mit seiner latenten Wut umgehen konnte noch mit dem dahinter verborgenen tiefen Verschmelzungsbedürfnis. Meine Scham war so groß, daß ich auch nicht wagte, über die Therapie mit einem erfahrenen Kollegen zu sprechen. Ich wußte noch nicht, daß die extreme Müdigkeit ein gemeinsam produziertes Symptom war, mit dem ich unter wohlwollender und kundiger Supervision hätte umgehen lernen können. Es gab aber neben der Scham ein Mißtrauen in mir, ob ich diese wohlwollend kundige Hilfe vor zwanzig Jahren gefunden hätte. Ich hatte sowohl von der Müdigkeitsreaktion wie von der Bedeutung averbaler Prozesse, auch von den möglichen Gegenübertragungsverstrickungen bis dahin wenig gehört, so daß ich neben der selbst produzierten Scham noch eine weitere Beschämung durch die Supervision fürchtete. Ob dies berechtigt war oder nicht, weiß ich nicht. Heute würde ich annehmen, daß diese Angst erstens rein subjektiv, also ein Stück eigener Neurose war; zweitens eine Reaktion auf den Stand der damals gelehrten Psychoanalyse, und drittens ein vom Patienten und dessen latenter Familiengeschichte induziertes Phänomen war. Das heißt, daß es in seiner Familie Themen der Scham, der Erschöpfung und des Schweigens nach innen und wie nach außen gab. Damit will ich mich nicht entschuldigen, sondern betonen, wie komplex das Thema ist und wie sehr ein Versagensgefühl zurückblieb. Denn mir war sehr wohl klar, und es gab auch massive Rückfragen dazu, daß der Patient Angst bekam, er langweile mich, und auf der vorbewußten oder gar unbewußten Ebene gab es sicher auch die Angst, daß einige seiner Impulse und Phantasien so »schlimm« waren, daß auch der Therapeut vor ihnen in den Schlaf floh. Auf jeden Fall war klar, daß die Müdigkeit einen Schleier über innere Prozesse bei beiden Partnern warf. Vielleicht muß ich dem Patienten recht geben, daß er die Therapie nach einem knappen Jahr beendete, mit partiellen Besserungen seiner Situation und einem bei mir lange nachhallenden Kopfschütteln über mein tieferes Unvermögen.

Aus dieser Geschichte peinlicher Beschämung heraus – und ich kenne andere heftige Müdigkeitsattacken aus meiner »klassischen« Analytikerzeit – berührt mich besonders tief der Mut von Ralf Zwiebel, in so persönlicher Weise sich seiner eigenen Müdigkeit als Analytiker zu stellen, die Kompetenzzweifel zu überwinden und das Phänomen zum Gegenstand einer theoretischen wie klinischen Untersuchung zu machen. Es gehört zu den bewundernswerten Stärken seines analytischen Denkens, auf Erlebnisse von Unsicherheit oder scheinbarem Versagen mit der Entdeckung neuer Problemfelder zu reagieren und sie damit kommunizierbar und analysierbar zu machen. Mit seinen Arbeiten zu den Gegenübertragungsträumen und den Problemen der Verstrickung in den Fußangeln der projektiven Identifizierung wie ihrer kreativen Auflösung hat er sicher vielen Kollegen geholfen, in eigenen Unsicherheiten die Chancen für einen therapeutischen Neubeginn innerhalb des klassischen Settings zu sehen.

Unsere klinischen Wege sind dann sehr verschieden verlaufen. Er hat mit der erforderlichen Meisterprüfung die ordentliche Mitgliedschaft in seiner Zunft erworben und ist Lehranalytiker geworden. Ich selbst habe seit etwa 1976 begonnen, zuerst in Gruppen, dann auch mit Einzelpatienten, die körperliche Interaktion in die psychoanalytische Therapie einzuführen. Dies war mit vielen Zweifeln, Schwankungen, Isolierungsgefühlen innerhalb meiner Vereinigung verbunden, aber auch mit viel Fortbildung, Nachdenken, neuen kollegialen Freundschaften, vor allem aber mit dem Gefühl, einer Reihe von Patienten besser helfen zu können.

Ein wichtiges Ergebnis war aber auch die Tatsache, daß die quälenden Müdigkeitsreaktionen nachließen und Schlafbedürfnisse, falls sie auftauchten, eine andere Bedeutung hatten und einen anderen Umgang mit ihnen möglich machten. Ich lernte besser zu unterscheiden, was meine mitgebrachte Müdigkeit war, wo die Müdigkeit Anzeichen einer Störung in der Therapie war und wo vor allem die abgewehrten Bedürfnisse und Konflikte eine andere technische Lösung erforderten. Vereinfacht gesagt erlaubt die Einbeziehung des Körpers in die therapeutische Interaktion die Befriedigung oder eingrenzende Ich-Umhüllung vieler Bedürfnisse und Konflikte, die in einer nicht-berührenden Therapie zwar andrängen, sich einer deutenden Aufarbeitung aber schwer zugänglich zeigen und deshalb erst einmal den verbalen Raum umgehen oder »attackieren« oder den Analytiker an den Rand seiner Kompetenz drängen. Mit Recht schreibt Zwiebel, er habe fast immer im Hintergrund von quälenden Müdigkeitsreaktionen beim Patienten den Kampf *gegen* und beim Analytiker den Kampf *um* die analytische Kompetenz gefunden.

Die eigene Erfahrung mit dem veränderten Erleben der Müdigkeit, bzw. deren Schwinden als quälendes therapeutisches Problem durch die Einbeziehung des Körpers in die Psychonanalyse führte mich immer mehr zu der Überzeugung, daß ein erheblicher Teil der Müdigkeitsprobleme sich mindestens zum Teil als Folge der Grenzen der rein klassisch angewandten Psychoanalyse verstehen läßt. Was Zwiebel als Kämpfe des Patienten *gegen* oder des Analytikers *um* die analytische Position deutet, sind meines Erachtens zum Teil Artefakte oder iatrogene oder setting-bedingte Phänomene. Da Zwiebel nun diese Phänomene sowohl mit bewundernswerter Offenheit darstellt und zum Anlaß theoretischer Durchdringung wählt, wie auch versucht, die Probleme innerhalb des klassischen Paradigmas zu lösen – mit zweifelhaftem Erfolg, wie er einräumt –, gibt er mir die Möglichkeit, gerade das Nachdenken über die Funktion körpertherapeutischer Ergänzungen der klassischen talking-, aber auch feeling-Kur zu vertiefen. Sein Buch erlaubt mir, entweder von meiner Position aus die Grenzen der psychoanalytischen Methode zu orten oder von der psychoanalytischen Position her die Bedeutung der körpertherapeutischen Variationen genauer zu bestimmen.

Aus meiner Sicht nehmen ein Teil der Verstrickungen von Analytiker und Patient während solcher Müdigkeitsreaktionen wie die Versuche ihrer rein sprachlichen Entwirrung *groteske* Züge an. Sie muten an wie Schattenkämpfe ohne Ausweg in einem geschlossenen Universum einengender Regeln, die dazu führen, daß sich lebensgeschichtliche Verstrickungen und Traumata beider Partner aktivieren. Denn die Inszenierung von Konflikten und Defekten durch den Patienten stellt bereits eine Neuauflage ursprünglich ungelöster Kommunikationsversuche dar, bei denen die verlorene leib-seelische Wechselseitigkeit des Dialogs mit Mutter oder Vater zu gewalttätigen seelischen Lösungen geführt hatte. Diese manipulativen Notlösungen des Patienten zerren nun den Analytiker auf ein Terrain, auf dem er selbst von den stimmigen oder wünschenswerten frühen Lösungen meilenweit entfernt ist.

Das Kind, das mit seinen »normalen« Interaktionsversuchen gescheitert ist, versucht, mit mächtigen Umweglösungen doch noch »Wirkung« zu erzielen, durch Manöver der Umgarnung, Verstrickung, der Kontrolle oder des Eindringens. Es greift zu psychischen Machtmitteln, die die elterliche Position und Kompetenz radikal in Frage stellen, und die zu einem entsprechenden, oft blinden »Gegenagieren« oder Ratlosigkeit und Verzweiflung der Eltern führen.

Nun sind Ohnmacht und Ratlosigkeit auch für den Analytiker die am schwersten zu ertragenden Gefühle, und konsequenterweise kommt Zwiebel zu dem Ergebnis, daß der Verlust der analytischen Kompetenz in solchen Situationen im Grunde für beide Partner das traumatische Moment darstellt, in dem sie einen bedrohlich anmutenden Konflikt neu erleben, aber so, daß im ungünstigen Fall über längere Zeit beide hoffnungslos werden und ihre Notmaßnahmen nicht mehr unter Kontrolle haben. Manchmal denke ich, ohne den Beitrag der Körperpsychotherapie überschätzen zu wollen, daß bei den von Zwiebel (und in der von ihm zitierten Literatur) geschilderten therapeutischen Sackgassen ein *schuldhaftes Nicht-zur-Kenntnis-Nehmen der körpertherapeutischen Möglichkeiten* vorliegt. Die rein analytische Position beim Durchleben und Durchdenken der traumatischen Situationen führt, in der Absicht, sie zu überwinden und therapeutisch zu nutzen, zu dem, was ich psychoanalytische Akrobatik nenne. Zwiebels Verdienst ist es, diese akrobatische Anstrengung in Technik und Theorie der Psychonanalyse bis zu einem Punkt vorangetrieben zu haben, wo sie entweder verstiegen wirkt oder sich öffnet für den Ausstieg aus dem elfenbeinernen Turm der reinen Lehre.

Wenn ich dies im folgenden aufzuweisen versuche, stelle ich unsere langjährige Freundschaft auf eine harte Probe. Denn ich behaupte (ähnlich wie in meiner Auseinandersetzung mit Joyce McDougall[1], Moser 1987), mit Zwiebels Untersuchung trete die Psychoanalyse ins *Stadium des Manierismus* ein, oder vielmehr, dieses Stadium werde erneut dokumentiert. Bei dieser Behauptung und ihrer Begründung will ich mir nicht gelegentlich Polemik und die Freuden des Sarkasmus, ja der Schadenfreude mißgönnen, selbst wenn sie meinen eigenen Reifungsgelübden widersprechen.

Ich respektiere Zwiebels Entscheidung, trotz spürbarer Leiden auf dem Acker der klassischen Psychoanalyse zu bleiben und ihn trotz geringer Fruchtbarkeit in einigen Gemarkungen mit Schweiß und Tränen weiter zu bestellen. Auf steinigem Boden und nur mit herkömmlichen und eventuell folkloristisch-musealen Schürfgeräten ausgestattet, karge Früchte zu ernten, ist verdienstvoll, wenn auch nicht sehr produktiv. Es handelt sich bei dieser Form von Höhenlandwirtschaft ja auch um den Nachweis, daß die klassische Methode menschliches Überleben bis an die Baumgrenze und darüber hinaus erlaubt. Der verächtliche Blick ins Tal illegitimer Fruchtbarkeit (aufgrund neumodischer Düngeverfahren) entschädigt den wettergegerbten Pionier und läßt ihm seine Früchte kostbar erscheinen, was sie auch sind. Es geht um die Entscheidung für eine therapeutische Lebensform. Hat man dies einmal akzeptiert: daß es sich nicht um einen Streit über objektiv richtige Methoden handelt, sondern um therapeutische Berufsentwürfe, denen unterschiedliche Loyalitäten, Gelübde, Begabungen, Identifikationen und klimatische Bedürfnisse zugrunde liegen, dann erweist sich die Polemik vorwiegend als die Lust an der Abgrenzung, die den Respekt nicht verliert. Umgekehrt hörte ich von manchen klassischen Kollegen, daß sie sich bei der Auseinandersetzung mit den Neuerungen leichter täten, wenn ich und andere ähnlich arbeitende Kollegen unsere Methode nicht mehr als Psychoanalyse bezeichneten, sondern als psychoanalytisch orientierte Körperpsychotherapie. Dem könnte ich im ganzen leicht zustimmen, mit zwei Einschränkungen: 1. Ich betrachte mich als Psychoanalytiker

1 »Der Psychoanalytiker als sprechende Attrappe.« Frankfurt am Main 1987.

Freudscher Prägung, mit einem erweiterten Setting und einem Gefühl der Vertiefung der analytischen Identität, und 2. die Kompromißformel könnte andeuten, als seien ich und andere Kollegen dauernd oder vorwiegend mit körperlichen Interaktionen beschäftigt. Dies ist aber nicht der Fall: die Frequenz körperlicher Interventionen ist äußerst verschieden je nach Patient, und hier wiederum je nach Phase der Therapie, und in manchen Therapien oder Analysen spielt Berührung kaum eine Rolle, oder sie ist präsent als ein Angebot, von dem der Patient Gebrauch machen kann oder nicht.

Bevor ich in die Auseinandersetzung mit Ralf Zwiebels Text eintrete, muß ich den Leser davon in Kenntnis setzen, daß ich die Zitate nicht mit den Seitenzahlen des gedruckten Textes ausweisen kann, aus folgendem Grund: das Erscheinen des Buches hat sich aus verlegerischen Gründen verzögert, so daß es mir, zwar in definitiver Fassung, doch nur als Manuskript vorliegt und als Buch erst gleichzeitig oder nur kurz vor diesem Text erscheint. Ich werde aber die Kapitel der jeweiligen Zitate angeben, damit der Leser, der sich in den gedruckten Text von Zwiebel anhand meiner Argumente vertiefen möchte, eine Orientierung hat.

1. Müdigkeit, Schlaf und der Kampf dagegen.

Über Zwiebels Einleitung und Kapitel II

Ralf Zwiebel läßt in dem ganzen Buch nicht den geringsten Zweifel aufkommen, für wie gravierend er sowohl für den Analytiker wie für den Gang der Behandlung und also auch für den Patienten das Problem von Schläfrigkeit und Schlaf des Analytikers hält, stellt es doch einen zentralen Angriff auf die therapeutische Potenz des Settings wie des Analytikers dar:

»Wenn ich meine bisherige analytische Tätigkeit betrachte, so entdecke ich neben vielen interessanten, bewegenden und befriedigenden Momenten auch viele Situationen, die schwierig, enttäuschend, belastend, verwirrend und rätselhaft waren oder auch geblieben sind. Um es noch dramatischer zu sagen, erlebe ich in mir eine Ambivalenz, ja manchmal eine innere Zerissenheit..., in der Faszination, Befriedigung und Überzeugung auf der einen Seite und tiefe Zweifel, Entmutigung und manchmal sogar Verzweiflung sich die Waage halten.«

In klinischen Diskussionen wie in der Literatur, so Zwiebel, würden diese

»schwierigen und widersprüchlichen Seiten...eher verkleinert oder gar geleugnet, verbunden mit einem manchmal rigoros-moralischen... Unterton, der eine gewisse Entmutigung... zur Folge hat. Als eine der Konsequenzen davon sehe ich eine nicht unbeträchtliche Doppelbödigkeit, die sich bis zur Unaufrichtigkeit steigern kann, mit erheblichen Auswirkungen auf die Ausbildung zukünftiger Analytiker und auf die wissenschaftliche Forschung und ihre Ergebnisse«.

Während die bisherige Tendenz in Literatur und kollegialer Diskussion die ist, das Phänomen hauptsächlich auf unterdrückte Aggression beim Patienten oder auf die »unaufgelöste Neurose« des Analytikers zurückzuführen, radikalisiert Zwiebel den Ansatz mit der These,

»daß die Analyse der Müdigkeitsreaktionen tiefe Einblicke in die Natur der analytischen Situation und analytischen Beziehung gestattet und daß ein tieferes Verständnis dieser emotionalen Reaktion von großem Wert für Analysand und Analytiker werden kann«.

Es macht das Gewicht dieses Buches aus, daß es das Müdigkeitsproblem also entindividualisiert und ins Zentrum einer grundsätzlichen Diskussion über das Setting und die »analytische Position« oder Haltung rückt.[2] Noch einmal radikalisiert, lautet die These, die dem Buch zugrunde liegt, daß die Müdigkeit ein entscheidender Punkt im Ringen um die analytische Position des Therapeuten darstellt:

»Müdigkeitsreaktionen und Schlafimpulse in der analytischen Situation sind wahrscheinlich relativ häufig und beruhen auf latenten Impulsen des Analytikers, die auch unabhängig vom Pat. existieren. Sie sind Ausdruck einer mehr oder weniger starken unbewußten Tendenz, die analytisch-professionelle Position aufzugeben und eine andere Beziehungsform mit dem Pat. zu realisieren, die den emotionalen Bedürfnissen des Analytikers mehr entspricht.«

Wichtigster Aspekt bei der Gefahr einer »Dehumanisierung« des Analytikers ist der Verlust der »Bezogenheit«, also das Abreißen

2 Vgl. hierzu den grundlegenden Sammelband »Die psychoanalytische Position. Auf der Suche nach dem Selbstbild der Psychoanalyse« (München – Wien 1988) mit einer wichtigen Arbeit von Zwiebel über »Die Rolle der projektiven Identifizierung in der analytischen Beziehung« (S. 259–277).

einer lebendigen Interaktion bei der progressiven Mißachtung bzw. der Verstümmelung seiner Gefühle durch die Auswirkungen der projektiven Identifizierung als einer deformierenden Beziehungsform zwischen ihm und dem Patienten.

Zwiebel geht also mit Recht von bestimmten durchschnittlichen psychohygienischen und emotionalen Bedürfnissen des Analytikers aus, die bei bestimmten Störungen durch eine Verstrickung der Seelen beider Partner massiv und kumulativ frustriert werden. Die Gefahrenpunkte für den Analytiker liegen in der Stimulation seiner eigenen »abgewehrten und abgespaltenen Bedürftigkeit«, die sowohl narzißtische Elemente (»Wünsche nach Anerkennung, Versorgtheit, Reparation und Verständnis«) enthalten wie »bezogene« oder affektive Wünsche, auf deren Frustration oder Erfüllung der Analytiker »in der Regel gekränkt, verliebt, verärgert, enttäuscht oder begeistert« reagiert. Dabei spielt natürlich auch die »Beschränkung des Analytikers auf verbale Interventionen« eine Rolle, weil sie ihn, so eine meiner zentralen Thesen, ohnehin in einem Zustand organismischer Unterversorgung hält. Die seelischen Auswirkungen einer eng verstandenen Abstinenz sind immer wieder beschrieben worden. Auch hier radikalisiert Zwiebel das Zustandsbild durch die Aufrichtigkeit seiner Selbstbeobachtung hinsichtlich der psychosomatischen Folgen:

»Diese Müdigkeit läßt sich nicht nur mental, sondern auch körperlich beschreiben: neben der einsetzenden Schläfrigkeit, der Leere des Kopfes und fehlender Einfälle sind es körpernahe Gefühle des Kopfdruckes, der Schwere und Lähmung in den Gliedern, ein Brennen und Spannen des Gesichts, eine Schwere und Enge des Atmens, eine Anspannung des Nakkens, der Fäuste und viele andere körperliche Reaktionen, die man oft selbst gar nicht mehr wahrnimmt... ich beginne mich schuldig zu fühlen... gequält oder auch wütend und vorwurfsvoll.«

Der Stil der Interventionen verändert sich:

»Ich bemerke dann – manchmal fast ein wenig erschrocken –, daß diese Interventionen einen Beiklang haben, der vielleicht vorwurfsvoll, kritisch und anklagend klingt....Es kann aber auch sein, daß sich diese Müdigkeit von Pat. zu Pat. steigert und ich mich am Ende eines Arbeitstages ganz zerschlagen, kaputt und ›krank‹ fühle.«

Aus der Häufigkeit zumindest der milderen Formen der Müdigkeitsreaktionen und ihrem Hinweischarakter auf den Wunsch des Analytikers, die analytische Position, wenn sie schwer auszuhalten oder unerträglich geworden ist, aufzugeben, schließt Zwiebel zu

Recht, daß seine Erfahrungen und Interpretationen eine generelle Bedeutung haben: »Die Folgen für Theorie, Technik und Praxis der Psychoanalyse sind beträchtlich...«

Mein Anliegen ist es zu zeigen, daß trotz großer gedanklicher Anstrengung Zwiebel dennoch im »Gefängnis der analytischen Position« bleibt und Milderung der Not nur von noch größerer Anstrengung, genauerer Selbstbeobachtung, intensivierter Selbstanalyse und verstärkten Glaubensbemühungen an die Postulate der klassischen Analyse zu erhoffen vermag. Dabei behaupte ich, daß es gleichzeitig zu einer Fetischisierung des Begriffs der »analytischen Position« kommt, die die »Eingeschlossenheit« des Analytikers verstärkt. Dabei will ich nicht im geringsten beiseite wischen, was an Wertvollem in dem Konzept steckt: die Sicherheit des Rahmens, der Schutz der Funktionsfähigkeit des Analytikers, Rollenklarheit und optimale Bedingungen für die affektive und gedankliche Arbeit des Therapeuten.

2. Zwiebels Deutung der »analytischen Position«.

Über Kap. III

In dem ausgezeichneten Buch von Krutzenbichler und Essers über »Das Begehren des Analytikers«[3] ist dargestellt, in welchen frühen Turbulenzen sich die »analytische Position« festigen und bewähren mußte, um dem Therapeuten wie dem Patienten Halt, Schutz und Sicherheit zu geben. Auf das Ausmaß der Erstarrung des Konzepts hat Cremerius wiederholt hingewiesen. Viele der von Zwiebel behandelten oder diskutierten Patienten haben sicher Störungen, die an diesem Konzept rütteln, weil sie anders ihre Störungen im herkömmlichen System nicht kommunizieren können. Die Ausweitung der Behandlungstechnik der Psychoanalyse auf diese Störungen hat nun einerseits zu Pionierleistungen einer neuen Einfühlungs-, Deutungs- und Konfrontationstechnik geführt. Andererseits ist das Konzept für den durchschnittlich begabten Analytiker auch immer mehr zu einer Festung geworden, zwar mit brüchigen Mauern, aber doch so stabil, daß er weiß oder

3 H. S. Krutzenbichler und H. Esser, »Muß denn Liebe Sünde sein? Über das Begehren des Analytikers«. Freiburg 1991.

hofft, er könne sich immer in diese partiell bergenden Mauern zurückziehen, um einen schwer zu verstehenden Beziehungssturm oder noch unbekannte Druckverhältnisse bei lang anhaltender projektiver Identifizierung zu überstehen und in ihrem (für mich oft zweifelhaften) Schutz kreativ regenerieren. Ich möchte zeigen, daß die akrobatische Leistung des Analytikers dann aus der doppelten Aufgabe besteht, kreativ zu bleiben und gleichzeitig die Mauern zu der dafür nötigen Schutzzone zu reparieren bzw. sogar selbst zu stützen.

Dies um so mehr, als Zwiebel mit Recht einen engen Zusammenhang herstellt zwischen Patienten, mit denen es zu Müdigkeitsreaktionen kommt, und den bei den Beziehungen zu diesen Patienten wichtigen Konflikten, um den Rahmen also, vereinfacht und leicht ironisch formuliert, um die *Stabilität der Burgmauern*. Dieses Arrangement enthält aber die Versuchung des Analytikers, die Unveränderlichkeit des Settings schon durchgängig für eine analytische Tugend zu halten. Es geht also einerseits um eine klare und erkennbar feste Position des Analytikers, andererseits aber um eine von Sandler[4] und Klüwer[5] hervorgehobene Bereitschaft zur Übernahme von Rollenangeboten, die das bisherige Konzept durch die »Erlaubnis« zum dosierten Agieren und Mitagieren des Analytikers schon beträchtlich erweitert. (Ausführliches Literaturverzeichnis bei Zwiebel). Außerdem ist es für Zwiebel selbstverständlich, daß es unterhalb der inhaltlichen Ebene des Gesprochenen eine »unbewußte verbale und non-verbale Kommunikation« gibt, deren Entschlüsselung oft wichtiger ist als die der des manifesten Inhalts.

Nun kommt aber eine wichtige Verknüpfung: die differenzierten Fähigkeiten des Analytikers sind »aktivierbar, hemmbar und störbar je nach Tagesform, Thematik der Stunde und Problematik des Patienten«. Die Arbeit an den möglichen Störungen im Analytiker ist zentral für die Behandlung mancher Patienten. An der therapeutischen Front geht es gerade um »den mehr oder weniger ausgeprägten Verlust der analytischen Position«, bei dem zwangsläufig ein Kompetenzverlust droht und die »bedürftigen« Anteile des Analytikers verstärkt zum Vorschein kommen. Dies gefährdet

4 J. Sandler, »Gegenübertragung und die Bereitschaft zur Rollenübernahme«. In: Psyche 30 (1976), S. 297–305.

5 R. Klüwer, »Agieren und Mitagieren«. In: Psyche 37 (1983), S. 828–840.

das in sich schon widersprüchliche Bündel der Fähigkeiten des Analytikers, die Zwiebel so zusammenfaßt:

»Zuhören..., Einfühlen, Verstehen, Nachdenken, Zusammenhänge herstellen, Generalisieren, Erinnern, Grenzen setzen, Aufnehmen, Behalten, Zurückgeben, Da-Sein, Anerkennen, Intervenieren etc.«

Wahrlich eine imposante Palette von Leistungen, von denen man sich manchmal wünscht, sie wären getrennt zu beschreiben. Aber sie gleichen als Summe einem Mobile, das ständig mit seinen gegenläufigen Tendenzen in kreativem Gleichgewicht gehalten werden will. »Diese Gegensätzlichkeit und Widersprüchlichkeit stellt die basale paradoxe Natur der analytischen Position dar.«

Nun wird die Lage des Analytikers noch dadurch erschwert, daß die Beziehungskonflikte mancher Patienten so schwer sind, daß sie »Bezogenheit« generell abwehren und sich in eine »Kokonübertragung« zurückziehen. Zwiebel schildert dies sehr anschaulich in einer längeren Vignette über Herrn P. Die Bedürftigkeit des Analytikers nach »Bezogenheit« mit ihren narzißtischen wie libidinösen und aggressiven Anteilen liegt brach, seine »Ambivalenz gegenüber der analytischen Position verstärkt« sich, weil er wegen des Selbstschutzes des Patienten vor der existentiellen Gefahr der Affekte in subtil aggressiver Weise nicht gebraucht wird und weil er, ohne daß dies meist formuliert wird, im Grunde als Monster oder als Schwächling gesehen wird. Das führt oft zu »voreiligen und einseitigen Interventionen«. Die Tendenz, die analytische Position (als Ort des Hungers und des Leidens, T. M.) aufzugeben, wächst. In meiner Sprache: die »organismische« wie die menschliche Grundversorgung des Analytikers geht verloren. Hält man aber, wie Zwiebel, an der herkömmlichen Bedeutung von Abstinenz oder »analytischer Position« fest, so können die Sehnsüchte des Analytikers nur unter entwertendem Beiklang benannt werden:

»Daher bestehen neben den Impulsen, die analytische Position einzunehmen und herzustellen, auch immer andere Impulse, diese nämlich aufzugeben, andere schnellere Wege, Abkürzungen und schnellere Befriedigungen zu suchen.«

Nach diesem generalisierten Verdacht ist die Tür zu anderer Abhilfe natürlich zugeschlagen. Deshalb verwundert es auch nicht, daß Analytiker bisher aus dem riesigen Feld der Säuglingsforschung kaum sinnvolle technische Neuerungen beziehen konnten.

Lichtenberg[6] etwa entfaltet das große Programm des Forschungsstandes, um am Schluß resignativ festzustellen, daß damit wenigstens die innere Bilderwelt des Analytikers, sein Inventar an »Modellszenen« in seiner Phantasie bereichert sei, mehr aber nicht.

Nachdem Joyce McDougall[7] das hilflose Leiden des Analytikers mit solchen Patienten schon so meisterhaft geschildert hat, brauche ich die von Zwiebel berichteten Qualen nicht noch einmal in extenso wiederzugeben, erwähne nur das »permanente Gefühl der Isoliertheit und Getrenntheit«, das die Sehnsucht im Analytiker nach »Einheit, Verschmolzenheit und Harmonie« vertieft. Sein eigener »Symbiose-Differenzierungskonflikt« wird dadurch unweigerlich aktiviert.

Ähnlich schlecht geht es ihm aber mit der anderen Dimension, der narzißtischen Besetzung der analytischen Position, deren infantiler Teil ihn »mit Phantasien und Gefühlen von Größe, Vollkommenheit und Allmacht« ausstattet; Phantasien, die die »analytic community« unterstützt durch ihr Bild des »richtigen oder guten oder perfekten Analytikers«. Die Gefängnisgitter sind vergoldet, es kommt höchstens noch zu »omnipotenten Reaktionen« des Selbsttrostes. Die Müdigkeit ist eine Zuflucht, der Schlaf eine Erlösung, wenngleich sie Beschämung bringt. Auf jeden Fall sagt Zwiebel: je müder der Analytiker, desto unwilliger ist er, unter den gegebenen Umständen noch Analytiker zu sein.

Im Gefängnis der negativen Diagnostik.

Über Kapitel IV: Der Beitrag des Patienten

In diesem Kapitel läßt sich besonders gut verfolgen, wie Zwiebel trotz besserer Absicht bei der Bestimmung des Beitrages der Patienten zum Schlaf des Analytikers schließlich bei der negativen Diagnostik endet, bei der die Beschreibungen immer vorwurfsvoller werden und die primären Erlebnisse des Patienten als Kind immer weniger konkret. Zwiebel nimmt hinsichtlich des neueren

6 J. D. Lichtenberg, »Psychoanalyse und Säuglingsforschung«. Berlin – Heidelberg 1991.

7 Joyce McDougall, »Plädoyer für eine gewisse Anormalität«. Frankfurt am Main 1985.

Standpunktes in der Psychoanalyse, daß es sich um eine Zwei-Personen-Beziehung handelt und mindestens Teile der Beziehung in einer zweipoligen Beziehungspsychologie (besser Beziehungs-Tiefenpsychologie) verstanden werden müssen, einen klaren und modernen Standpunkt ein, verweist jedoch auf den unzureichenden Stand der Forschung. Dies bringe es mit sich, daß der Versuch, die Beziehungsdynamik zu erfassen,

»wirklich sehr schwierig ist, ist doch die Neigung, den Pat. aus einer quasi objektiv-diagnostischen Sicht zu beschreiben, ziemlich stark verinnerlicht... Ich entdecke auch eine gewisse Neigung, das Unwissen und Nicht-Verstehen manchmal vorschnell mit Begriffen, Schematisierungen... und diagnostischen Etikettierungen zu überdecken. Mir scheint, daß wir noch weit davon entfernt sind, eine klinische Phänomenologie aus der Sicht der Zwei-Personen-Psychologie zu schreiben«.

Nach meiner Meinung liegt dies hauptsächlich an zwei Punkten: 1. in der klinischen Situation würde dies eine enorme affektive Offenheit des Analytikers erfordern, auch in der Preisgabe *seines Erlebnisanteils wie seines inneren Arbeitsstiles*, etwas, das in der Ausbildung kaum vermittelt wird (wozu aber Zwiebel einen wichtigen Beitrag leistet). 2. In der Rezeption und integrierenden Durchdringung der Säuglingsforschung sind bisher, wie schon erwähnt, kaum behandlungstechnische Konsequenzen gezogen worden. Winnicotts Erkenntnis, daß es ein Baby ohne die Mutter nicht gibt, ist zwar aufgenommen, aber nicht auf die Patienten angewandt worden, von denen Zwiebel spricht. Oder es geschieht höchstens in negativer Weise: durch die Darlegung der Verstrikkung, die der Patient dem Analytiker aufzuzwingen versucht. Anita Eckstaedt[8] nennt es die »ichsyntone Objektmanipulation«, ein schweres Begriffsgeschütz gegen Überlebensreaktionen des Säuglings im Patienten gegenüber seinen frühen Bezugspersonen oder, auf der Couch, gegenüber dem unsichtbaren Analytiker.

Und so schildert Zwiebel denn auch zu Beginn des Kapitels über den *Beitrag des Patienten* in der ersten größeren Fallvignette eine jener typischen initialen Vergewaltigungsaktionen, die eine ganze Analyse überschatten können:

»Der Beginn der Therapie zur verabredeten Zeit gestaltete sich folgendermaßen: Frau A. konnte sich nicht an unsere Verabredung mit dem Liegen

8 A. Eckstaedt, »Nationalsozialismus in der ›Zweiten Generation‹«. Frankfurt am Main 1989.

erinnern, sondern wollte sich in den Sessel ›erst einmal‹ setzen. Ich erinnere mich nicht mehr ganz genau an meine Reaktion, aber ich meine, daß ich sie nun bat, sich doch auf die Couch zu legen, was sie eher widerwillig tat. Die ersten Themen waren sehr paranoid, aber entscheidend war, daß ich bereits in der zweiten Stunde eine massive Müdigkeitsreaktion entwikkelte.«

Nach einigen Stunden bittet der Analytiker sie, sich aufzusetzen, nachdem sie selbst gesagt hatte, die Couch fresse sie auf, und er die Phantasie entwickelte, sie verschwinde dort total.

Sehr bald werden die Äußerungen des Analytikers über sie klagsamer:

»Ich mußte häufig mit starken Müdigkeitsimpulsen kämpfen, manchmal abgelöst durch resignative und wütende Gefühle und den Wunsch, die Therapie möglichst bald zu beenden. Die Patientin zeigte fast nie Gefühle ... und ich konnte selten mitfühlen, wie ihre innere Situation wirklich war.«

Sie verbittet sich Interpretationen.

»Wenn ich dies doch tat, zog sie sich sofort wieder zurück und blieb für längere Zeit unerreichbar. So deutete ich ihr mehrfach, daß sie sich offenbar von mir so bestimmt und beherrscht fühle, daß sie das gleiche auch mit mir versuche.«

Es wird also weiter *gedeutet*, und der unfruchtbare Machtkampf ist installiert. Zwiebel ist auch deutlich, daß die Patientin ein tief enttäuschtes und verletztes orales Selbst präsentiert. Da die Hungerkur der Analyse aber nichts Sättigendes hat, greift die Patientin in der Tat zu ihrer frühen Notwehr, dreht die Rollen um und schweigt eine volle halbe Stunde. Der Analytiker quält sich in seinem *(scheinbaren, T. M.)* Nicht-gebraucht-Werden und holt schließlich die moralische Giftspritze:

»Wir sprachen erst neulich darüber, ob wir beide zusammenpassen. Und jetzt schweigen Sie wie ich, anstatt über sich und dieses Problem zu sprechen. Schweigen bis zum Ende der Sitzung.«

Der Analytiker weiß zwar, mit Balint, daß er von der Patientin vermutlich nur als eine »Substanz« gebraucht wird. Aber dies halten männliche Analytiker ohnehin schlecht aus, außerdem ist die Substanz hier komplett unkörperlich, und die Patientin tritt folgerichtig in Streik. Es scheint offensichtlich, daß die Patientin von der Mutter mindestens narzißtisch »angeeignet« war und kein eigenes Selbst entwickeln durfte. Der Analytiker wird »oft in der Tat als bloßes Objekt behandelt«, wie die Mütter im ersten Jahr halt auch, nur daß diese es meistens genießen können. Der Analytiker aber in seinem Gefängnis steht vor der Glaswand und soll eine mißlungene frühe Situation sozusagen in einem sterilen Brutkasten reparieren, darf aus antiseptischen Gründen aber nur über Funk oder Telefon mit dem armen Patienten kommunizieren, der ihn dafür dann eben quält. Jetzt wird nicht mehr gemeinsam um die besten Möglichkeiten für die Reparatur gesucht, sondern der Streit geht um die Mittel der Kommunikation. Es ist wie bei politischen Verhandlungen (z. B. Israelis und Palästinenser), wo Monate oder Jahre beim Streit um Tagungsort und Tagesordnung vergehen und wo sich das paranoide wechselseitige Mißtrauen nicht mehr um inhaltliche Themen dreht, sondern sich schon in die Präliminarien und in den Prozedurstreit einfrißt. Daß auch der Analytiker paranoid wird, zeigt die folgende Bemerkung:

»... um mich dieser Form der Beziehung zu entziehen, vergaß ich den vereinbarten Termin, so, als wollte ich das Heft wieder in die Hand bekommen. Das Bedrohliche schien, daß die Pat. eine Fähigkeit entwikkelte, mich in dieser Form der Objektbeziehung quasi zu fesseln, mich zu beherrschen und mir ihren Willen aufzuzwingen.«

Der Machtkampf kommt dadurch zustande, daß der Analytiker nichts tun darf, was dem ausgehungerten und fordernden Zustand des Babys entgegenkommt. Was Wunder, wenn sich die Patienten durch »Selbstgenügsamkeit« weiter zu schützen versuchen. Denn auch wenn sie ihre »orale Gier« oder den Wunsch nach Halt oder nach fühlbahrer Abgrenzung gegenüber dem als omnipotent erlebten Objekt zulassen würden, gingen sie damit ins Leere: »Regression und Distanzierung sind die wesentlichen Abwehrbewegungen, die den Pat. davor schützen sollen, vom Analytiker in seiner wirklichen Verfassung gesehen zu werden.« Es würde den Schmerz jedoch gewaltig erhöhen, wenn der Patient wirklich gesehen würde, ohne Hilfe zu erhalten. Der Patient, so ist meine Überzeugung, zeigt sich nicht mehr, schon aus tiefer Loyalität zum Analytiker, dessen Versagens- oder Unzulänglichkeitsgefühle ins Unerträgliche wachsen würden, meldete der Patient wirklich offen und mit ganzer Dringlichkeit seine wahren Wünsche an. Der Analytiker weiß das auch, »daß hinter einer Haltung der Selbstgenügsamkeit und Nicht-Bezogenheit oft eine hochgradige ohnmächtige Abhängigkeit verborgen ist«, samt der lange kumulierten Wut, für die der Patient ebenfalls kein haltendes Setting finden würde.

Doch nun steigert sich die Skotomisierung, trotz postulierter Zwei-Personen-Psychologie:

»Die Pat., die ich hier beschreibe, haben größte Schwierigkeiten, diese Form von Objektbeziehungen, in denen das Element der Gegenseitigkeit und die Aktivität der Eroberungsarbeit vielleicht das Entscheidende ist, herzustellen ...«

In der Tat, aber deswegen brauchen sie ja die Eroberungs-Aktivität des Analytikers, den Hinweis, daß er zur Wechselseitigkeit bereit ist, und nicht die naserümpfende Notengebung, die an Schulzeugnisse erinnert, in denen ausgedrückt werden soll, daß ein Kind trotz intensivster Betreuung in einer Klasse von 45 Schülern nicht ganz mitkommt und vom Unterricht nicht profitiert.

Selbst die Einsicht des Analytikers, daß die Deutungen mit der Zeit gereizter werden, geht wieder verloren und wird als Makel in den Patienten zurückverlegt:

»... zeigten sich doch früher oder später erhebliche Schwierigkeiten im Umgang mit der analytischen Situation: die Deutungen werden lange Zeit als Vorwürfe aufgefaßt oder aber nicht richtig gehört, wirkliche Einsichten ... werden vermieden, das Verstehen ... tritt zurück hinter die Befriedigung anderer Bedürfnisse, etwa der Entlastung von emotionaler Anspannung oder dem Suchen nach einem Schuldigen für die eigene Situation.«

Es ist schwer, hier nicht sarkastisch zu reagieren. Der ironische Ratschlag wäre aber, wie in der guten alten Zeit für das Gymnasium, eine differenzierte Reifeprüfung für den Patienten einzuführen, wie es ja an manchen Instituten bei der Auswahl von Ausbildungspatienten auch gemacht wird. Denn der analytische Umgang mit Schülern/Patienten, die die *Recht-Schreibung* noch nicht beherrschen – oder die *Recht-Fühlung* – ist für den Lehrer/Analytiker schwer zumutbar, wird er doch erheblich in seinem analytischen Ehrgeiz gestört:

»... es kommt früher oder später zu einer Diskrepanz zwischen den Erwartungen des Analytikers an den Pat., ... die zu verschiedensten diagnostischen, indikatorischen, behandlungstechnischen Überlegungen führt, aber nicht selten auch zu ... Reaktionen der Enttäuschung, des Selbstzweifels, des Ärgers, der Unzufriedenheit und des latenten Vorwurfs ...«

Für diese Patienten, die im analytischen Setting keine Wechselseitigkeit finden, liegt dann auch gleich der hochtrabende Begriff parat: »non-communication of affects« oder, noch schlimmer, »Selbstmanipulation der Affekte«: weil diese Patienten, um überhaupt etwas zu erleben oder sich zu spüren, sich an Gefühlen berauschen, die den Partner gar nicht einbeziehen. Manche Analytiker merken das erst nach längerer Zeit und fühlen sich getäuscht, aber auch für dieses Phänomen gibt es ein Etikett: »Dies kann man als eine weitere Abwehrbewegung verstehen, in der der eine Affekt einen anderen Affekt, der als viel gefährlicher erlebt wird, verbirgt, wodurch ein Gefühl der Unechtheit oder Falschheit hervorgerufen wird.« Auch hier wird oft verkannt, daß die Patienten ja wissen, daß sie den Analytiker mit Gefühlen füttern sollten, so wie ihre Eltern, die aber ihre wahren Gefühle nicht ertragen hätten, daran partizipieren wollten. Das analytische Setting wiederholt aber die Botschaft der früheren Eltern an das Kind: »Ich kann deine Gefühle nicht ertragen, bitte liefere mir harmlosere«, ohne daß es je thematisiert zu werden braucht. Radikal ausgedrückt: es ist nicht der Patient, der an fehlender Wechselseitigkeit leidet, sondern primär der Analytiker und das Setting, eine Botschaft, die besonders dann intensiv wird, wenn das Liegen und die Unsichtbarkeit des Analytikers hinter der Couch dem beziehungsunsicheren (im primären Sinn) Patienten aufgenötigt wird. Das Setting schneidet aber auch den Analytiker, während es ihm seinen gewohnten Platz im Hochsicherheitstrakt verschafft, von der adäquaten Wechselseitigkeit ab. Die Folge: wechselseitige Vorwürfe und Enttäuschungen.

Eine weitere, bereits angedeutete Folge: die Unzufriedenheit bzw. die psychohygienischen Bedingungen des Analytikers werden so unzureichend, daß sein »orales Selbst« mobilisiert wird, das gierige Kind in ihm,

> »während sich der Pat. selbst mit einer komplementären Rolle identifiziert, in der Regel mit einem archaischen, nicht selten verfolgenden Introjekt...«
>
> »So beginnt der Analytiker nach einem Kontakt zum Pat. zu ›hungern‹, fühlt sich durch dessen Distanz und Kühle ›bestraft‹ oder, noch schlimmer, schuldig, fragt sich ständig, was er falsch gemacht hat etc.«

Es ist nicht mehr verwunderlich, wenn sich der Analytiker in den Schlaf verzieht. Kafkaesk wird die Sache dadurch, daß sich gleich zwei »Hungerkünstler« um die Brosamen des analytischen Settings streiten und aufeinander böse werden, weil sie jeweils den Anderen verantwortlich machen für die geringen Überlebenschancen. Der Analytiker hat aber seine Fähigkeiten, dünnflüssige Deutungen oder diagnostische Beschuldigungstheorien auszuspucken, bewahrt:

»Es handelt sich nach meiner Auffassung um einen ausgeprägten Charakterwiderstand (das rechtfertigt jahrelangen Kampf, T. M.) bei gleichzeitiger Neigung, archaische Formen der Übertragung mittels projektiver Identifizierung zu agieren, zu inszenieren. Die hypnotische Müdigkeit des Analytikers kann als ein Aspekt dieser Übertragungs-Inszenierung betrachtet werden...«

Fragt man sich, warum genetische Deutungen, also auch Phantasien über die frühe Kindheitsgeschichte, wie Ergebnisse der Säuglingsforschung zu solchen Verstrickungen fehlen, so kommt man fast zwangsläufig auf die Antwort: weil das Groteske der Situation dann bewußt werden müßte. Die Beschuldigung der Patienten läßt sich aber noch weiter treiben: es handelt sich um Patienten mit

»Spaltungsprozessen, die bei den Pat. mit prägenitalen Objektbeziehungen charakteristisch sind. Dies läßt sich auf verschiedene Bereiche beziehen, von denen ich nur die folgenden nenne: die Spaltung zwischen Kopf und Körper (das Hauptkriterium des analytischen Settings!, T. M.), zwischen Denken und Fühlen, zwischen Mann und Frau,... und schließlich, besonders wichtig, zwischen Analytiker als professioneller und realer Person.«

Implizit enthält dieser letztere Satz folgende These: alles, was über die eng gefaßten Funktionen des klassischen Analytikers hinausgeht, ist nicht mehr professionell, sondern schon »real« und damit tabu. Aber der Analytiker hat nur sehr symbolische oder auf Symbolen fußende Funktionen anzubieten, doch diese Patienten sind schon in den Grundrechenarten schwach:

»Die mangelhafte Integration, sicherlich auch eine Folge der massiven Spaltungsvorgänge, trägt zu einem Phänomen bei, das sich als fehlender symbolischer Raum oder Spielraum beschreiben läßt... ein Überwiegen von konkretem Denken im Gegensatz zu symbolischem Denken und eine Störung, bestimmte Kerngefühle zu identifizieren und aufrechtzuerhalten.«

Was Wunder, wenn die Patienten allmählich dämonisiert werden, so wie sie selbst zwangsläufig den Analytiker dämonisieren. Sie haben nicht nur die bereits beschriebenen Struktur-Mängel, sondern auch eine »untergründig feindselige Einstellung der analytischen Position des Analytikers gegenüber«. Sehr vergröbert sage ich: sie tragen ein aus ihrer Geschichte verständliches Mißtrauen gegen vergiftete oder kalorienlose Nahrung in sich. Ihre Bosheit geht aber noch weiter. Die Wut findet ja keinen Halt, kann nicht gezeigt werden, weil die Angst besteht, das einzig Hoffnung spendende Objekt gehe verloren. Was tun manche der armen Patienten, um ihre Angst (und die beim Analytiker zu Recht vermutete, T. M.) davor zu bannen, daß das Arrangement in die Luft fliegt:

»Diese Pat. versuchen ... ein Gleichgewicht in der analytischen Situation herzustellen, indem sie beruhigt werden wollen, sich selbst beruhigen und den Analytiker beruhigen oder gar mit Beruhigung ersticken wollen.«

Natürlich sind es auch diese Neigungen im Patienten, die »zu einem Mißbrauch der analytischen Situation führen.« Es sind Menschen, »die zur unendlichen Analyse neigen, weil sie zu einer Lebensform zu werden droht: Selbstkonfrontation, Selbsterkenntnis, Verstehen, Bewegung und Veränderung sind hier schon längst keine Ziele mehr ...«

Was Wunder, wenn in diesen Schulen die Lehrer schlafen, während die Schüler das Gefühl haben, in einer Strafkolonie zu sein, die aber dennoch süchtig machen kann nach Aufenthaltsverlängerung. Was Wunder auch, wenn den Analytiker, falls er wieder wach wird, die heftigen Vorwürfe des Patienten treffen, »daß er alles falsch macht, keine Ahnung von den wirklichen Problemen des Pat. hat und nur zur Verschlechterung der ganzen Situation beiträgt«.[9]

Die symbolische Haltefunktion der klassischen Analyse ist hier jedenfalls unwirksam, weil sie nicht mit konkreter Innervation bzw. einer Verknüpfung von erkannter Regression und einer Antwort auf konkrete archaische oder »primäre Bedürfnisse« (M. Sèchehaye) verbunden ist.

Zwiebel spürt auch etwas von der iatrogenen Wucht dieses gemeinsamen Leidens, wenn er über Situationen schreibt, in denen es auch nichts mehr hilft, wenn der Analytiker weiß, daß er den »ohnmächtig-hilflosen, aber bedürftigen Selbstanteil« des Patienten jetzt am eigenen Leibe erlebt:

9 Eine andere festgefahrene Vorwurfssituation habe ich diskutiert in »Körpertherapeutische Phantasien«, Frankfurt am Main 1989, und zwar in dem Kapitel »Das ›unaussprechliche Unwohlsein‹ oder: Empathie und Grausamkeit. Über eine ›klinische Vignette‹ von Heinz Kohut«.

»Einen Höhepunkt scheint diese Form der Beziehungsdynamik dann zu erreichen, wenn die Lähmung, Verzweiflung, Müdigkeit, Ratlosigkeit beim Analytiker voll entfaltet ist und der Pat. nun den Analytiker wegen dieser Reaktion anzugreifen beginnt. Es können hier wirklich quälende Situationen entstehen, die einen Wunsch nach Abbruch, Entziehen oder Zuschlagen nur allzu verständlich machen.«

Da ist Schlaf, auch wenn man zunächst dagegen ankämpft, besser. Manche Baby- und Kleinkinder-Patienten bräuchten es, in einem Bild gesprochen, vielleicht nur einige Zeit ohne Überforderung in einem Tragetuch gehalten zu werden, um ein Stück zu genesen. Was dies szenisch bedeuten könnte, gleichgültig ob in verbaler oder in Körperpsychotherapie, werde ich hier nicht entfalten.[10]

Die symbolische Haltefunktion der klassischen Analyse ist hier jedenfalls unwirksam, weil sie nicht mit konkreter Innervation bzw. einer Verknüpfung von erkannter Regression und einer Antwort auf konkrete archaische oder »primäre Bedürfnisse« (M. Sèchehaye) verbunden ist.

Aber statt der Funktion des körpernahen Tragetuches (auch als Phantasie anzubieten) bekommt der Patient immer weiter Deutung oder, was als ein Fortschritt erscheint, Mitteilungen aus der Gegenübertragung, die aber den Patienten genauso überfordern und als Botschaft wie von einem bedürftigen Elternteil ankommen:

»Mich erlebte sie aber in meiner Haltung durchaus manchmal als unersättlich, nicht-zufrieden zu stellend, immer mehr haben wollend, fordernd etc. Diese Reaktion entstand dann, wenn ich etwas von meiner Befindlichkeit einbrachte und die Pat. dann nicht selten verzweifelt darauf reagierte, so, als müsse sie mich nun auch noch zufriedenstellen...«

Sie ist in der Tat auf das »orale Selbst« des leidenden Analytikers gestoßen, der im Gitterkäfig seiner Position seine Strafe absitzt.

10 Der Leser sei auch auf mein »Stundenbuch über Psychoanalyse und Körperarbeit«, Frankfurt am Main 1992, verwiesen, das Formen des Haltens beschreibt.

Im Gefängnis des Ichideals

Über Kapitel V: »Der Beitrag des Analytikers«

Zu Beginn dieses Abschnitts möchte ich noch einmal den ungewöhnlichen Mut Ralf Zwiebels hervorheben, aus seinem »klinischen Tagebuch« Dinge preiszugeben, die so nahe an realen und schwächenden Situationen des persönlichen Lebens liegen; auch therapeutische Entscheidungen offenzulegen, die den Keim der späteren Schwierigkeiten in sich trugen; Erlebnisse hinter der Couch, die auf Verstrickung hinweisen; Träume zu berichten, die das Ausmaß und den persönlichen Hintergrund von therapeutischem Ehrgeiz, Angst und Distanzierung offenlegen. Trotzdem kommt der kundige Leser nicht auf den Gedanken, es handle sich vorwiegend um »privat« zurechenbare Störungen des analytischen Prozesses, sondern es scheint vielmehr so, daß sich in Phasen persönlicher Schwächung einige Mechanismen der Überforderung, der erhöhten Ambivalenz gegenüber der analytischen Rolle, einige grundsätzliche Fragen der Psychohygiene wie der zusätzlichen Schwächung des Analytikers durch ein allzu enges klassisches Selbstverständnis besonders klar abzeichnen. Es geht um die Folgen von therapeutischen Arbeitsbündnissen, die, so meine Hauptthese, sowohl den Patienten wie den Analytiker überfordern, wenn sie nicht Zugang zu anderen Ressourcen des analytischen Prozesses finden.

Zwiebel selbst charakterisiert zu Beginn des Kapitels noch einmal die Ausgangslage bei den Patienten:

»Es handelt sich um Patienten mit archaischen Objektbeziehungen, bei denen starke Spaltungsprozesse und pathologische projektive Identifizierung wirksam sind. Von zentraler Bedeutung scheint eine spezifische Form der Nicht-Bezogenheit und eine massive Affektabwehr zu sein, die auf ganz frühe Verlassenheits- und Vernichtungsängste zurückzuführen ist.«

Die These, daß das klassische Setting bei solchen Patienten das ursprüngliche Trauma wiederholt, habe ich schon in meiner Auseinandersetzung mit Joyce McDougall vertreten. Auch bei Zwiebel wird deutlich, daß sich zirkuläre Prozesse in den beiden Partnern abspielen, die das Selbstwertgefühl ins fast Unerträgliche sinken lassen. Beide Seiten sind gezwungen, ihre Verbindung »verfaulen« zu sehen mit der Angst, daß die entstehenden Giftstoffe beide beschädigen. Beide haben keine Kontrolle mehr über die »Gefährlichkeit« ihrer Aktionen wie ihrer Phantasien, so daß es zu einem Pendeln zwischen Bezichtigung und Selbstbezichtigung kommt, die beim Analytiker oft die Form der »negativen Diagnostik« annimmt.

Wie phantasieeinschränkend eng das Gefängnis der analytischen Position geworden ist, zeigt sich, als sich der Autor fragt, welche Alternativen sich wohl ergäben, wenn der Analytiker sich seinen Wünschen nach Preisgabe der analytischen Position zur Milderung seines Leidens überließe:

»Die Frage stellt sich doch, warum der Analytiker als Ausdruck des Wunsches, die analytische Position aufzugeben, müde und schläfrig wird und eben nicht andere Reaktionen entwickelt: ironisch ließen sich Entgleisungen wie Zeitung lesen, sich mit dem Pat. über das Wetter unterhalten, gemeinsam Kaffee trinken, die politische Lage oder die analytische Theorie diskutieren oder eine sexuelle Beziehung eingehen. Aber da diese Dinge passieren, ist Ironie vielleicht fehl am Platz.«

Nun, ich versuche die Antwort auf Zwiebels Frage zunächst einmal abstrakt zu geben: oben hat er die Patienten gerade dadurch definiert, daß sie an entgleisten archaischen Objektbeziehungen leiden und dadurch in existenzielle Not geraten sind und auf der Couch wieder geraten. Die abstrakte Antwort würde also lauten: indem ich eine *archaische Beziehungsform* anbiete, wobei über ihre spezifische Ausgestaltung noch gar nichts gesagt ist. Zwiebel weiß aber und findet es in der Literatur bestätigt, daß die Kalamität besonders »engagierte« Analytiker trifft, die sich »besonders um die analytische Position bemühen«, sich also hohe Ziele setzen, aber weniger nach Heilung des Patienten streben, sondern nach Korrektheit des analytischen Prozesses, ein Phänomen, das er durchaus mit der von Alice Miller analysierten »narzißtischen Störung« des Analytikers in Zusammenhang bringt. Patient und Analytiker erleiden ein »Nicht-Zueinanderpassen«, das verschärft wird durch die »Grunderfahrung des Patienten« (vermutlich auch des Analytikers, T. M.),

»in einer wesentlichen Periode seiner Entwicklung nicht umfassend und bedingungslos geliebt, erkannt und anerkannt worden zu sein ... Die Folge davon ist eine frühe Spaltung der Persönlichkeit, in der ein regressiver Anteil der Persönlichkeit, in dem die frühen, archaischen Bedürfnisse und Affekte eingekapselt bleiben und ein pseudo-progressiver Anteil mit teilweise vorzeitiger intellektueller und verbaler Entwicklung und scheinbarer

›Normalität‹ sich unversöhnlich gegenüberstehen.«

Exakt in diese Position bringt die Analyse den Patienten erneut, der natürlich spürt, an wie viele Bedingungen und Sonderleistungen sein Akzeptiert-Werden als Patient geknüpft ist. Da Zwiebel, mit Balint und Kohut, annimmt, daß dieser psychische Zustand des Patienten von vielen Analytikern in ihrer Lehranalyse gar nicht erreicht, geschweige denn therapeutisch integriert wird, sieht es für die Heilung solcher Patienten nicht gut aus: »die Grundstörung ist nicht ausgeheilt, sondern lediglich besser kompensiert« und »das ›falsche Selbst‹ ist durch das professionelle Analytiker-Selbst ergänzt und stabilisiert worden ...« mit der Folge einer Unsicherheit, die »sich als professionelle Unsicherheit äußert, wie mit der Regression des Pat. und auch der eigenen Regression umzugehen ist«.

Das führt zu drei idealtypischen Entwicklungen:

1. »In der ...›oknophilen‹ oder ›verschmelzenden‹ Haltung wird eine Objektbeziehung mobilisiert, in der der Analytiker eine verschmelzende, sehr nahe Beziehung zum Pat. sucht, in der Versorgung, Stützen, Halten, aber auch Ähnlichkeit, Gleichheit, Übereinstimmung betont werden.«

(Diese Bestandteile bezeichne ich als verbale Surrogate der eigentlich gebrauchten archaischen Objektbezeichnung. Sie führen dazu, daß der Patient »beinahe« bekommt, was er sucht, aber hungrig, ja süchtig bleibt und die Analyse tendenziell unendlich wird.)

2. Der Analytiker wählt die »philobathische« oder »distanziert-autonome Haltung«, die dem Patienten als kühl und unbeteiligt erscheint.

3. »Die ständige, ambivalente und unintegrierte Oszillation zwischen beiden«, ... »Die Wirkung zeigt sich vor allem, wenn sich der Analytiker in aussichtslosen Situationen nicht vom Pat. trennen kann ...« Der Patient wird zum »narzißt. Objekt für den Analytiker«, ... also ein Patient, »der unbedingt geheilt, gerettet, erlöst werden soll.«

Dabei wird alles Schwache, Abhängige, Unakzeptierte auf den Patienten projiziert, vom Analytiker, »der damit aber auch den Pat. ablehnt«. Damit schrumpfen die Befriedigungen des Analytikers auf nahezu Null. Aber es ist wichtig zu sehen, aus welchen Teilen diese hier *fehlenden Befriedigungen* für Zwiebel und viele Vertreter der rein klassischen Position bestehen: es sind die männlich-intellektuellen bzw. narzißtischen, denen jede mütterliche Beimengung abzugehen scheint:

»1. Befriedigungen, die aus der Theorie erwachsen ...

2. Befriedigungen, die aus der Kenntnis und Beherrschung der analyti-

schen Technik erwachsen, ...« mit wichtigen Komponenten wie »Kompetenz«, »Lernprozessen«, »Verstehen«, »Methode«.

3. Befriedigungen »aus dem positiven Bild, das er von seiner analytischen Position entwickelt«, vom »Ruf des Analytikers im Kollegenkreis« und dem Gefühl der Anerkennung in der »analytischen Gemeinschaft«. Von einer dem *Patienten angemessenen Haltung* ist dabei gar nicht die Rede.

Was Wunder, wenn der Patient sich auf eine Haltung (»Widerstand«, »Abwehr«) zurückzieht, die ihm früher »psychisches Überleben garantierte«, in einen »Cocon«, aus dem heraus er den Analytiker jahrelang testet, (natürlich ohne sicheres Ergebnis, weil die wirklichen Bewährungsproben gar nicht stattfinden! T. M.) Herausfinden kann der Patient auf diese Weise nur die Durchhalte- oder Leidensfähigkeit des Analytikers, seine Fähigkeit, nicht allzu schwer »zurückzuschlagen« ... »bis der Analytiker endlich versteht, was der Pat. wirklich braucht«. Aber Zwiebel ist realistisch genug, dies nicht als die wahrscheinlichste Lösung anzusehen. Sondern:

»Hier kann dann ein pathologischer Kreislauf entstehen ... der Pat. nimmt unbewußt die narzißtische Bedürftigkeit seines Analytikers wahr, was spezifische Ängste aus der Kindheit mobilisiert ... Pat. unterwirft sich symbolisch, libidinisiert womöglich diese Symbiose noch ... um ihm alles recht zu machen – oder er grenzt sich massiv ab, zieht sich zurück ... will alles alleine machen etc.«

In dem sehr mutig und offen dargestellten Fallbericht wird deutlich, daß das Unbewußte des Analytikers stark affiziert ist: er produziert »hysterische« Träume, in denen die archaischen Bedürfnisse der Pat. sexualisiert erscheinen und der Analytiker mit »halber Erektion« oder halber Erregung antwortet; dies macht ihm natürlich angst, weil er sich einem Fehltritt nahe fühlt, obwohl er sich vielleicht auf dem richtigen Weg zu einer mütterlichen Haltung befindet. Diese wird aber sexualisiert erlebt, weil er große Nähe nicht anders erleben kann, vor allem dann, wenn in der frühen Kindheit der Patienten schon die Erotisierung der Nähe eine falsche Bahnung erzeugt hat. Die hysterischen Anteile des Analytikers antworten auf die der Patientin (man könnte auch sagen: die hysterisierte Psychoanalyse antwortet auf die Hysterie der Patienten), und jede Unbefangenheit bei der Suche nach einer angemessenen Lösung geht verloren. Aber was soll man im Gefängnis der idealisierten analytischen Position tun, wenn das Postulat gilt: *Alles gehört in der Übertragung therapiert,* auch angesichts der Tatsache, »daß sich hier sehr früh eine Übertragungs-Gegenübertragungsdynamik konstellierte, die als frühe, negative Mutterübertragung zu verstehen sei und die es durchzustehen gelte...« bis eine andere »Form der Kommunikation, Bezogenheit und Arbeit möglich würde«.

Die stellte sich aber nicht ein, sondern eben die »Müdigkeitsreaktion« und Situationen, die man nicht anders als grotesk bezeichnen kann, und dies dürfte in vielen Analysen der Fall sein, auch in früher von mir selbst geführten:

der Analytiker sitzt hinter seinem unglücklichen Patienten und grübelt darüber nach, was dieser (oder beide) bräuchten:

»Diesen negativen Erfahrungen setzte ich immer wieder Reaktionen entgegen, die ich bereits als ›therapeutischen Ehrgeiz‹ oder als distanzierende ›Diagnostik‹ beschrieben habe. So beschäftigten mich vor allem Gedanken, wie ich der Pat. denn helfen könnte, was ich besser machen könnte, was ich falsch gemacht habe, wie ich sie erreichen könnte, ich ärgerte mich über meine anfänglichen Fehler... machte mir Sorgen, daß ihr ernsthaft etwas passieren könnte...«

Die negative eigene Mutterübertragung bildet sich hier vermutlich sehr deutlich ab, ohne daß nach deren Inhalt und Form gefragt würde. Als These formuliere ich hier ausdrücklich: es ist schädlich (für beide), hier bei der negativen Grundübertragung zu verharren und auf Besserung zu hoffen. Es geht darum, in die Position eines »Idealobjekts« zu gelangen und den Patienten mit absolut unerwarteten, positiven Befriedigungen in der archaischen Beziehung zu überraschen, um die tief eingespielte Grunderfahrung seines frühen Lebens zu unterlaufen und die Wiederholungsgefahr im Setting zu bannen. In der Regel ist der Analytiker durch die auf beiden Seiten abgewehrten Gefühle und die Verstrickung in sie auch nicht in der Lage, den Patienten »allein zu lassen«, weil die aufgebrochene eigene

»narzißtische Bedürftigkeit... keine wirkliche Getrenntheit« zuläßt, zumal diese Bedürftigkeit »offenbar durch massive und rigide Ideal- und Über-Ich-Forderungen nur peinliche Gefühle der Scham und des Ungenügens auszulösen vermag«.

Der Analytiker ist in der Lage von Müttern, deren Kopf voller Lehrbuchregeln ist und die nicht mehr wagen, auf die Bedürfnisse des Kindes spontan zu reagieren. Das Lehrbuchwissen ist in eine Dimension hinaufidealisiert, die so irdische Dinge wie *spontanes*

Halten für eine Abkehr vom rechten Weg hält und lieber die stummen Schreie beider Partner erträgt, als an den Gitterstäben der »analytischen Position« zu rütteln. Denn der Analytiker ist zusätzlich noch dadurch geschwächt, daß er nicht mehr unterscheiden kann, trotz angestrengter Introspektion,

»ob sich sexuelle oder aggressive Impulse als Ausdruck einer Libidinisierung oder Aggressivierung der als unerträglich erlebten Isolation, Getrenntheit oder Abwesenheit des Pat. verstehen lassen – als charakteristisch für eine solche Situation erlebe ich sexuelle oder aggressive Impulse, die in der spezifischen Situation als ich-fremd erlebt werden – oder aber als eigenständige Wünsche und Begierden, die sich auf den Pat. richten.«

Die Situation wird »verdreht«. Die natürlichen Informationen der Körperebene, ohne die frühe Mutter- oder Vaterschaft unmöglich wäre, sind dem Analytiker zur Entwirrung nicht zugänglich. Sie sind durch das Regelwerk tabuisiert, das schließlich beide Partner als Versager brandmarkt.

Quälende Selbstzweifel und Ahnungen über die Grenzen des Settings

Über Kapitel VI: »Der Beitrag der analytischen Situation«

Das reizvolle an Zwiebels Buch ist die Offenheit, mit der er die Unbekömmlichkeit des analytischen Settings, ja seine alptraumartige Wirkung für bestimmte Patienten wie Analytiker schonungslos aufzeigt, so auch in Kapitel VI. Er faßt noch einmal die *essentials* der analytischen Situation zusammen, wie sie Sandler, Dare und Holder formuliert haben:[11]

»– Ermunterung zur freien Assoziation des Pat.
– Neutralität und relative Anonymität des Analytikers
– hochfrequente Sitzungen (im Liegen auf der Couch)
– Beschränkung der Aktivität des Analytikers auf Deutungen, Konfrontationen und Rekonstruktionen
– insbesondere Bearbeitung von Übertragung und Widerstand – weiterhin Beachtung von Agieren des Pat. und Bearbeitung der Gegenübertragung des Analytikers;« etc.

11 J. Sandler, C. Dare und A. Holder, »Die Grundbegriffe der psychoanalytischen Theorie«. Stuttgart 1973.

Für mich ist deutlich, daß all diese Dinge weitgehend kontraindiziert sind für einen sinnvollen Umgang mit früh gestörten Patienten mit der Neigung zu Spaltung und massiver projektiver Identifizierung. Die Verpflichtung auf die Summe der essentials bedeutet daher aus meiner Sicht den Inbegriff der Selbstdepotenzierung diesen Patienten gegenüber oder das, was ich als die freiwillige Selbsteinweisung ins Gefängnis der psychoanalytischen Position bezeichne, besonders dann, wenn der Katalog idealisiert wird.

Zwiebel ahnt dies, analysiert es, aber zieht keine Folgerungen, sondern fällt immer wieder zurück in die Abwehr- und Widerstandstheorie, wo dem Patienten wieder die »Schuld« aufgebürdet wird. Sehr schön wird dies sichtbar am Umgang mit einem Traum des Analytikers in einer schwierigen Phase mit Frau E.

»Ich träumte im Laufe der Behandlung einmal von Frau E. den folgenden Traum: Ich liege in meinem Analytikersessel, Frau E. liegt neben mir auf der Couch. Sie hat sich die Decke genommen und ich versuche, diese Decke auch über mich zu ziehen, also sozusagen die Decke gemeinsam über uns zu ziehen.«

Und Zwiebel analysiert:

»Es scheint klar, daß hier das ›Unter-einer-Decke-stecken‹ thematisiert wird, das ich als eine gemeinsame, kollusive Abwehr verstanden habe. In der damaligen Situation schien es um Gefühle der Enttäuschung und des Zweifels in bezug auf die analytische Behandlung zu gehen, die offenbar von beiden ›unter die Decke gekehrt‹ werden sollte.«

Da es sich um eine Patientin handelt, die starke Müdigkeitsreaktionen hervorruft, darf man davon ausgehen, daß sie zu denen gehört, die die symbolische Ebene der Analyse nicht erreichen und nicht von ihr profitieren, wenigstens solange man im zitierten klassischen Kanon bleibt. Am meisten fasziniert mich nun Zwiebels Selbstverdächtigung, die die Hysterisierung der Psychoanalyse schon voraussetzt (vgl. hierzu den Text »Der Körper in der Psychotherapie und die Angst vor der Sexualisierung« in diesem Band). Man braucht sich nur vorzustellen, wie in unzähligen Situationen Kinder zu den Eltern unter die Decke kriechen, ohne daß es immer gleich um Ödipalität, Verführung, Sexualisierung und ähnliches ginge, dann wird einem deutlich, wie hier der Analytiker einen selbst geträumten Hinweis, der die Analyse voranbringen könnte, im Sinne der Selbstverdächtigung mißversteht. Eltern dürfen das Glück des Unter-einer-Decke-Seins mit ihren Kindern, solange es sich nicht um Anklammerung und Mißbrauch handelt, genießen. Sie beziehen einen Teil ihrer »organismischen Grundversorgung« daraus, ebenso wie die Kinder Nähe, Präsenz, Berührung, Konturierung und das Pendeln zwischen Verschmelzung und Distanzierung lernen und genießen. In der Analyse kann das alles natürlich nur *Abwehr, Kollusion und drohende Verführung* sein, ohne daß an die Legitimität archaischer Bedürfnisse gedacht wird. Natürlich *kann* es Widerstand sein, aber vermutlich ist der Analytiker träumend auf der Spur unerfüllter Grundbedürfnisse der Patientin. Er träumt sich sozusagen selbst als »wärmende, schützende Substanz«, als Schmusetier, wenn auch selbst vielleicht bedürftig. Er könnte sich gelassen durch seine symbiotischen Traumwünsche führen lassen, um zu den tieferen Bedürfnissen der Patientin zu gelangen. Er aber verdächtigt sich, grübelt über die Abwehr nach und die fehlende analytische Mitarbeit des Patienten, wird müde und diagnostiziert selbstkritisch:

»Dann wäre die Müdigkeitsreaktion so etwas wie die Rache für das Verhalten des Pat., der nicht ausreichend kooperativ erlebt wird.«

Aber Zwiebel weiß, es kann nicht nur immer der Patient sein, der die Dinge zum Entgleisen bringt:

»Denkbar ist aber auch... eine unbewußte Kollusion mit dem Pat.: hier spielt die unbewußte Angst des Analytikers vor dem unbewußten Material und vor allem den abgewehrten Affekten des Pat. eine wesentliche Rolle. Im Grunde besteht dann gar kein Interesse daran, daß der Pat. wirklich ALLES sagt, weil sich dann *die analystische Beziehung radikal verändern würde«*. (Hervorhebung von mir, T. M.)

Dies ist nun in der Tat ein zentraler Satz, vielleicht der Angelpunkt des ganzen Buches, eine Art magnetischer Pol für Zwiebel, zu dem er argumentierend zurückkehrt, sich aber immer wieder auch angstvoll entfernt: nämlich dann, wenn wieder die Abwehrtheorie durchkommt, die natürlich nach *Deutung und Bearbeitung* schreit und damit die herkömmliche analytische Position wieder repariert.

Solche Patienten reden oft wie die Weltmeister, der Analytiker ist auch lange geneigt, sie als »ergiebig« anzusehen, bis er merkt, daß die Hauptkommunikation unterhalb der Sprachebene stattfindet. Aber da heißt es dann schon wieder, der Patient wehre die freie Assoziation »durch das Reden« ab: also wieder eine schlechte Note! Und der Analytiker ist verärgert.

Zwiebel treibt dann, nach dem Rückfall in die negative Diagnostik, wieder die Zweifel an der analytischen Position weiter, in regelmäßigem Pendelschlag:

»Bei manchen Pat. entsteht aber auch die Frage, ob die wesentlichen Probleme wirklich in Wort und Sprache zu fassen sind, ob nicht diese Form der nonverbalen Kommunikation der einzige Zugang zu vorsprachlichen Konflikten, Zuständen und Affekten darstellt.«

Körpertherapeutischer Zugang wird für einen Augenblick reflektiert, aber sehr bald als »Maßnahme« und »Technik« abgetan. Dann wird die Müdigkeit wieder gesehen als

»Ausdruck einer Angst (des Analytikers, T. M.), sich zu einer eindeutigen Position durchzuringen, die in dem einen Fall vielleicht die eigenen Grenzen markiert, in dem anderen Fall aber als *Abweichung von der anerkannten Lehre erlebt wird*«. (Hervorhebung von mir, T. M.)

Neuer Schlüsselsatz des Buches: der Hinweis auf die »anerkannte Lehre«, die zwar dem Patienten wie dem Analytiker nicht bekommt, aber auch nicht verlassen werden kann. Dann ist es wieder nicht weit zur Diffamierung der Patienten,

»die... zu vertieften Müdigkeitsreaktionen Anlaß geben: die Pat. mit ›oknophilen‹ Anteilen leiden massiv unter der Neutralität und Anonymität des Analytikers und fordern oft lärmend eine mehr ›persönliche‹ und ›intime‹ Beziehung zum Analytiker«.

Und der muß sich in seine feste Burg zurückziehen, weil er sich bedroht fühlt und Nähe gleich mit dem anrüchigen und schlüpfrigen Wort ›intim‹ belegt.

Schließlich entwirft Zwiebel eine Art Grundrechtsproklamation für den Analytiker, und man ist geneigt, ihr zuzustimmen, hofft aber, daß der Patient ähnliche Rechte zugesprochen erhielte:

»Ich selbst bin der Meinung, daß jeder Analytiker ein Recht auf ein gewisses Maß an Distanz, aber auch an Nähe hat; mit anderen Worten gibt es Grenzen für das Ausmaß an Nähe, aber auch an Isolation, das Pat. dem Analytiker abverlangen können.«

Dem kann ich nur zustimmen. Die Grundrechte des Patienten, der für seine Heilung vielleicht ein bestimmtes Maß an Nähe oder Distanz oder den Wechsel dringend braucht, werden nicht erwähnt. Sind solche archaischen Bedürfnisse aber erkennbar, und nach meiner Überzeugung kann dies in einem oder mehreren Erstgesprächen geklärt werden, dann sollte der Patient informiert und abgelehnt werden, möglichst mit Hinweisen darauf, wo er das für ihn notwendige Maß an Nähe oder frühen Interaktionsformen finden könne, damit es nicht zu wechselseitiger Quälerei und quälenden Müdigkeitsreaktionen kommt.

Nach der erneuten Beschuldigung der Patienten kommt wieder der Zweifel am Setting:

»Die entstehende Müdigkeitsreaktion signalisiert dann in dem einen oder anderen Fall vor allem, daß das Setting nicht angemessen oder ausreichend ist« ... nämlich dann, »wenn die Couch, die für den Pat. doch ein Angebot zur Regression, eine Erleichterung, die Übertragunsgefühle zu entwickeln sein soll, ... gerade in gegensätzlicher Art und Weise genutzt wird: nämlich, um die Abwehr der Nicht-Bezogenheit ... zu stabilisieren.«

Wieder hat der Patient den Schwarzen Peter, weil er das kostbare Angebot falsch oder destruktiv nutzt.

Schließlich, weil die Ausweglosigkeiten sich häufen, kommt Zwiebel noch auf einen neuen Grund für die Müdigkeitsreaktion: Setting und individueller Analytiker passen nicht zusammen, z. B. vom Temperament oder vom Aktivitätspegel her, bei dem der Therapeut zu einer »latent konflikthaften Passivität« gezwungen wird. Dafür spräche, daß männliche Analytiker für die Müdigkeitsreaktionen anfälliger sind, weil sie mit den erforderlichen weiblichen oder mütterlichen Eigenschaften ihre Mühe haben und weil sie es schlecht ertragen, daß »viele (klassischen, T. M.) Interventionen jedenfalls lange Zeit eine periphere Rolle vom Inhalt her spielen«. Schließlich, neuer Wechsel des Schwarzen Peters: der Analytiker hat vielleicht »fehlendes Vertrauen in diese analytische Situation«, was ihn schwächt. Und dann kommt wieder der grundsätzliche Zweifel:

nach der Diskussion des »Versagens« des Patienten und dem des Analytikers heißt es: »... so bin ich doch immer wieder auf die Probleme des Pat. und des Analytikers im Umgang mit der analytischen Situation zu sprechen gekommen, ohne die Frage des ›Versagens‹ der analytischen Situation selbst explizit zu stellen ... Hier stellt sich die Frage, ob es nicht in manchen Fällen eine Inkompatibilität zwischen Pat. und Methode geben kann ...«

Wird das analytische Setting weniger stark idealisiert, so macht es manchen Analytikern nicht so viel aus zu sagen, ein Patient sei »nicht analysierbar«. Dieses Etikett wurde früher recht freizügig ausgestellt. Mehr persönlich gefärbt würde es lauten: Ich, der Analytiker, habe Zweifel, ob ich Sie mit Analyse behandeln kann. Zwiebel versperrt sich heroisch solche Auswege und fragt: »ob es ein ›Versagen‹ der analytischen Situation wirklich geben kann oder ob das ›Versagen‹ nicht immer an Personen gebunden ist«. Das Ideal erschwert also den Auszug aus dem Gefängnis, weil es einen *Prozeß der unendlichen Selbststeigerung* verlangt, um ihm zu genügen. Es geht dann immer um die »inneren und äußeren Bedingungen für einen optimalen Prozeß der Selbsterforschung«, der das Verfahren wieder flottmacht. Der Zwang zur introspektiven Akrobatik ist diesem Denkmodell quasi inhärent und ebenso die Wahrscheinlichkeit von Skrupeln, Selbstbezichtigungen und Bezichtigungen des Patienten, ohne daß ihm dies viel hilft. Diese Fußangel der Idealisierung der »analytischen Position« wird im nächsten Kapitel, in dem es um die »Behandlung des Phänomens« (der Müdigkeit) geht, besonders deutlich.

Die Fußangel des Glaubens und der Selbststeigerung

Über Kapitel VII: »Die Behandlung des Phänomens« und Kapitel VIII: »Abschließende Überlegungen«

Das Nachdenken über die Müdigkeitsreaktion führt Zwiebel gegen Ende des Buches nicht aus dem permanenten Schwanken, ja Schlingern heraus. So heißt es einerseits:

»So gesehen gilt es, die Möglichkeit und Fähigkeit zur Müdigkeitsreaktion zuzulassen und als integralen Bestandteil der analytischen Situation anzuerkennen.«

Dann heißt es wieder:

»So würde ich heute sehr viel stärker als früher beim Auftreten massiver Müdigkeitsreaktionen auch das Setting und den Rahmen erneut und überprüfend in meine Überlegungen einbeziehen.«

Schließlich wird nach der »Toleranz«, bzw. der Leidensfähigkeit des Analytikers gefragt: »wie gehe ich mit der Nicht-Bezogenheit meines Pat. um, wie bleibe ich anwesend auch in der ›Abwesenheit‹ des andern oder noch stärker in einer Situation, in der ich mich als ›Unmensch‹ erlebt und behandelt fühle? Wie lange ist ein geduldiges Zuwarten auf das Sich-öffnen des Kokons des Pat. angebracht und ab wann ist es erforderlich ..., stärker zu konfrontieren?«

Die Beachtung der Körpersprache kommt ins Spiel, aber höchstens als diagnostischer Hinweis auf Verspannungen, nicht als Weg zu möglicher Interaktion. Es ist von Stillstand die Rede, von Verschanzungen, ewigen Wiederholungen, bedrohlichen Rückschritten, Erstarrung oder einem entschlossenen Willen zum Durchhalten, freilich kritisch und mit der Frage: wie lange?

Das kriegerische Vokabular führt wie von selbst zum Thema des Todes. Es handelt sich in der Tat oft um Patienten, die dem seelischen Tod nahe sind, mindestens dem Verlust des lebendigen Selbst, wie es Joyce McDougall im »Plädoyer« hervorragend beschrieben hat. Es ist mir aber schwer verständlich, warum Zwiebel den Verlust der »analytischen Position« als die größte Todesnähe des Analytikers begreift:

»Dieser Verlust hat viele Gesichter und zeigt sich in Trennungsgefühl, Ohnmachts- und Hilflosigkeitsgefühl, als Kastration, als Mangelgefühl oder auch als ›Sterben‹ oder Totsein ...«

Es klingt, als sei ein *Treueschwur bis zum Tode* abgelegt worden, der durch keine irdische Macht je wiederaufgehoben werden kann und der Rollen und Positionen, Erlaubtes und Unerlaubtes endgültig festlegt.

An der Behandlung eines weiteren Analytikertraumes kann ich noch einmal die Selbstbezichtigung erläutern, zu der eine nicht mehr hinterfragbare Idealisierung der essentials führt. Der Analytiker träumt:

»Wir befinden uns in der Analyse-Situation, die so etwa wie in der Realität ist. Ich bemerke, während ich hinter dem Pat. sitze, plötzlich einen ganz starken Sog, der von ihm ausgeht. Mit aller Macht versuche ich, mich diesem Sog zu entziehen, aber ich merke, wie er mich langsam zu sich auf die Couch hinüberzieht, obwohl ich mich dagegen stemme. Schließlich bin ich ihm ganz nahe, und er streicht mir liebevoll über den Kopf.«

Zwiebel deutet sofort: »Der Wunsch und die Angst vor dem Verlust der analytischen Position ist ... mit großer Klarheit ausgedrückt. Die Kluft, die zwischen dem Pat. und mir besteht, wird durch einen liebevoll-gewalttätigen ›Sog‹, der von dem Pat. auszugehen scheint, durch die Andeutung einer homosexuellen Szene überbrückt.«

Zwiebel, der sonst sehr souverän mit dem Mechanismus der projektiven Identifizierung umgeht, wendet ihn ausgrechnet dort nicht an, wo er in angespannten Träumen vom Patienten träumt, der ihn in eine intensive Szene verwickelt. Wir haben es höchstwahrscheinlich wieder mit einem »delegierenden« Traum zu tun, in dem der Patient seine drängenden symbiotischen Bedürfnisse offenbart. Er selbst könnte sie vielleicht nicht äußern, aber das Unbewußte des Analytikers ist dafür empfänglich. Nähe ist aber sofort wieder »homosexuell«, und die Angst beim Analytiker vor der Nähe, ja gar vor Berührung äußert sich in der »Angst vor dem Verlust der analytischen Position«. Aber der Patient will vielleicht gar nicht verführen, morden, bekämpfen, kastrieren oder entthronen. Der »Sog« ist vielleicht der stumme Schrei nach Halt und Verschmelzung, die dem lebendigen Selbst wenigstens eine geringe Chance der Wiederkehr geben würde. Ebenso wird der Hinweis nicht beachtet, daß es sich aller Wahrscheinlichkeit nach um einen in seiner Kindheit extrem parentifizierten Patienten handelt, der dem Analytiker in seiner Not anzubieten bereit ist: »Wenn es dir nicht gutgeht, bin ich bereit, dich zu pflegen, wärmen, verstehen, usw.«, was ebenfalls unterirdisch, via Traum des Analytikers, kommuniziert wird.

Aber dem gefangenen Analytiker bleiben nur wenige Alternativen: etwa die bereits erwähnte Selbststeigerung durch »die nicht nachlassende selbstanalytische Tätigkeit«. Das Vokabular, das diese Selbststeigerung benennen will, wird immer heroischer. Aber zunächst kommt Zwiebel der psychodynamischen Position des Analytikers in solchen ausweglosen Lagen noch einmal sehr nahe. Er vergleicht nämlich den armen, durch »Vernichtungsarbeit« der Patienten an den Rand seiner Existenz gedrängten Analytiker mit einem ausweglos bedrängten Kind:

> »Die schon beschreibene Rollenumkehr durch massive projektive Identifizierungen wiederholt möglicherweise einen anderen Aspekt dieser frühen Beziehung, in der das Kind die ›gestörten‹, ›kranken‹, und ›verrückten‹ Anteile der Eltern nicht wahrnehmen durfte, also mithin früh die Wahrnehmungsfunktion dem Erhalt der gefährdeten primären Beziehung opfern mußte.«

Das ist sehr gut gesehen, aber Zwiebel zieht nicht die logischen Konsequenzen. Wer ist bei der »analytischen Position« das Kind, das seine Fesseln nicht sehen darf? Wer sind die verrückten Eltern? Mir scheint vollkommen klar, daß es die Eltern/Lehrer einer für die Behandlung solcher Patienten nicht tauglichen Psychoanalyse sind. Sie haben aber die Form primärer innerer Objekte angenommen, sind sozusagen schwarze Schutzengel, *ohne* deren Geleit man sich verloren glaubt, aber *mit* deren Geleit man sich schwer erträgliche Leiden zufügt, ebenso wie den Patienten.

»Und die Frage ist auch, ob dieses Erkennen der Gestörtheit – sei es das Erkennen der Gestörtheit des Pat. oder das Erkennen der Gestörtheit der Eltern – nicht ein solches Erschrecken, einen solchen Schmerz bedeutet, daß der Verlust des Sehens, des Denkens und Verstehens in Kauf genommen wird, um diesem erschreckenden Erlebnis auszuweichen.«

Schlüssigerweise kommt Zwiebel von hier aus direkt zur Frage der Autonomie des analytischen Subjekts, zur »Angst vor der eigenen Individualität und Integrität« und betont:

»Aber nach meinem Eindruck neigen viele von uns dazu, viel zu lange in einer schwer erträglichen Situation auszuhalten, weil wir einem unmenschlichen Ideal nachstreben und nicht richtig gelernt haben oder immer wieder daran scheitern, die Gesamtheit der analytischen Situation – den Pat. und seine ›Welt‹ und uns und unsere ›Welt‹ – zu betrachten und zu verstehen.«

Aber keine Sorge, das Ideal bleibt erhalten, die quälenden Gelübde werden nicht gelöst, auch wenn sie zu Situationen der gemeinsamen Panik von Patient und Analytiker voreinander führen wie in der Fall-Vignette über *Herrn M.*, in der der Analytiker mit Herzrasen dem Patienten nach einer halben Stunde Schweigen befiehlt, »er solle sofort diese Art des Schweigens beenden«. Nach diesem berührungsfreien Nahkampf, bei dem die beiden wie zwei auf Leben und Tod kämpfende Skorpione schweigend ineinander verkeilt sind, fürchtet der Analytiker, »die analytische Situation zerstört zu haben und peinlich berührt, komplett versagt zu haben«. Spätestens hier wird deutlich, daß die analytische Position ein Fetisch ist, eine Art Regimentsfahne, die im therapeutischen Grabenkrieg um jeden Preis verteidigt werden muß. Wie viele Niederlagen müssen nicht Eltern einstecken, wenn das Kind sich einmal als stärker, raffinierter, bedürftiger, hilfloser erweist als sie, und sie verlieren doch nicht ihre Elternrolle! Zwar fordert Zwiebel selbst, die »verzweifelten Versuche, die scheinbar intakte Fassade aufrechtzuerhalten«, aufzugeben, weil sich »in dieser Verlogenheit ein wesentlicher Aspekt der traumatischen infantilen Szene wiederholen kann« (beim Patienten, T. M.).

Doch letztlich kommen sich Patient und Analytiker in ihrer verlorenen Lebendigkeit nicht wirklich näher. Es geht nur um die Steigerung der altvertrauten Tugenden Überleben, Wachheit, Dableiben, Offenheit, »Mut, über alles zu sprechen«, sich »für neue

Antworten zu öffnen«, die aber nicht sichtbar werden.

»Der Schock besteht vor allem darin, daß nicht etwas ›Falsches‹, sondern etwas ›Wahres‹ aufgegeben werden muß. Die Interpretationen mögen ›richtig‹, wenn auch vielleicht etwas schematisch sein, aber es geht darum, etwas ›Richtiges‹ aufzugeben, um eine neue Tiefe des Verstehens zu gewinnen.«

Das Paradox ist nicht aufzulösen, denn aus dem segensreichen und angstvoll erlittenen Verlust der analytischen Position ersteht doch nur wieder in neuem Glanz die erneuerte analytische Position, angereichert durch ein existenziell riskiertes Wagnis.

Ich sage es sarkastisch: die unermüdliche Selbststeigerung holt am Ende die Mystik und die Altersweisheit zu Hilfe. Die innere Formel »wie Buddha sein« wird als hilfreich erlebt.

»Damit ist die Haltung des non-attachment gemeint, die eine maximale Offenheit dadurch intendiert, daß die bisherige Sichtweise (und damit auch ein Stück der Selbstbezogenheit) radikal in Frage gestellt wird ...«

Nichts gegen Mystik und Esoterik, auch nicht gegen eine transzendentale oder immanent-religiöse Verankerung der Analyse, aber es muß auch klar sein, daß hier das interaktive, szenische Modell, das die Säuglingsforschung neuerdings zurückverfolgt bis in die ersten Lebenstage und darüber hinaus, aufgegeben wird zugunsten einer höheren Nicht-Bezogenheit der buddhistischen Versenkung in unerschütterlicher Ruhe. Sie mag in vielen Fällen einen Raum bieten für die Entfaltung eines im Kern heil gebliebenen lebendigen Selbst, aber nur dort, wo dies ohne interaktive Anregung möglich ist. Und ich sage ebenso sarkastisch: manchmal hilft ein Stück Fortbildung in neueren Therapieformen, das Angewiesensein auf Mystik und die Weisheit des Alters noch eine Weile hinauszuzögern. Was sollen wir Fünfzigjährigen tun bis zu deren Eintreten? Zwiebel selbst plädiert ja für eine »radikal dialogische Zielrichtung«. Sie geht aber verloren, wenn Buddha zum Nothelfer wird. Das Vokabular verrät die Schwimmbewegungen des Autors: da ist von der »Erleuchtung« die Rede, um die viele Analytiker »ringen und auch nicht selten verzweifelt und niedergeschlagen sind, wenn sich dieses ›Erwachen‹ immer wieder entzieht ...« Aber es gibt doch einen Trost für das hehre Streben:

»Von alten, erfahrenen Analytikern kann man manchmal eine Bemerkung hören, die darauf schließen läßt, daß sich diese ›Erleuchtung‹ wirklich erst in hohem Alter erschließt, wenn die Weisheit des Lebens und die Rückschau auf ein langes, ›analytisches‹ Leben zusammenkommen.«

Es ist am Schluß des Buches immer vager von einer

»völlig neuen, aber lebendigen Erfahrung« die Rede, von einer »tieferen Erkenntnis der Wirklichkeit«, und auf einmal sind es »unsere ständigen Polarisierungen«, die »eigentlich erst das Gefängnis schaffen«, wo doch die mystische Einheit nahe läge.

»Aber diese Einsicht ist dann schon wie ein erster Blick in die Freiheit, die man erst dann erlangt, wenn man sie nicht mehr um jeden Preis ersehnt.«

Um im warmen Gefängnis der analytischen Position bleiben zu können, opfert Zwiebel, so scheint mir, nicht nur das klare Denken, sondern auch Ansätze zu klaren Gefühlen, die über die Verstrickungen im wortreichen Stellungskrieg hinausführen. Aber Leidensbereitschaft wird nicht unbedingt belohnt. Zwiebel hat das Verachtungs-Thema nicht berührt, auf das ein Patient zwangsläufig stößt, wenn er spürt, daß sein Analytiker aufgehört hat zu funktionieren, dies zwar noch vor sich und erst recht vor dem Patienten geheimhält, sich aber mit letzter Kraft bemüht, nicht zu verschwinden, zurückzuschlagen, zu erstarren, vor Wut zu depersonalisieren oder ein Schmuse- oder Schäferstündchen als Ausweg aus dem Dilemma der Königskinder zu phantasieren. Sie konnten zusammen nicht kommen, das Wasser war viel zu tief.

Schlußfolgerungen

Schwimmunterricht bewahrt manchmal vor der Dämonisierung der Meerjungfrauen und Wasserfaune, die man vom Land her, auf dem Trockenen, nicht sehr deutlich sieht, aber fürchtet: sie könnten einen hinunterziehen ins Verderben. Dabei suchen sie selbst festen Boden unter den Füßen. Wenn man sie berührt, bekommen sie eine Ahnung von der Möglichkeit, die von Menschen bewohnte Erde wieder zu betreten. Oder weniger poetisch: auch der körperorientierte Analytiker bewahrt *seine psychoanalytische Position*. Der Körper ist ein genauso handhabbares, differenziertes Instrument wie der rein symbolische Innenraum der Sprache. Sie gehören zusammen. So wie die geschulte Empathie der »Seele«, die einige Jahre der Ausbildung braucht, um auf die Übertragungen verstehend zu reagieren, so braucht der Körper des Therapeuten, sein »Elternkörper«, Übung und Selbsterfahrung, um empathisch und rollensicher zu reagieren. Er ermöglicht es aber, diese Patienten zu »finden« und sich »finden zu lassen«, statt die Kriegführung der Entbehrung und der wechselseitigen Manipulation fortzusetzen.

Intermediale Quergänge

Über »Die neuen Kreativitätstheorien«, herausgegeben von Hilarion Petzold und Ilse Orth

Was die Herausgeber und Autoren in den beiden voluminösen Bänden des »Handbuchs für Kunsttherapie« zusammengetragen haben, verdient Anerkennung und Bewunderung. Der Leser bekommt auf weit über tausend Seiten einen Überblick über die theoretischen und klinischen Ansätze der wichtigsten Kreativitätstherapien, und zwar sowohl der Pioniere wie der heutigen Praktiker und Forscher; und in wichtigen Beiträgen helfen die Herausgeber als Autoren bei der Einordnung und Bewertung der Beiträge und bringen auch eigene neue Ansätze.

Es ist nicht ganz falsch, Petzold als eine Art Polyhistor der integrativen Psychotherapie zu bezeichnen, wenn dieser Ehrentitel angesichts der explodierenden Spezialisierung nicht schon etwas Anrüchiges hätte. Man weiß nie ganz genau, wo er sich bei seinem Sauseschritt quer durch alle Therapieformen gerade befindet. Mutmaßlich hat er ein Riesengehirn, ausgezeichnete Mitarbeiter oder einen hervorragenden Computer, der selbst schon eine Kreativitätstherapie durchlaufen hat. Wahrscheinlich liest er auch dreimal so schnell wie der Durchschnitt, und seine Verdauungsgeschwindigkeit ist ohnehin rekordverdächtig. Er ist der Enzyklopädist unter allen unorthodoxen Therapeuten, und entweder er riecht die Trends oder er macht sie selbst oder er zaubert sie alle zu einem unendlichen Webmuster und Teppich des therapeutischen Lebens zusammen.

Aber Scherz beiseite: was die beiden Herausgeber und Mitautoren hier geschrieben, gesammelt und kommentiert haben an Texten von Pionieren, Experimentatoren, Querdenkern, Integralisten und Spezialisten auf dem Gebiet der Verbindung von Kunst im weitesten Sinne und Psychotherapie, ist schier unermeßlich. Deshalb seien vor allem die wichtigsten Gedanken aus dem Vorwort der Herausgeber hervorgehoben und kommentiert. »Klinische Kunsttherapie«, diese Bezeichnung ziehen sie den vielen gängigen Begriffen vor, umfaßt Therapieformen, in denen Menschen mit einer möglichst soliden psychotherapeutischen Grundausbildung künstlerische Medien (Malen, Arbeit mit Ton und vielen anderen Materialien, Tanz, Gesang, Musik, Rollenspiel, Poesie, Literatur, Pantomime usw.) verwenden, um neue Zugänge zum Unbewußten, zu seelischen Störungen, ihren Ursachen und ihren Heilungsmöglichkeiten finden. Diese »Basisausbildung« ist deshalb so wichtig, weil sie die Voraussetzung für die Integration in die therapeutischen *und* juristischen wie ökonomischen Systeme der Behandlung bilden. Deshalb werden auch solide »Hintergrundtheorien« gefordert, damit die Diagnostik wie die Anwendung beschreibbar werden. Die Therapieformen sprießen schneller, als man sie erfassen kann. Um als eigenständig zu gelten, fordern die Autoren mit Recht folgendes: »Eigenständigkeit besagt, daß solche Ansätze über einen anthropologischen Entwurf, eine an den kreativen Vermögen des Menschen ausgerichtete Persönlichkeitstheorie, eine Entwicklungstheorie der Gestaltungskompetenz und – daraus abgeleitet – über eine spezifische Krankheitslehre verfügen. Weiterhin wäre eine ausgearbeitete Prozeßtheorie und Interventionslehre erforderlich. Dies alles findet sich ... erst ansatzweise.« Die beiden Bände bilden aber einen wichtigen Schritt auf diesem Weg.

Die klinischen Kunsttherapien haben rechtlich und kassentechnisch noch keinen Ort. Deshalb ist die Forderung so vernünftig, in der Krankheitslehre auf die enormen Fundamente ausgewiesener Verfahren zurückzugreifen (die Autoren bevorzugen als *lingua franca* die Psychoanalyse oder von ihr abgeleitete Verfahren). Dies ist um so notwendiger, weil die behandlungstechnische Integration der Kreativitätstherapien (von vielen psychosomatischen Kliniken abgesehen) in herkömmliche ambulante Therapien noch nicht sehr weit gediehen ist.

Angesichts des (vielleicht) kommenden Psychotherapeutengesetzes wird der wahrscheinlichste Weg der Integration der der Zusammenarbeit von Tiefenpsychologen und Kunsttherapeuten sein, obwohl diese ihre Patienten ja auch durchaus allein behandeln können und wollen und dereinst sollen, wenn ihr Status geklärt ist. Die Kooperation könnte die enorme Abschirmung der Tiefenpsychologie aufheben helfen und ihr absurdes ökonomisch-kassenrechtliches Beinahe-Monopol beenden. Denn selbst wenn es bei vielen Patienten notwendig und dringlich wäre, die Verfahren zu kombinieren, so steht dem in der ambulanten Praxis noch immer das gesicherte »Njet« der auf die Reinheit der Lehre eingeschworenen Gutachter für die Krankenkasse und deren Richtlinien entgegen.

Das große »Handbuch« wirkt also wie ein riesiges Verzeichnis neuer psychotherapeutischer Medikamente, die, auch wenn sie schon jahrelang erprobt sind, »offiziell« noch immer nicht angewendet werden dürfen. Und an der Zulassung hängen wiederum Forschung und gesicherte Erprobung und umgekehrt – ein negativer Zirkel.

Hilarion Petzold und Ilse Orth (Hg.), »Die neuen Kreativitätstherapien«. Handbuch der Kunsttherapie, 2 Bde. Paderborn 1990.

Der interkollegiale therapeutische Raum

Wenn ein Patient mehr als einen Therapeuten braucht

Der Vortrag, vor allem aber die Fallgeschichte, löste im Kreis der Heidelberger Kollegen eine sehr lebhafte und kontroverse Diskussion aus, bei der eine Fülle von Gesichtspunkten zum Fall wie zum Thema erörtert wurde. Soweit ich die Einwände und Ergänzungen festhalten konnte, sind sie kursiv in den Text eingearbeitet. Die Rückfragen führten auch zu ergänzenden Informationen zur Fallgeschichte, die in dem Text ohne Hervorhebung hinzugefügt sind.

Meine Damen und Herren,
lange Jahre habe ich mit der Angst gelebt, meine gelegentlich kritischen oder auch dissident genannten Gedanken als Analytiker könnten in einem zu großen Maß von persönlichen Problemen getränkt sein, so daß sie leicht als »komplexhaftes Denken« abzuqualifizieren wären. Das ist sicher gelegentlich auch passiert, vor allem natürlich von Seiten meiner klassisch-freudianischen Kollegen. Inzwischen nehme ich meine Konfliktfelder als Erkenntnisquelle ernst. Es geht dann vielmehr um Fragen der Disziplin und der ausreichenden Begründung für neue Hypothesen, die das scheinbar komplexhafte Denken fruchtbar machen, als um neurotisches Dissidententum und Probleme der Loyalität gegenüber dem Kanon der »anerkannten Fragestellungen« innerhalb von Fachgesellschaften. Es gibt durchaus sehr persönliche Gründe, die mich auf das Thema des interkollegialen Raumes, seines Reichtums wie seiner Spannungen, aufmerksam werden ließen. Gelegentlich spüre ich noch die Ängste vor den Deutungen der analytischen Kollegen, denen ich einst, aus ebenso biographischen Gründen, so enormes Gewicht beimaß. Ich möchte die persönlichen Hintergründe, die mich zum Thema führten, kurz andeuten. Leidvolle und erfreuliche Erfahrungen mit eigenen Patienten und aus Supervisionen sind inzwischen in zwei Jahrzehnten hinzugekommen.

Ich stamme aus einer sehr protestantischen Familie, die in einem sehr katholischen Milieu lebte. Es gehörte zur Loyalität gegenüber der Familie, an den Katholischen nichts gut zu finden. Dabei waren sie in vielen Bereichen so viel lebenslustiger und realitätszugewandter. Aber die höhere Kultur hatten angeblich wir. Trotzdem habe ich das Aufwachsen in einer solchen Spannung und Spaltung als belastend und verarmend erlebt (wobei vermutlich gleichzeitig ein Wunsch nach Integration oder Brückenschlag entstand, der aber nicht bewußt werden durfte). Es war ein Klima der moralischen Ausblendung wie der heimlichen Faszination. All dies habe ich während und nach der analytischen Ausbildung treu nachinszeniert (ebenso wie die rein innerfamiliären Spaltungen). Ich war zunächst ein Missionar des rechten analytischen Glaubens an das geoffenbarte Wort, aber diesmal endlich auf der richtigen Seite, nämlich der psychoanalytischen Elite, die Neid und heimliche Faszination nicht mehr nötig machte. Nur: das Gefühl der Entbehrung blieb trotzdem.

Ein Grundproblem erwies sich als zäh: darf ich den Reichtum außerhalb der analytischen Gemeinde wahrnehmen und nutzen, oder ist das schon Illoyalität? Muß der rechte Glaube nur langsam in der Praxis erarbeitet und unendlich differenziert werden, bis man hineinpaßt, oder sind Anleihen draußen möglich, notwendig und für mich wie viele Patienten auch wichtig?

Die Zeit meiner Ausbildung war noch nicht die einer ökumenischen oder, im therapeutischen Jargon, integrativen Ausrichtung. Es war die Zeit der Freudschen Nachkriegspsychoanalyse, die nach der Abspaltung von der für NS-kompromittiert gehaltenen Deutschen Psychoanalytischen Gesellschaft gegenüber der Internationalen Vereinigung und den von ihr entsandten Lehrern relativ dogmatisch ausgerichtet und um internationale Wieder-Anerkennung bemüht war. Ich habe noch hohe Loyalitätstribute bezahlt, war monopolistischen Forderungen nach der einen und einzigen Übertragung, die Heilung bringen müsse, ausgesetzt, habe Persönlichkeitsanteile, die in der reinen Psychoanalyse nicht gedeihen wollten, auf Eis gelegt und mühsam versucht, mich in meinen Fragmenten einzurichten.

Die innerfamiliären Spaltungen, die durch den rechten Glauben überkleistert waren, trugen das ihrige dazu bei, daß ich mich auch in inneranalytischen Grabenkämpfen engagiert habe, immer bemüht, aus zwei verfeindeten Positionen eine dritte, integrierende herauszudestillieren. Fritz Riemann, den ich in einer solchen Spannungskrise als astrologisch versierten Kollegen konsultiert habe, sagte mir, vereinfacht: ich würde mich wohl immer so lange zwischen alle Stühle setzen, bis sich ein eigener unter meinem

Hintern gebildet habe, und ich solle mir doch keine verquälte Mühe geben, jemals honoriges und linientreues Mitglied eines ideologischen oder weltanschaulichen Vereins zu werden. Das hat mich mit meiner mühsamen Suche nach dem eigenen Weg weitgehend ausgesöhnt.

Aber nun zu den Patienten und ihrer oft orientierungslosen Suche in und zwischen den therapeutischen Schulen. Die Unübersichtlichkeit des Therapieangebots ist enorm. Sie könnte aber auch hoffen lassen, wir stünden am Beginn des integrativen Zeitalters. Immerhin gibt es vergleichende Überblicke über die gängigsten Therapieformen. Doch schon die monopolistische Kassenregelung macht deutlich, daß es anerkannte und nicht anerkannte Therapieverfahren gibt, und Kämpfe um die Kontrolle der Fleischtöpfe. Zwar bin ich dafür, daß eine Therapieform sich bewährt haben muß, um kassenrechtlich salonfähig zu werden. Aber die institutionellen Absicherungen sind meistens die letzten. Der suchende Patient wandert schon heute irrend durch die Fülle der Angebote, und daß er in seinem Inneren Spaltungsprobleme mit sich herumträgt, macht ihm die Sache nicht leichter, wenn er auch außen vor Spaltungen und Abspaltungen steht, die ihm die Orientierung erschweren und die ihm oft genug Loyalität und Ausschließlichkeit der therapeutischen Beziehung abverlangen, auch dort, wo sie ihm eher schaden als nützen. Wie hoch ich aber eine geglückte und diagnostisch stimmige Analyse in der »dyadischen Treue« einschätze, habe ich gerade bei der Diskussion der scheiternden Analysen im »Kompaß der Seele« und anderswo immer wieder klargemacht.

Meine Hauptthese ist deshalb angesichts unserer wachsenden diagnostischen Erkenntnis: viele Patienten brauchen oft nicht so sehr nur einen *einzigen* Therapeuten und dessen oft über Jahre währende Geduld, verbunden mit dem aufrechterhaltenen Monopolanspruch, der einzige zu sein, sondern, analog einem aufgefächerten Setting in den psychotherapeutischen und psychsomatischen Kliniken, zwei oder mehrere. Natürlich wird der zunächst gewählte Einzeltherapeut im günstigen Fall, sozusagen als »Basistherapeut«, zum Zentrum des Wachstums und der Orientierung. Viele brauchen aber, zumindest in wichtigen Phasen und bei bestimmten Störungen, einen *interkollegialen Raum*, so wie ein Kind neben der Klein- oder Kleinstfamilie, etwa der alleinerziehenden Mutter auf beengtem Wohnraum, auch Nachbarschaft, Großeltern, Verwandte, Lehrer usw. braucht, um zu einer eigenständigen Persönlichkeit zu werden. Manche Patienten brauchen es und können angesichts traumatischer Verstrickungen und dissoziativer Selbstverbiegungen gar nicht anders, als ihre Übertragungen aufzuspalten, um Hilfe zu finden bei ihrer Integration. Bei bestimmten kumulativen negativen Übertragungen geht das nicht mit einer einzigen Person, die als basaler Halt dient und gleichzeitig ständig drohendem negativem Übertragungsdruck, Mehrfachbelastungen ausgesetzt ist. Es zwingt die Patienten, vieles latent zu halten, und sie können oder müssen den eigenen inneren Container des Therapeuten überfordern.

Viele Patienten verwenden nun für ihre Inszenierungen und Spaltungen gerade die Brüche und Verwerfungen des unübersichtlichen Psychomarktes. Aber das Verhältnis zwischen den etablierten Formen und den neuen, vorwiegend »humanistischen« Therapieformen ist nicht gerade erfreulich: sind letztere doch vielfach in polemischer Abgrenzung zur Psychoanalyse entstanden und mußten für diese Polemik mit konzentrierter Nichtwahrnehmung durch die Psychoanalytiker büßen. Ich denke dabei etwa an die Gestalttherapie, Primärtherapie, Bioenergetik, integrative Körpertherapie, Transaktionsanalyse, Psychodrama, Rebirthing und die stets wachsende Zahl anderer Formen, die eines gemeinsam haben: sie sind relativ jung, und wer sie wählt, muß auf Kassenerstattung verzichten, es sei denn, der Therapeut ist ein Arzt mit tiefenpsychologisch orientiertem Zusatztitel, der halblegal eine dieser Formen anbietet oder integriert, obwohl er bei der Kasse behauptet, er mache Psychoanalyse oder tiefenpsychologisch orientierte Therapie oder Verhaltenstherapie.

Die Spannung zwischen den bei den Kassen anerkannten und den nicht anerkannten Verfahren ist noch immer groß; das Psychotherapiegesetz läßt auf sich warten, der graue Markt weitet sich aus. Die Ärzteverbände behaupten, sie könnten eine ausreichende Versorgung garantieren, was eine Anmaßung ist. Die Suche vieler Patienten in vielen Gegenden wird verzweifelter, die Wartezeiten sind oft lang, und die lokalen Absprachen einzelner Kassen mit anderen, ihnen inzwischen vertrauten Psychotherapeuten – etwa klinische Psychologen mit Zusatzausbildung – werden immer wieder angegriffen und sind entsprechend wackliger Boden. Die Unübersichtlichkeit des Marktes wirkt auf eine Reihe von Patienten wie ein Sog, der den Analytikern oft wie ein Sog in den

Abgrund erscheint, der meiner Meinung nach aber dennoch, wenn wir die unbewußten Motive verstehen und würdigen, auch eine konstruktive Tendenz enthalten kann.

Aus meiner eigenen, langen, polemisch-dogmatischen Analytikerzeit weiß ich, daß die Identifikation mit der eigenen Therapierichtung und ihren Postulaten und Haltungen tief und exklusiv, ja missionarisch sein kann. In meinen Ausbildungsjahren brachte ich kein Verständnis dafür auf, daß andere als klassische freudianische Analytiker auf seelisch Leidende losgelassen werden durften.

Inzwischen weiß ich, daß die allermeisten Psychotherapeuten, egal welcher Schule, ihr Tun hoch besetzen und ihm ein hohes, manchmal sogar ein überhöhtes Ichideal zugrunde legen. Inzwischen ist auch bekannt aus vergleichenden Verlaufsforschungen, daß die theoretische Ausrichtung des Therapeuten fast gleichgültig ist: was zählt und therapeutische Fortschritte bringt, sind Reife, Engagement, Verläßlichkeit, Warmherzigkeit und Beziehungsfähigkeit, also die *Persönlichkeit*, die sich in der kompetenten Handhabung einer Methode bewährt.

Viele Patienten sind nicht aus eigener Kraft und nur mit Hilfe eines einzigen Therapeuten in der Lage, ihre Spaltungen zu integrieren. Was in den therapeutischen Kliniken selbstverständlich ist, ein immer wieder erneuerter und erarbeiteter interkollegialer Raum, fehlt im Bereich der ambulanten Psychotherapie weitgehend, obwohl ich von vielen relativ heimlichen Kooperationen, etwa zwischen Analytikern und Körpertherapeuten, weiß.

Es stünde also fruchtbarer Zusammenarbeit im Dienste vieler Patienten nicht viel entgegen. Aber: der gute Wille allein genügt nicht. Die verletzliche, selbstbewußte, auch selbstunsichere und darum auch wieder hochmütige, schulgebundene Therapeutenseele funktioniert anders, nämlich kränkbar und rivalisierend. Kooperation will gelernt und immer wieder erprobt sein, und sie hängt sehr stark von wachsender Kenntnis des anderen und ebenso von wachsender Sympathie und kollegialer Solidarität ab.

Ich halte bis heute das Klima in der Ausbildung der meisten therapeutischen Schulen für latent totalitär, monopolistisch, intolerant und nicht auf Überblick und ausgreifende Orientierung bedacht. Der anders Therapierende ist immer noch eher ein Gegner, nicht zuletzt auch deshalb, weil er, selbst wenn nicht offiziell verdammt oder verdächtigt, doch die Selbstgewißheit in Frage stellen könnte, die viele Therapeuten mit der von ihnen gewählten

Richtung zu finden glauben. Diese Selbstgewißheit wird unter anderem noch dadurch vertieft, daß mit der Ausbildung in der Regel noch einmal ein großes Stück Wachstum und Identitätsbildung in *Regression und Abhängigkeit* verbunden ist, meist mit einem gewissen Ausschließlichkeitsanspruch der Schulen und ohne blickerweiternde Selbsterfahrung. Deshalb hilft es ja so wenig, wenn man die Methode des anderen theoretisch versteht oder auch theoretisch widerlegen zu können glaubt. Erst die Kenntnis des Menschen und das Verstehen, wie seine Methode in seine Biographie und seine seelische und geistige Entwicklung eingefügt ist, erlaubt es in der Regel zu beurteilen, wie und nach welchem Axiomen er sich dem seelisch leidenden Menschen nähert und wie die uns oft unverständlich erscheinenden Rituale, Stärken und Starrheiten, Vorschriften oder Grundhaltungen einer Schule sich begründen lassen. Und es erfordert persönliche Kenntnis zu spüren, ob und wie flexibel und im Dienste des Patienten sie von einzelnen Kollegen gehandhabt werden. Ich kann seit langem nicht mehr einer Methode trauen, sondern nur einem Menschen, der sie differenziert anwendet.

Ich möchte die These, daß es oft mehr darauf ankommt, den Therapeuten, mit dem man eventuell kooperieren will, zu kennen als seine Methode, sogar noch radikalisieren und sie an Beispielen verständlich machen. Ich halte es auch für notwendig, daß Ärzte, die wissen, daß manche ihrer Patienten Psychotherapie brauchen, einige Psychotherapeuten, vielleicht sogar verschiedener Schulrichtungen, persönlich kennen und ab und zu mit ihnen sich austauschen, nicht über einzelne Patienten, sondern über die tägliche Arbeit, ihre Grundlagen und ihre Grenzen.

Der Arzt sollte wissen, an welche Menschen er überweist, es wäre sogar wünschenswert, daß er eine Vorstellung hat, was seinen Patienten dort erwartet, räumlich, atmosphärisch, methodisch, menschlich. Und dies aus folgenden Gründen: die unmittelbar einleuchtenden brauche ich nicht weiter auszuführen; es gibt aber einige spezifische Gründe, warum ich ein möglichst persönliches Kennen einiger Therapeuten für wichtig halte. Viele Patienten, vor allem in einem Raum, der für Psychotherapie zum Teil erst erschlossen wird, haben wenig Vorkenntnisse über das, was sie erwartet. Viele sind über die ungewohnten Vorgehensweisen der Therapeuten, vor allem bei einem ersten Kontakt, erst einmal erstaunt, wenn nicht schockiert. Vor allem aber, was noch wichtiger ist: viele stammen aus gespaltenen Familien, sie sind also fast gezwungen, bei den unvermeidlichen Konflikten in einer Psychotherapie ihre frühen Erfahrungen von Spaltung, Notwehr, Sich-Beklagen, Ausspielen, Bündnispartner-Suche, usw. neu zu inszenieren. Sie werden also dem Arzt leicht Vorwürfe machen, zu wem er sie geschickt habe, wenn sie auf Schwierigkeiten stoßen; sie werden ihn verantwortlich machen. Oder sie werden den Therapeuten mißtrauisch machen, kurz, sie werden ihr Konfliktpotential in die sensible Szene zwischen Ärzten und Therapeuten einschleusen und, so gut sie können und je nach ihrer Störung, das Klima belasten, weil sie sich nur in einem belasteten Klima auskennen. Die Idealerwartung des Arztes, daß ein solcher Patient einige Monate nach der Überweisung zu ihm kommt und dankbar sagt: »Das werde ich Ihnen nie vergessen, daß sie mich an Herrn oder Frau X verwiesen haben«, wird sich nicht allzu häufig erfüllen.

Der Gegensatz, den ein Patient schüren kann, mag sich an der Grenzlinie zwischen ärztlicher und psychotherapeutischer Behandlung ansiedeln. Es kann aber auch sein, daß er Verwirrung stiftet, weil er Aussagen, Anweisungen oder Ratschläge einfach nicht richtig wiedergeben kann oder will. Er hat als Kind gelernt, in der Verwirrung zu leben und sie für seine Zwecke zu nutzen. Es kann aber auch sein, daß er zunächst seine beiden therapeutischen Partner in eine gemeinsame Idealisierung verwickelt, so daß sie sich vorkommen wie die rettenden Zauberer, um sie später nur um so tiefer gemeinsam fallenzulassen. Oder der Patient idealisiert den einen und verachtet den anderen, und das in raschem oder in langsamerem Rhythmus, was zu einem Wechselbad der Gefühle oder zu heftigen Maßnahmen führen kann. Nur der Austausch kann verhindern, daß solche Phänomene nicht der charakterlichen oder fachlichen Unzulänglichkeit des ärztlichen oder therapeutischen Partners zugeschoben werden. (Entsprechendes gilt natürlich erst recht, wenn zwei oder mehr Psychotherapeuten durch den Patienten involviert werden.) Ein anderes Beispiel: es kann sehr wohl sein, daß ein Patient mit mehreren Ärzten und mit mehreren Therapeuten schlechte Erfahrungen gemacht hat. Im Extremfall handelt es sich um einen Katastrophentyp, der eine Fähigkeit, ja ein Bedürfnis mitzubringen scheint, schlechte Erfahrungen zu sammeln. Das sind oft die Patienten, die, wenn man ihnen zuhört, einem das Gefühl geben: das gibt's doch nicht, so viel ärztliche oder therapeutische Verantwortungslosigkeit, und man möchte nach der Polizei oder dem Standesgericht rufen. Es kann aber auch sein, daß der Patient ein Therapeutenkiller oder ein Großverbraucher an Ärzten ist. Wie will man es aber herausfinden ohne Kommunikation?

In vielen therapeutischen Theorien und Schulen ist sehr viel von der Dyade die Rede; die Zweisamkeit von Therapeut und Patient wird idealisiert, ebenso wie das Vertrauensverhältnis von Arzt und Patient aus der guten alten Hausarztzeit. Aber die Dyade selbst muß erarbeitet werden, und oft genug ist sie eingebettet in leicht aus dem Gleichgewicht zu bringende Drei- oder Vielecke in der äußeren wie in der inneren Realität des Patienten.

Ich will das noch an einem anderen spannungsgeladenen Dreieck verdeutlichen, das sich zwischen einem Patienten und seinem Psychotherapeuten und irgendeinem dritten Therapeuten bilden kann. Wohlgemerkt gehe ich hier nur von den problematischen Konstellationen aus, glücklicherweise gibt es ja auch in unserem Beruf eine Fülle von dyadischen therapeutischen Beziehungen, die uns bestätigen und den Patienten weiterbringen.

Viele Patienten aber geraten, wie gesagt, im Zuge von Regression und Übertragung in Beziehungsformen zum Therapeuten, wo ein realer oder imaginärer Dritter (oder auch Vierter, oder eine Gruppe, ein Clan, ein ideologischer Verein usw.) eine Rolle spielen, oder kontradiktorische und einander bekämpfende innere Objekte. Durch Freuds exzessive Konzentration auf den Ödipuskomplex ist uns einerseits diese spannungsgeladene Dreiersituation sehr vertraut, aber sie erscheint meist im immergleichen engen Modell von Kind und Vater und Mutter. Es gibt aber auch ödipale oder besser trianguläre Verstrickungen mit der Mutter und dem lieben Gott, dem Großvater, der Familientante, die im Haushalt der alleinerziehenden Mutter lebt; es gibt Spannungen und Spaltungen in Großfamilien, in der Nachbarschaft, in Kirchengemeinden oder Kindergartenelterngruppen, am Arbeitsplatz des Vaters oder der Mutter, die auf das Kind zurückwirken. (In totalitären Gesellschaften kommen noch sowohl die verinnerlichten wie die äußeren bedrohlichen und verfolgerischen Instanzen hinzu.) Es gibt vor allem auch die Abhängigkeiten der Eltern von realen oder inneren Objekten oder von konfusen Mischungen beider, wenn die Großeltern noch leben. Ja, es gibt, vor allem nach den beiden Kriegen, Dreiecksverhältnisse zwischen Lebenden und Toten. Ein eindrucksvolles Beispiel war der Fotografien-Hausaltar für den verstorbenen, vermißten oder gefallenen Vater oder einen Onkel oder Großvater, der eine ganz neue, andere Form von Anwesenheit darstellte als etwa gebrochen zurückgekehrte Väter. Aber auch diese Beziehungen zu Toten oder Abwesenden werden reinszeniert, und oft haben wir nicht gelernt, sie zu sehen.

Ein Teil unserer Patienten inszeniert also diese so unterschiedlichen Beziehungsformen im Netzwerk der therapeutischen Kollegen und der Schulen. Ganz schwer erkennbare Anlässe führen oft zu einem im analytischen Jargon so genannten »Agieren«, zu einem Schwanken, einer Untreue, zum Versuch eines Wechsels oder zur Konsultation eines Kollegen oder der Teilnahme an Workshops mit ganz anderem Setting. (Dies kann sich im übrigen auch zeitversetzt abspielen, das heißt, wir sehen Patienten, die bereits mehrere Therapieversuche oder auch geglückte Therapieabschnitte hinter sich haben und dennoch weitersuchen, und ein Teil von ihnen berichtet wiederum von den Vorbehandlern, um sich uns anzudienen, so, daß wir schon wieder an Inkompetenz oder Schwachsinn glauben wollen.) All dies müßte uns aufhorchen lassen, ob es sich nicht in Wirklichkeit um Patienten handelt, die herumirren auf der nahezu unbewußten Suche nach einem mehrpoligen Setting, das ihnen hilft, durch eine Art interkollegiales »Familien-Hilfs-Ich« die Dissoziationen zu integrieren.

Ich möchte das Problem zuspitzen: angesichts der Tatsache, daß ein großer Teil unserer schwierigsten Patienten aus Familien kommt, die gespalten oder von den widersprüchlichsten Fraktionen und Loyalitäten durchzogen waren, ist es eine Art natürlichen Grundrechts der Patienten, uns in der Reinszenierung ihrer Vergangenheit vor erhebliche Probleme in der therapeutischen Kooperation und Solidarität unter Kollegen oder zwischen Ärzten und Psychotherapeuten oder zwischen den Schulen zu stellen. Ich möchte dieses Grundrecht sogar erweitern: sie haben Anspruch auf wachsendes Verständnis bei ihrem Zwang zum Spalten und sogar auf einen inneren oder äußeren interkollegialen Raum, in dem diese aus der Ursprungsfamilie eingeschleppten Spannungen einen Ort der Beruhigung und der Heilung finden. Aber auch die Therapeuten brauchen diesen sicheren interkollegialen Raum, weil solche Patienten oft die Kompetenz eines einzelnen überfordern, ja überfordern müssen, ohne daß ein realer Kompetenzmangel vorliegen müßte. Eine Kollegin drückte das so aus: »Als Einzeltherapeut für mehrere solcher Patienten bin ich als Container oft überfüllt und dem Platzen nahe. Dann könnte der interkollegiale Raum ein Container für den Container sein.«

In der Regel ist es aber leider so, daß angesichts der Kompliziertheit der Spannungen und der nicht so sehr weit entwickelten interkollegialen, also der gemeinsamen Kompetenz mehrerer Therapeuten eher die Gefahr einer für alle Beteiligten schmerzlichen Wiederholung der früher schon unlösbaren Spaltungsprobleme besteht. Das Problem ist zwar in therapeutischen Teams in psychosomatischen Kliniken bekannt und wird auch schon weitgehend genutzt, weil die regelmäßigen Konferenzen diesen Raum immer neu zur Verfügung stellen. Es gibt ausgezeichnete Arbeiten über Teamstrategien etwa mit Borderline-Patienten in Kliniken. Aber man spürt immer die Anstrengung und die Häufigkeit des Mißlingens. Dazu noch einmal ein Zitat einer erfahrenen Therapeutin aus einer solchen Klinik, die sogar nach einem einheitlichen psychoanalytischen Konzept arbeitet: »Wenn ein einzelner Therapeut beteiligte Kollegen auf Spannungen ansprechen will, wirkt dies oft wie eine hinterhältige Attacke und zieht paranoide Reaktionen nach sich.« Ohne gemeinsame Supervision sprengen manche von den Patienten induzierte Konflikte auch gelegentlich den Container eines solchen klinischen Systems.

In der Gemeinschaft der niedergelassenen Therapeuten und der verschiedenen Therapiezentren aber stehen wir hier noch relativ am Anfang, es sei denn, es gäbe kleine Gruppen, die sich gut kennen, gemeinsame Supervision betreiben oder sonstwie regelmäßigen Austausch pflegen und deren Kooperation beim gleichen Patienten aus einer vertrauensvollen Bereitschaft zum Experimentieren entstanden ist oder durch Gefühle des Scheiterns in der Dyade.

Ich möchte diesen interkollegialen Raum auch deshalb noch einmal besonders hervorheben, und da spreche ich aus eigener leidvoller Erfahrung, weil es zum Beispiel sein kann, daß ein einzelner Therapeut, der das Problem sieht und mit einem von Patienten hereingezogenen Dritten Kontakt aufnehmen will, auf kränkende Zurückweisung stößt. Die Patienten wenden sich nämlich sehr instinktsicher auch an den narzißtischen Teil in uns und mobilisieren den Teil in uns, der selbst mit Spaltung, Mißtrauen, Verdacht und feindseliger Abgrenzung zu kämpfen hat. Nichts ist schwieriger, als mit jemandem, den man nicht gut kennt, durch einen Patienten in eine gemeinsame Familienbeziehung hineingezogen zu werden. Der Patient induziert sie zwar, hat sie aber nicht wirklich im Griff, auch wenn er uns als das aktive Zentrum der Verwirrung erscheint. Deshalb ist es sicher die beste Lösung, sich diesen interkollegialen Raum mit einigen wenigen Kollegen aufzubauen, weil er dann eher angeboten als vom Patienten wildwüchsig erzwungen wird, zum Teil mit Kollegen, mit denen uns eine Zusammenarbeit schwer vorstellbar ist.

Wir mögen in unserer Ausbildung, Lehranalyse oder sonstiger Selbsterfahrung viel über unsere Beziehung zu Vater und Mutter gearbeitet haben. Die Familienkonstellation als ganze samt ihrer Einbettung in Clan oder Nachbarschaft als solche ist ebenfalls ein wichtiger Fokus, er ist in Einzeltherapie allerdings schwer zu fassen und vielen von uns weniger vertraut als die innerfamiliären Einzelbeziehungen. Nur die Familientherapie geht in ihren Ausbildungsformen diese Probleme deutlicher an. Auch mobilisiert eine Gruppentherapie oft ganz andere Konflikte als das geschützte Setting der Einzeltherapie. Obwohl für viele Patienten eine Kombination, mindestens während einer späteren Phase der Therapie, dringend nötig sein kann, ist eine solche Zusammenarbeit nach den Kassenregelungen noch immer untersagt, ebenso wie die Zusammenarbeit eines analytischen Therapeuten mit einem Körpertherapeuten.

Die Kraft mancher unserer Patienten, Spannung und Feindschaft zu stiften, ist oft enorm. Wenn wir aber die geeigneten Formen der Aufarbeitung finden, dann wächst auch die Kraft unserer Patienten, Freundschaften und Kooperationsbündnisse unter uns in Gang zu bringen. Wir müssen dabei allerdings einer Kraft trauen, die in jedem Kind angelegt ist und die wir dennoch oft erst im Katastrophenfall in rührenden und schmerzenden Formen deutlich zu sehen bekommen. Sie alle werden schon erlebt haben, wie Kinder aus zerbrechenden oder längst zerbrochenen Familien sich aufs erfinderischste bemühen, die Eltern doch noch zusammenzuführen, zu versöhnen, zur Kooperation anzuhalten usw. Natürlich kennen wir auch Kinder, die auf der Klaviatur der Spaltung zu spielen gelernt haben und die eher den Teufel der Zwietracht im Leib zu haben scheinen als irgendeinen Rest von kooperationsstiftender Energie. Wenn also diese Kinder, oder später das Kind im Patienten, in den Sog der Wiederholung geraten, dann erwischen sie uns bei unseren Rivalitäten, bei unserem offenen oder latenten Schulenstreit, bei unseren Rettungsphantasien und unserem heimlichen Größen- oder Kleinheitswahn und haben in der Tiefe doch die Hoffnung, wir Therapeuten mögen kompetenter und untereinander kooperativer sein als die Eltern oder der Clan des Patienten.

Obwohl die Diskussion in Kleingruppen und im Plenum erst nach dem Fallbeispiel sowie nach dem Ende des Vortrags stattfand, möchte ich einige Gesichtspunkte zum bisherigen Text schon hier einfügen, soweit sie sich auf das bisher Gesagte beziehen:

Eine Reihe von Kollegen hatte Erfahrung mit dem interkollegialen Raum in psychotherapeutischen Kliniken, auch sie betonten aber, wie schwierig die kontinuierliche Auseinandersetzung mit konfusen, unübersichtlichen Übertragungskonstellationen ist und wie sehr Rivalität und die narzißtische Besetzung des jeweils eigenen Umgangs mit einem solchen »agierenden« Patienten die Kooperation erschweren können. Ein Kollege betonte, daß er das Ende des Zwanges, mit einem Team von Therapeuten zu kooperieren, die man sich ja nicht selbst aussucht, beim Übergang in die Privatpraxis als Erleichterung erlebte. Im Unterschied zu einer Familie muß das Team sich ja bei jedem Patienten neu einstellen auf die unbewußte Inszenierung der Spaltung wie der Rollenkonfusion oder der induzierten Spannungen. Es wurde dabei auch betont, daß man seine eigene Rolle nicht beliebig strapazieren oder durch neue Anforderungen verändern kann. Der Kollege sprach sogar von seiner Resignation hinsichtlich solcher kollegialer Kooperation, mit der er die Klinik verlassen habe.

Es gab auch Mißverständnisse hinsichtlich der Häufigkeit, mit der Patienten im Lauf eines Jahres eine solche Spaltung integrierende Zusammenarbeit nötig machen, weil meine Forderungen als eine »rosarote Utopie« für einen ausgreifenden neuen Therapiestil verstanden wurden. Ich verwies schon auf die rein zeitlichen Begrenzungen, die sich bei einer eingespielten Arbeitsverteilung in der Privatpraxis ergeben, aber auch auf den offensichtlichen Gegensatz zwischen folgenden Konstellationen: bei einer Einweisung in eine solche Klinik ist der Austausch von Informationen über einen Patienten und der Versuch der interkollegialen Ortung desselben vom ersten Tag an selbstverständlich, wobei ja in der Regel nicht einmal die Zustimmung des Patienten eingeholt wird. Im klinischen Setting ist sie einfach implizit da, und auch dies mag Therapeuten, denen ein Patient etwas im Einzelgespräch anver-

traut, häufig genug vor schwierige Entscheidungssituationen stellen hinsichtlich der wenigstens vorübergehenden Wahrung eines Geständnisses, das er zunächst nur einer einzigen Vertrauensperson machen kann. Es stehen sich also Teamöffentlichkeit in der Klinik und weitgehende Vertraulichkeit in der ambulanten Praxis erst einmal diametral entgegen. Etwas, das dem niedergelassenen Therapeuten wie eine ethische Pflicht erscheint, ist dort von vornherein aufgehoben. Aber es ist wichtig festzustellen, daß in der ambulanten Therapie der Patient eine weit größere Autonomie des Mitentscheidens haben sollte, auch wenn seine autonome Übersicht über das für seine Genesung Wichtige sehr eingeschränkt sein kann. Die auf die Heilung ausgerichtete Ethik der Verschwiegenheit wird also ganz unterschiedlich gehandhabt, auch dann, wenn ein Patient während einer ambulanten Einzeltherapie in eine Klinik gehen muß oder nach einer Entlassung dort sich einen Einzeltherapeuten sucht. Es kann geradezu ein Indiz für eine gravierende Spaltungstendenz und eine leichtere oder schwerere paranoide Entwicklung oder eine Mißtrauensthematik sein, wenn ein Patient die Kommunikation von zwei Therapeuten über ihn oder mit ihm zusammen ablehnt.

Die ethischen Entscheidungen zeigen eine große Variationsbreite. Es wurde in der Diskussion aber deutlich, daß es starke Vorbehalte gibt, sich zum Wohle solcher Patienten auf neue Aufgaben im Bereich einer solchen Kooperation einzulassen. Natürlich spielen dabei Fragen der Diagnostik, des individuellen Therapiestils und seiner Idealisierung als eines in der Regel ausreichend potenten Instrumentes eine große Rolle.

Eine kleinere Zahl von Kollegen berichtete aber auch von solchen Kooperationen in der ambulanten Praxis, am ehesten in der Zusammenarbeit von Analytikern und Körpertherapeuten oder von Analytikern, die bei schizophrenen Patienten mit Sozialarbeitern, Betreuern von Übergangsheimen kooperieren, oder Therapeuten, die nach einem Klinikaufenthalt noch Nachbetreuung anbieten. Der Vorwurf der Utopie wie der Überforderung wurde erneut laut, als ich die Vorstellung thematisierte, daß in Zukunft, bei verläßlicher diagnostischer Indikation solcher Arrangements, auch die Krankenkassen dazu gebracht werden müßten, solche integrierenden Sitzungen oder auch Sitzungen der beteiligten Therapeuten zu finanzieren, einfach weil sie für die Genesung der Patienten als wichtig, wenn nicht unerläßlich angesehen werden.

Die Teamsitzungen sind ja in den Kliniken auch über die Kassensätze mitfinanziert, und dort hält man sie, ebenso wie die Supervision des Teams, allmählich für selbstverständlich.

Ich habe auf diesem Gebiet der interkollegialen Rivalität oder Spaltung und Kooperation einige Erfahrungen gesammelt, aus Gründen, die ich Ihnen gleich nenne. Ich lege den meisten meiner Gruppenpatienten nahe, sich zusätzlich noch Einzeltherapie zu suchen. Bei den meisten bin ich also, soweit sie nicht selbst aus einer noch laufenden Einzeltherapie in die Gruppe gekommen sind, damit konfrontiert, daß es einen zweiten Therapeuten, in der Regel eine Frau gibt – also ein Therapeutenpaar – das zwangsläufig, kooperierend oder nicht, in eine Verwandtschaftsbeziehung eintritt, und zwar in den Übertragungen des Patienten wie in denen der Therapeuten und in deren Gegenübertragungen aufeinander und auf den Patienten. Der Patient sollte bestimmen oder mitbestimmen, ob es Telefonate oder Gespräche oder auch Sitzungen zu dritt gibt. Es handelt sich aber manchmal um Patienten aus so zerstrittenen oder schweigend gespaltenen Familien, daß sie einfach die Utopie des für sie fruchtbaren Austauschs der Eltern über sie oder mit ihnen gar nicht ausgebildet haben, und wo es schließlich ganz in der Verantwortung und Initiative der therapeutischen Eltern liegt, sich zusammenzusetzen. Auf jeden Fall ist es mir passiert, daß der zu große Respekt vor den Ängsten des Patienten hinsichtlich des Austauschs der Therapeuten zu sehr verfahrenen Situationen geführt hat, so daß der Patient in seinem Spaltungsdrama einen Pyrrhussieg davongetragen hat. Meine Erfahrung in der Kooperation mit den Kollegen reicht hier von einverständlichem, liebevollem Gespräch zu kalter Abweisung meines Bedürfnisses nach Austausch und sogar zur schmerzlichen Inszenierung des Austritts aus der Gruppe mit all den begleitenden, unaufgelösten Phantasien über die Motive und die unbewußt übernommenen Rollen.

Dazu ein Beispiel, bei dem ich viel Lehrgeld bezahlt habe und das ich dennoch hoffe, zu einem guten Ende bringen zu können. Ich muß Sie dabei bitten, die Konfusion erst einmal auszuhalten und als zum Fall gehörig zu betrachten, auch wenn ich meinen Teil dazu beigetragen habe.

Vor sieben Jahren erschien eine ziemlich füllige junge Frau, schüchtern und manchmal kaum in der Lage zu sprechen, und wollte Therapie. Sie stammte aus einer Handwerkerfamilie, die zusammen mit Tante und Großmutter, Kindern, Mitarbeitern, Lehrlingen und Gesellen eine Art chaotischer Großfamilie bildete, mit heimlichen Feindschaften, Spaltungen, Entwertungen, ebenso heimlichen Bündnissen, Sehnsüchten, Brüchen und auch Geborgenheitsfragmenten, die aber wiederum verheimlicht werden mußten. Sie selbst hatte unter großen Mühen ein humanwissenschaftliches Studium absolviert. Der Vater war tyrannisch, die Mutter eher scheu und ohne die Fähigkeit, dem Vater Widerstand zu leisten oder die Kinder vor seiner ausbeuterischen Haltung zu schützen. Ich hatte nur einen Platz in einer Pesso-Gruppe frei; die Patientin hatte eher Einzeltherapie gesucht, wollte aber auch nicht mehr weg, obwohl ich ihr anbot, bei der Suche eines Einzeltherapeuten behilflich zu sein. Sie hatte sich quasi festgesaugt an mir. Und obwohl sie fürchtete, in der Gruppe »verlorenzugehen«, wollte sie auf jeden Fall die zwei bis drei Monate bis zum Gruppenbeginn warten, bat aber für die Zwischenzeit zur »Überbrükkung« um einige Einzelstunden, die ich ihr gab. Sie dienten vor allem der Arbeit an den Ängsten vor der Gruppe. Schließlich vereinbarten wir angesichts ihrer Furcht vor dem »Verschwinden« in der Gruppe ein Zeichen für den Fall, daß sie verlorengehen würde und sich nicht mehr verbal äußern konnte, nämlich ein Winken mit einem bunten Schal. Das Zeichen-Geben funktionierte dann auch ganz gut; sie konnte entweder mitteilen, daß sie sich nicht mehr spürte und sich leicht depersonalisiert oder leer fühlte, oder sie bat, mit meiner anfänglichen Unterstützung, einen Teilnehmer darum, sie körperlich zu halten. Das erlaubte ihr entweder, anwesend zu bleiben, oder aber sie legte sich so auf eine Sitzbank, daß sie einem Teilnehmer den Kopf in den Schoß legte, und geriet in eine Art Dämmerzustand, aus dem sie nach einiger Zeit zu uns zurückkehrte.

Wenige Wochen nach Beginn der Gruppe schied ein männlicher Teilnehmer aus, den Platz nahm dann ihr Mann, ein damals scheuer Ingenieur, ein, der ganz offensichtlich eine schützende, ja manchmal fast therapeutische Rolle ihr gegenüber einnahm. Es war noch ein anderes Paar gemeinsam in der Gruppe.

Nach etwas mehr als einem Jahr spürte sie, daß sie wie die meisten anderen gerne noch Einzeltherapie hätte, mochte sich aber nicht, wie ich ihr riet, an eine Frau wenden, sondern ging zu einem jüngeren analytischen Kollegen, bei dem sie zwei Stunden pro

Woche im Liegen auf der Couch hatte. Zunächst war sie gegen jeden Kontakt zwischen ihm und mir, trotz gelegentlicher Nachfragen von mir. Nach etwa eineinhalb Jahren regte sie an, daß wir uns verständigten. Es kam aber nicht dazu, nach meinem Erleben aufgrund einer Scheu des Kollegen, über sie zu sprechen.

Meine Vermutung ist, daß er in eine mütterlich-schützende Rolle kam, deren hohe Intimität er nicht gerne preisgab und in der er bestimmte Gefühle und Ängste der Patientin auch dann noch übernahm, als sie selbst es nahelegte. Er war für sie wie ein Schutzengel, der unsichtbar hinter ihrem Kinderbett wachte. (Meine Erfahrung ist es übrigens, daß sich eine solche Kooperation als weitaus schwieriger erweist, wenn beide Therapeuten männlich sind; es mag mit der größeren Rivalität wie mit der Unsicherheit zusammenhängen, mütterliche und väterliche Übertragungsanteile zu sortieren.)

Etwa nach drei Jahren kam sie aus ihrer starken Gehemmtheit in der Gruppe wie im äußeren Leben heraus und trat in eine leiterlose Frauengruppe ein. Sie genoß es, nur unter Frauen zu sein und quasi schwesterlichen Austausch zu pflegen (sie selbst hatte nur Brüder).

Ein weiteres halbes Jahr später fragte sie mich, ob ich etwas dagegen hätte, wenn sie eine Ausbildung zur Psychodrama-Assistentin anfinge. Mir war nicht ganz wohl: ich fragte, ob das nicht zu viel sei an therapeutischen Kontakten, freute mich aber auch über das Aufblühen und die Initiative hin zu einem pädagogisch orientierten Beruf. Sie war Lehrerin, hatte aber nie unterrichtet, sondern Möbel restauriert.

Nach ein paar Monaten wurde deutlich, daß eine Übertragungs-Verwirrung eintrat: der Leiter der Ausbildungsgruppe war ebenfalls ein Mann, und sie sagte manchmal, daß sie nicht mehr wisse, wo ihr der Kopf stehe. Nach dreijähriger Einzeltherapie verließ der Analytiker die Stadt, sie trauerte einige Monate um ihren Schutzengel, regredierte stark in der Gruppe; es entwickelte sich ein kompliziertes, eher feindselig-mißtrauisches Verhältnis zu mir, mit massiver Vorwurfshaltung und hoher Kränkbarkeit. Nur langsam konnte sie sich eingestehen, wie sehr sie es in der Einzelanalyse vermißt hatte, gelegentlich konkret gehalten zu werden, wie sie das in meiner körperorientierten analytischen Gruppe bei sich und anderen sah und erlebte. Nach einem Jahr der Trauer suchte sie endlich (wobei sie keine Hilfe wollte), nachdem sie die Ausbildung unterbrochen hatte, eine weibliche Therapeutin und geriet dadurch, daß sie sich bei zweien gleichzeitig anmeldete, zunächst in eine schwierige Situation der Wahl. Nachdem sie sich für eine entschieden hatte, bei der Körperkontakt möglich war, verließ sie mit den heftigsten Affekten von Wut, Verachtung und Anklage die Gruppe und hinterließ bei allen, auch bei mir, ein Gefühl von Ratlosigkeit und Entwertung.

Einige Monate später traf ich ihre Therapeutin, die ich oberflächlich kannte, und wollte sie begrüßen, sie erkannte mich aber nicht. Ich war erstaunt, dann leicht verletzt und brachte das Phänomen mit der Patientin in Zusammenhang. Ich fühlte mich zurückgewiesen, ausgebootet und in einen Feind verwandelt, vermutlich den negativen Vater. Meine Angst war, daß sie nicht nur ein Gespräch ablehnte, sondern daß die Patientin ihr ein Bild vermittelt hatte, das mich als ungeschickt, unqualifiziert oder gar brutal erscheinen ließ. Das waren wohlgemerkt meine Phantasien, die ich einige Wochen mit mir herumtrug. Ich spürte aber auch eine starke Spannung und den Wunsch in mir, das komplizierte Feld endlich gemeinsam zu verstehen und vielleicht zu vereinfachen, die Patientin vor der endlosen Wiederholung ihrer Clangeschichte mit den Wechseln der Hauptbezugsperson und den Spaltungen und Ausschließungen zu bewahren.

Nach einigen Wochen des Zögerns sprach ich die Kollegin an, die nach einigem Zögern ihrerseits in ein Gespräch einwilligte. Dabei stellte sich glücklicherweise heraus, daß die Patientin selbst inzwischen genug verstanden hatte, um zu spüren, daß sie mit mehreren Therapeuten verschiedener Schulen etwas inszenierte und daß sie es doch irgendwann zusammensetzen wollte, vorerst aber die Einnistung bei ihrer ersten weiblichen Therapeutin brauchte, um an einige Basisdefekte heranzugehen. (Die Mutter hatte durch die intensive Mitarbeit in dem Familienbetrieb die Schwangerschaft quasi verleugnet und war von der Ladentheke weg zur Geburt in die Klinik gefahren worden. Die vorgeburtliche Vorbereitung auf das Kind schien also gering.) Die Patientin erlaubte immerhin ihrer Therapeutin, falls sie es für unbedingt nötig hielte, mit mir zu telefonieren. Später, wenn sie sich stärker fühlte, wolle sie dann mit ihrer Hilfe selbst versuchen, das zerrissene Netz neu zu knüpfen.

Inzwischen ist wieder ein Jahr vergangen, zum Zeitpunkt des Vortrags ist die Frau schwanger, und im Zusammenhang mit dieser Schwangerschaft verstärkt sich das alte Muster, daß der

Mann beruflich immer erfolgreicher wird, er zu Hause aber oft der Helfer und Fürsorger der Frau ist; dabei ist immer schwerer zu unterscheiden, ob es sich um notwendige Fürsorge handelt oder um eine Regression beider in alte Verhaltensmuster. Für mich erhöhte sich der Druck, die abgespalteten Bereiche zusammenzufügen, um so mehr, als der Mann widerwillig bereit schien, immer neue Funktionen aufgrund einer Überfürsorglichkeit, die er nicht steuern konnte, zu übernehmen.

Dies war der Zeitpunkt, zu dem ich den Text den Heidelberger Kollegen vortrug. Im Laufe der langen Diskussion, zuerst in kleinen Gruppen, später im Plenum, stellte sich auch in der Runde das Gefühl ein, das therapeutische System wirke wie ein Sog, von dem man sich schwer wieder lösen könne. Dieser Sog bewirkte auch, daß wir sehr viel intensiver über den Fall diskutierten als über die allgemeineren Thesen zum interkollegialen Raum. Ein großer Teil der Beiträge setzte sich auch mit der Frage auseinander, was ich alles falsch begonnen und falsch fortgeführt hätte, und daß ich mit diesem Fall, in dem ich mich ja real des Mitagierens und der Verstrickung schuldig gemacht hätte, meine eigenen Thesen zum Thema diskreditierte. Mehrere Frauen war sehr wütend, daß ich von einem isoliert männlichen Standpunkt aus, verbündet mit dem männlichen Partner des Paares, über die Frauen redete und sie nicht in Ruhe lassen könne. Bevor ich aber den Thesen der Diskussion weiter folge, möchte ich die ergänzenden Informationen, die im Laufe des Gesprächs hinzugefügt wurden, nachliefern:

Der Mann war mit gutem Erfolg in der Gruppe geblieben und bat einige Monate später um eine einstündige zusätzliche Einzeltherapie, sowohl für seine gelegentlichen Einbrüche von Resignation und Gefühlen von Ermattung und Anspannung, wie für seinen Anteil an plötzlich ausbrechenden Streitigkeiten mit seiner Frau, an denen er sich insofern mitschuldig fühlte, als er meinte, er könne sich ihren Provokationen nicht rechtzeitig entziehen; auf der anderen Seite brauche er die Therapie als vorgeschriebene therapeutische Selbsterfahrung für seine Ausbildung als Psychodrama-Assistent, die er zusammen mit seiner Frau begonnen hatte.

Die folgenden Sätze sind Hinweise, die mir in den auf die Diskussion folgenden Tagen einfielen, und die erklären, warum ich zur

Zeit des Vortrags unter einen gewissen Druck geriet, am Setting etwas ändern zu wollen, was der Integration der parallel geführten Therapien dienen sollte. Als der Mann mit der Einzeltherapie bei mir begann, standen die Streitigkeiten mit seiner Frau fast ständig im Mittelpunkt. Es schien spürbar, daß beide keinen guten Kurs fanden zwischen den Wünschen der Frau, klein und umsorgt zu bleiben und sich zu emanzipieren, ein Konflikt, zu dem er durch ebenso gegensätzliche Angebote von verwöhnendem Schutz und wütendem Rückzug auf eine Position: ›Lern es doch endlich selbst‹, immer wieder beitrug. Er ließ sich zum Beispiel von ihr fast alle Kontakte zur Außenwelt aufbürden. Als sich in diesen Einzelstunden mit ihm immer deutlicher zeigte, daß hauptsächlich die Ehe im Vordergrund stand, bzw. daß er seine Frau, oft massiv klagend, als »Hauptsymptom« mitbrachte, versuchte ich ihm deutlich zu machen, daß sie beide schon sehr viel Therapie gemacht hätten und nun auch bei verschiedenen Therapeuten ihre gemeinsamen Probleme zu lösen versuchten, und schlug ihnen vor, gelegentlich Partnergespräche zu suchen, um mit den eingefahrenen (sie waren seit mehr als fünfzehn Jahren verheiratet) Clinchsituationen fertig zu werden. Das leuchtete beiden ein, die Frau bestand aber darauf, daß sie es bei mir machen wollten, was mir als zu kompliziert erschien; wenn, dann wollte ich es mit der Therapeutin der Frau zusammen machen. Das aber lehnte die Frau ab, weil sie die Einzeltherapie auf gar keinen Fall gefährden wollte. Außerdem fürchtete sie, wie mir der Mann berichtete, ich könne ihre »therapeutische Mutter« geringschätzen, womit eine weitere Grundübertragung von ihr, daß nämlich die Mutter die verächtlichste Rolle in der Familie hatte, im gemeinsamen, aber gespaltenen therapeutischen Feld auftauchte.

Die Therapeutin konnte sich ein solches Zusammensetzen vorstellen, allerdings nicht zum gegenwärtigen Zeitpunkt: sie habe a) das Gefühl, es sei zu früh für die Patientin, die sie als symbiotisch schützende Mutter brauche, und b) fehle es ihr auch an Erfahrungen in dem von mir vorgeschlagenen Setting. In der Zwischenzeit hatten die beiden, als sich die Streitigkeiten verstärkten, mehrere Sitzungen Paartherapie gemacht bei einem Therapeutenpaar. Der Mann berichtete, daß sie einige Konflikte gut hätten lösen können. Nach wenigen Malen aber »kam es nicht zu einer Fortsetzung«, weil sie ›vergaßen‹, die Verabredung zu erneuern.

Inzwischen war aber wieder einige Zeit vergangen, und ich stand vor einem neuen Anlauf zur Kontaktaufnahme mit der Therapeutin der Frau, die ich aber, etwas ängstlich, von Monat zu Monat verschob, obwohl in der Therapie des Mannes die Ehekrisen noch immer den meisten Platz einnahmen. Die Welt schien gespalten in Männer und Frauen. Inzwischen gab ich den Text der Therapeutin wie den Patienten.

In der Diskussion wurde mir deutlicher, daß ich eine erneute Zurückweisung fürchtete, als Eindringling und Zerstörer der Symbiose der Frauen gesehen oder von der Patientin (oder beiden) weiter als der bedrohliche Vater angesehen zu werden oder das Schlupfloch einer nicht mehr zu integrierenden Regression schließen zu wollen. Manche Kollegen reagierten sehr allergisch darauf, daß ich meinen subjektiven Druck in einen Handlungsdruck umwandeln wollte, wo es doch darum gehe, in einem nun halbwegs stabilen Setting den Prozeß vertrauensvoll, wenn auch gespalten, laufen zu lassen. Während der Diskussion schwankte ich erheblich zwischen Gefühlen der Scham, der Inkompetenz, des Nicht-Verstandenseins wie einer trotzigen Gewißheit, daß ich die Welt der inszenierten Spaltungen, die von allen als eine gewaltige Wiederholung der Clangeschichte gesehen wurde, wenigstens allmählich zu reduzieren imstande sein könnte, vorausgesetzt, es käme zu der ersehnten Kooperation. Dabei wurde mir vorgeworfen, ich wollte mein als »männlich-ungeduldig« empfundenes Wissen oder Nachdenken gewaltsam in die Welt der Frauen hineinpressen. Vorübergehend kam es zu einer weitgehenden Polarisation der Großgruppe zwischen männlichen und weiblichen Kollegen, die nur dadurch gemildert schien, daß ein männlicher Kollege meinte, ich sei nur nicht fähig, loszulassen und damit ein Opfer meiner Größenphantasien oder eines überzogenen Auftrags zu werden drohen.

Die Diskussion berührte damit vielfältige berufsethische Aspekte: wer ist der Klient; wer hat in welcher Rolle über seinen unmittelbaren Patienten hinaus Verantwortung zu übernehmen und aktiv zu werden oder ein Partialsetting zu schützen? Darf Information ausgetauscht werden, auch wenn nicht alle Beteiligten zustimmen? Ist ein gewisser Druck legitim, wenn ein oder mehrere Beteiligte ihrerseits mit einem inneren Druck nicht recht fertig werden? Es kam dabei auch zu befreiendes Gelächter erzeu-

genden karikaturesken Lösungsvorschlägen wie: bedarf es einer Heidelberger Delegation, die den Freiburger interkollegialen Raum erweitert oder aus dem Himmel größerer Kompetenz heraus Supervision erteilt?

Es wurde bemängelt, daß es von Anfang an keine klare Diagnose und kein sinnvolles Setting gegeben habe. Aber die Situation hatte sich nun einmal so entwickelt. Ein mit Geburtspsychologie vertrauter Kollege meinte, es werde immer deutlicher, daß die Patientin vermutlich nie sich im fötalen Frühstadium in der Gebärmutter habe richtig einnisten können; sie stehe immer noch vor einem quasi archaisch zu nennenden Individuationsschritt, müsse sich angesichts ihrer Geschichte erst einmal völlig neu definieren. Ihre anfänglichen Ängste, in der Gruppe verlorenzugehen, spiegelten diese urtümliche Angst, in der Welt wie in der inneren Welt der Mutter keinen Platz zu finden und deshalb immer wieder in der Gefahr zu sein, von äußeren Definitionen und Zuschreibungen bestimmt zu werden.

Die aggressive Seite der weiblichen Kommentatoren beruhigte sich erst, als mir klar wurde, daß ich nicht mein Wissen aufdrängen, sondern der Kollegin signalisieren sollte, ich sei mit meinem Latein am Ende und bedürfe ihrer Kompentenz, um mich oder uns wieder zu orten. Die Debatte wurde noch einmal hitzig über der Frage, ob meine Initiative besser die Form eines Telefonates oder eines Briefes annehmen könnte. Ein Brief wurde als besonders »eindringend« und unverschämt bezeichnet, obwohl ich damit eher ein vorsichtiges Angebot der Reflexion verbunden hatte.

Dann wurde deutlich, daß wir inzwischen in einem System von Vermutungen, Projektionen und Rollenzuschreibungen gefangen waren, das sich nicht mehr an äußerer oder psychischer Realität, und zwar gemeinsamer, orten könne. Wut und Kränkung kamen ins Spiel, der Ton wurde schärfer und löste sich auch wieder in Gelächter. Es wurde angedeutet, wie ich mich erdreisten könne, Honorar zu nehmen für eine insgeheim verzweifelte Suche nach Klärung oder Rettung für den hilflosen Retter. Ich fühlte mich gescholten und ungeliebt, bis wieder offener Streit ausbrach und offen Äußerungen von Wut den Raum lichteten.

Einige strenger analytische Kollegen meinten, sie wären heilfroh, daß sie sich mit einer klaren Rolle begnügten und sich in den dyadischen Handlungsregeln wohl fühlten. Andere sagten, sie würden ähnliche dyadenübergreifende Probleme aus ihrer Praxis kennen. Als hilfreich erwies sich der Kommentar einer Familientherapeutin, die sagte: die Schwierigkeit könne daran liegen, daß sich das therapeutische System in einem Raum bewege, der sich zwischen Einzel- und Familientherapie bewege. Vielleicht sei doch die Annäherung an eine Familientherapie ein lohnendes Ziel, auch angesichts der tief eingegrabenen Übertragungen zwischen den Partnern und den induzierten projizierten Problemen zwischen den Therapeuten. Damit war zumindest wieder »zulässig« geworden, die Suche nach einem gemeinsamen Fokus für alle Beteiligten als legitim anzusehen: zum einen, weil es auch bereits um das kommende Kind ging, zum andern, weil die individuelle therapeutische Bemühung doch zu einem Scheitern verurteilt sein könnte; denn Besserungen in Subsystemen müßten nicht unbedingt zur Genesung des Gesamtsystems beitragen. Die gesamten Loyalitäten befänden sich in einem chaotischen Zustand.

Nach einer immer wieder verlängerten und schwer zu beendenden Diskussionszeit beendete ich dann den Vortrag. Die Diskussion wurde am Ende fortgeführt.

Hinterher ist man immer klüger, es fehlten mir für ein rechtzeitiges Eingreifen oder Strukturieren ausreichende Informationen wie interkollegialer Mut. Aber ich vermute sogar, die Patientin hätte die Gruppe schon viel früher verlassen, wenn ich ihr dringlicher nahegelegt hätte, etwa die Ausbildung nicht zu beginnen. Sie war nämlich ausgesprochen dankbar, daß ich sie experimentieren ließ, betonte auch kurz vor dem Ausscheiden noch, daß sie nicht das Gefühl habe, mit der Überlastung und Verwirrung Zeit verloren zu haben. Es war ihr vielmehr wichtig, getrennte Beziehungen und Aktivitäten, anders als in ihrer Ursprungsfamilie, nicht mehr verheimlichen zu müssen, und sie erlebte ihre offenen Spaltungen als wichtiges Erlebnis der Autonomie, empfand also die Übertragungsdiffusion schon als Gewinn, auch wenn sie noch nicht Heilung brachte, sondern nur Bereicherung und eine Milderung der Schuldgefühle.

Die klassische Psychoanalyse idealisiert das Modell der Dyade und würde eine Konstellation mit mehreren Therapeuten ohnehin für ein zu verhinderndes und kontraproduktives Agieren halten. Der Nachteil dieser in sich konsequenten Haltung ist, daß der Patient aber durch das Verbot oder durch nachdrückliche Hinweise und Ermahnungen ebenfalls in eine Wiederholung hineingerät, nämlich die des Gehorsams und der Unterwerfung, und daß er heimliche Inszenierungen im Leben finden muß, die dann auch die Schuldgefühle und Strafängste mit sich bringen, die die frühen Spaltungen begleitet haben.

Die zum Überleben erzwungenen Spaltungen der Patientin bis zum Verlassen des Elternhauses (aus dem sie sich durch die frühe Ehe »retten« ließ) waren vielfältig, sie gingen sozusagen kreuz und quer durch ihre Persönlichkeit, horizontal wie vertikal, und durch die verschiedenen Altersstufen der Patientin und schlossen ihre *Fähigkeit, verlorenzugehen*, wenn die Konflike unerträglich wurden, ein, eine Fähigkeit, die sie sehr lange konservierte und die beim ersten Gespräch von der Therapeutin als Hauptgrund angegeben wurde, warum sie eine lange Zeit des Schutzes bei ihr bedürfe. (Die Disposition des Mannes, einer zugleich kindhaft hilflosen und doch mütterlichen Figur hilfreich beizustehen, waren ebenfalls tief verankert und führten unter anderem dazu, daß er sich in seinem Forschungs-Institut bis an den Rand seiner Kräfte auch sozial engagierte.)

Von der Utopie des elterlichen Gesprächs über das Kind, bei dem es »gefunden« und in seinen Bedürfnissen und Konfliken verstanden wird, habe ich bereits gesprochen, auch davon, daß vielen unserer Patienten sogar diese positive Erwartung verlorengegangen ist. Auf der negativen Seite stehen oft massive Ängste bei der Vorstellung, die Eltern oder die Therapeuten könnten sich über den Patienten beraten: *finden* wird dann als Ertappen, Zur-Strecke-Bringen phantasiert, als Verlust der Zuneigung mindestens eines der Beteiligten; es gibt massive Ängste vor dessen endgültiger Abwendung, schließlich auch die schlimme unbewußte Vorstellung, die Familie als ganze könne zerbrechen, in die Luft fliegen; oder aber die heimliche Retterrolle des Patienten mit oft magischen Vorstellungen über seine Verantwortung für das Überleben der Familie falle in sich zusammen usw.

Mit solchen vor- oder unbewußten Vorstellungen muß ja bereits der Arzt rechnen, der einem körperlich krank gewordenen Patienten zur Psychotherapie rät. Viele Patienten werden ja deshalb körperlich krank, weil sie mit einer Konfliktsituation nicht umgehen können. Wenn sie daran denken, über ihre Konflikte sprechen zu sollen, packte sie die Angst, sie würden entlarvt, überschwemmt oder sie begingen eine tiefe Illoyalität ihren Familien gegenüber, weil das Auspacken über Familiengeheimnisse, gar das anklagende Sprechen über die Eltern oder den Partner hoch tabuisiert sind. Als einzelner Familienangehöriger in Therapie zu gehen, bedeutet in sich schon einen hohen Grad von Vereinzelung, um nicht zu sagen Isolierung, eine oft vollkommen neue, unbekannte und bedrohliche Rolle in manchen sozialen Milieus.

Diese Betonung der Information des überweisenden Arztes, so sagte ich in der Diskussion, sei deshalb so wichtig, weil wir es einerseits in den Städten mit einer sehr therapiekundigen Klientel zu tun hätten, andererseits aber dadurch, daß derzeit das weite Umland psychotherapeutisch »erschlossen« würde, auch mit Patienten, die aus viel traditionelleren und uninformierteren Schichten kämen.

Es ließe sich also lange darüber reden, was bereits der Arzt nicht nur an Vorinformation, sondern auch an Vormotivation geben kann oder soll. Seine Aufgabe ist aber um so leichter, je mehr er weiß, wozu er seinem Patienten rät, und welchem oder welchen Menschen er ihn dabei konkret anvertraut sehen möchte.

An zwei Punkten möchte ich noch einmal hervorheben, wie wichtig es mir erscheint, daß sich sowohl Ärzte und Therapeuten, aber auch Psychotherapeuten verschiedener Schulen untereinander gut kennen.

1. Es ist ein Unterschied, ob ein Arzt einem Patienten sagt, er brauche Psychotherapie, und der versteht: er soll zum Psychiater geschickt werden, mit all den damit verbundenen Assoziationen von der Nähe zum Verrücktsein, oder ob der Arzt ihn quasi in seinem Bekanntenkreis oder im Kreis ihm als qualifiziert vertrauten Psychotherapeuten weiterempfiehlt, so als sei der Psychotherapeut, um in den unbewußten Familienphantasien zu sprechen, ein vertrauter Verwandter des Arztes, und die Überweisung bereits ein Akt freundlicher Kooperation.

2. Es ist sowohl für den überweisenden Arzt wie für den Psychotherapeuten, bei dem sich ein Patient selbständig oder auf Anraten seines Arztes meldet, wichtig, nicht nur eine einzige Methode zu kennen oder zu ihr raten zu können. Die Größenphantasien fast aller psychotherapeutischen Schulen führen in der Regel dazu, sich nahezu alle Symptom- oder Erkrankungsbilder zuzutrauen. In

Wirklichkeit wächst unsere Einsicht, daß ein differenzierter und methodisch flexibler Zugang besser ist, und daß einzelne Schulen oder Methoden für bestimmte Störungen eher Vorteile oder Nachteile haben können. Von der Generosität, einem Patienten nicht automatisch die eigene Schule verschreiben zu wollen, sondern einen Kollegen mit anderer Ausbildung und anderem therapeutischem Setting zu nennen, sind wir oft noch weit entfernt; zum Wohle der Patienten wäre es aber oft schon für die Therapeuten wichtig, auswählend beraten zu können. Die Patienten könnten dann auch begreifen, daß es differenzierte diagnostische Erwägungen zu seinem Wohle gibt und daß der Beginn von Psychotherapie nicht unbedingt heißt, unbesehen und gehorsam in ein kompliziertes Loyalitätsverhältnis einzutreten, weil dies in der Wiederholung oft genug unbewußt einem Preisgeben des eigenen lebendigen Selbst gleichkommt.

Es ist oft ein weiter Weg, bis ein mißtrauischer Patient begreift und sich sicher darauf verlassen kann, daß der Psychotherapeut ein loyaler Partner seiner autonomen Entfaltung ist, ohne in ihm und in seiner Familie neues Unheil einzurichten.

Auf dem Feld der Verständigung zwischen Ärzten und Therapeuten und dem zwischen Therapeuten der gleichen oder verschiedener Schulen gibt es aber, auch bei gutem Willen, die schon eingangs erwähnten Stolpersteine der Spannungen und Spaltungen. Wie läßt sich die Gefahr, die von ihnen ausgeht, mindern? Ich kann hier nur einige sehr vorläufige Gedanken vortragen, die nicht den Charakter von Rezepten haben sollen. Was sich davon verwirklichen läßt, hängt von sehr vielen Faktoren ab, vom Engagement der Beteiligten, vom Bewußtsein für den erwähnten interkollegialen therapeutischen Raum und von einer gemeinsamen und soldiarischen Verantwortung für die seelisch Kranken; auch von der Bereitschaft, neue Modelle auszuprobieren und das Wachstum der eigenen therapeutischen Persönlichkeit im Austausch mit Kollegen für wichtig zu halten.

Also ein paar vorsichtige Hinweise: bevor ein Psychoanalytiker versteht, wie ein Gestalt-Therapeut arbeitet, braucht es entweder eine ganze Reihe von Gesprächen, Berichten aus Behandlungsstunden, Lektüre oder aber ein Stück Selbsterfahrung. Das gleiche gilt, um noch ein Beispiel zu nennen, für den Fall, daß sich ein Nervenarzt mit dem Zusatztitel Psychotherapeut, der sich auf katathymes Bilderleben spezialisiert hat, dafür interessiert, wie ein

Verhaltenstherapeut in einer Gruppe arbeitet, aus der heraus ein Patient bei ihm um zusätzliche Einzeltherapie nachsucht. Es hilft nur, ein paar Therapieverläufe von einem engagierten Kollegen berichtet zu bekommen, um wirklich einen Einblick in eine zunächst fremde Arbeitsform und das damit verbundene Erleben des Patienten zu bekommen. Dies geht gar nicht ohne die Vertiefung der persönlichen Beziehung: ich lerne einen Menschen kennen, wenn er mir im vertrauten Rahmen über seine psychotherapeutische Arbeit berichtet, und umgekehrt gebe ich mich zu erkennen, wenn ich offen über die Arbeit mit Patienten spreche.

Dies geht natürlich am besten im geschützten Raum geschlossener kleiner Gruppen, mit oder ohne Leiter. Es geht aber auch im persönlichen Austausch. Ich kann Ihnen versichern, daß Neugier und Sympathie wachsen, je mehr ich vom anderen weiß, es sei denn, die Skepsis und die Verschiedenheit der Grundhaltung seien zu groß; dann ist es keine Kunst, sich die gegenseitigen Vorurteile zu bestätigen. Die natürliche Folge eines offenen Austauschs in geschütztem Rahmen ist meist sogar die allmähliche Erweiterung des eigenen therapeutischen Spielraumes und des Repertoires, das vorsichtige Ausprobieren von einleuchtenden Varianten, die der Kollege kennt und handhabt und methodisch durchdenkt oder intuitiv anwendet.

Ich habe überhaupt keine Angst mehr vor der früher, in der Ausbildung sehr gefürchteten Verunreinigung einer hoch idealisierten Methode. Wer käme denn heute noch auf die Idee, Kinder müßten streng nach einer einheitlichen Methode, sozusagen lehrbuchgerecht, erzogen werden? Ich rede damit nicht einer diffusen Vermischung aller methodischen Klarheit das Wort, sondern wende mich gegen eine schubladenorientierte Methodengläubigkeit. Für wichtig halte ich aber unbedingt eine gründlich Ausbildung in einer durchstrukturierten Methode oder Schule. Die Erweiterung des persönlichen Instrumentariums sollte eine Folge der gründlichen Beherrschung einer Methode sein, nicht die Auflösung ins Diffuse oder Eklektische von vornherein und aus der Unfähigkeit heraus, sich einem diagnostischen und behandlungstechnischen System einmal wirklich zu stellen.

In der Diskussion ergab sich, daß es für einen Therapeuten, der sich dem Problem der Kooperation mit einem anderen im Interesse eines Patienten (falls er von diesem nicht mit einer selbständigen

Wahl überrascht wird) gestellt sieht, natürlich sehr viel leichter ist, diese Kooperation mit einem oder einigen ihm vertrauten Kollegen zu stellen. Dabei wurde deutlich, daß der Aufbau eines solchen »Netzes« von einzelnen durchaus schon betrieben wird, am häufigsten in der Kombination von sprachlich arbeitenden Therapeuten mit einem Körpertherapeuten oder einer Körpertherapeutin. Es gibt also mehr Vorarbeit auf diesem Felde im stillen, ohne daß das Thema schon fühlbar in den Bereich der »öffentlichen« Diskussion eingetreten wäre. Immerhin ist das Problem des therapeutischen Geflechts oder des interkollegialen Raumes bei den Lindauer Therapiewochen 1992 während einer ganzen Woche erstmals zum öffentlichen Thema gemacht worden.

An dieser Stelle möchte ich noch von einem ganz persönlichen Gewinn sprechen, den ich seit einigen Jahren aus den regelmäßigen Treffen einer kleinen und sehr gemischten Kollegengruppe ziehe und der mir doch verallgemeinerbar erscheint. Unsere Gruppe besteht aus einer Gestalttherapeutin, einer Atemtherapeutin, die vorher lange Regieassistentin am Theater war, einem Atemtherapeuten mit Jungscher Psychoanalyse als persönlichem Hintergrund, einem klassisch-freudianischen Analytiker, der eben erst mit Körperarbeit anfängt, und mir. Sie könnte auch anders zusammengesetzt sein. Wir sind durch krisenhafte Entwicklungen gegangen. Die Bereicherung besteht aber darin, daß die Kollegen, neben den theoretischen Erwägungen, die ihnen ihre Grundausbildung nahelegt, mit ihrer Erfahrung und ihrem Gefühls- und Einfühlungsinstrumentarium reagieren und den jeweils Vortragenden aus ganz unterschiedlicher Perspektive erleben und auf sich wirken lassen, sich aber auch mit dem Kollegen oder dem Patienten oder auch Angehörigen identifizieren. Es ist fruchtbar, daß nicht die Deutungs- oder Reaktionsautomatismen einer einzigen Schule vorschnell einrasten. Sie kennen das sicher alle aus Ihren Ausbildungszirkeln, wie schnell die gängigen und eingeübten Deutungen, Interventionsvorschläge und Phantasien kommen und wie schwer es sein kann, den Kanon des Vertrauten zu überschreiten, um Neues zu lernen.

Zum Schluß möchte ich noch einmal auf meine Hauptthese zurückkommen. Eine Reihe von Patienten braucht uns als Einzel- oder Gruppentherapeuten innerhalb eines weiteren therapeutischen interkollegialen Raumes. Noch im alten Jargon könnte man sagen: sie kommen nicht ohne »Agieren« aus, sondern müssen die Übertragung spalten oder fremdgehen oder den Therapeuten eifersüchtig machen, und wie immer die negativ getönten Deutungen lauten. Dabei wird eigentlich fast immer angenommen, der Patient tue etwas Veranwortungsloses, Destruktives, mindestens Unkooperatives, wenn er noch ein zusätzliches Angebot wahrnimmt. Und in der Tat können Widerstände und Ängste mit im Spiel sein. Aber die gilt es dann anzusprechen. Viel wichtiger erscheint mir aber, ihn manchmal direkt darauf hinzuweisen, daß er nicht *nur* nach unserer Methode genesen muß, sondern daß ihm vielleicht sogar etwas fehlt, wenn er ausschließlich bei einem »alleinerziehenden Elternteil« bleibt. Er braucht sogar Ermutigung, vielleicht sogar eine Empfehlung hin zu einem anderen Kollegen oder einer anderen Methode, sogar eine wiederholte Empfehlung, weil er es aus seinem biographischen Hintergrund heraus gar nicht fassen kann, daß er die oft enge Grenze der Kleinfamilie oder seine erzwungene Basisloyalität zu einer einzigen Person überschreiten darf. Die wichtigste Entdeckung auf diesem Feld ist die: die Therapeuten haben hier oft mehr Angst als die Patienten. Denn die Therapeuten setzen sich damit ungewohnten Konkurrenz- oder Kooperationsängsten aus, die, sollen sie aufgelöst werden, eine trianguläre Reifung verlangen. Mit diesem pompösen Wort meine ich die Fähigkeit, mit anderen Therapeuten in der Therapie mit einem Patienten, der einem vielleicht sehr ans Herz gewachsen ist und der auch unseren symbiotischen Neigungen entgegenkommt, zu kooperieren, ein Stück Kompetenz abzugeben, auch ein Stück fremder Überlegenheit anzuerkennen, kurz: *die eigene Endlichkeit anzunehmen*, auch die Ohnmacht, als einzelne bei bestimmten Störungen nicht ausreichend helfen zu können. Erst der Kenntnis- und Erfahrungsaustausch in vielen unterschiedlichen Settings wird unser Wissen darüber vertiefen, was manche Patienten brauchen, auch wenn es uns abverlangt, altvertraute Positionen zu verlassen und Kompetenz an andere weiterzugeben bzw. sie zu teilen oder sie zu kumulieren. Es wird dann auch deutlich werden, daß es sich nicht um Kompetenzmangel beim Einzeltherapeuten handelt, sondern um von den Strukturen der Patienten her einsehbare Grenzen der therapeutischen Dyade.

Die andere Perspektive: Ergänzungen durch die Patientin

Drei Monate später kam ein langer Brief der Patientin, die sich viel Zeit für ihre Reaktion gelassen hatte. Sie hatte sich während der Zeit immer wieder darangesetzt, den Text wieder liegengelassen, aber kurz vor der Geburt des Kindes fertiggestellt. Was mir beim Lesen am meisten auffiel, war die Betonung ihrer passiven Rolle und die Deutung des komplizierten Therapiegeflechts als eines *Selbstheilungsversuches von mir*, eine These, über die ich sicher nachdenken werde. Auch bei meinem Patienten, dem Mann, hatte es viele Gedanken und Gefühle zum Text gegeben. Er kam immer wieder darauf zurück und setzte sich damit auseinander.

Der Brief der Patientin, die über die Zahl ihrer Therapeuten und deren Funktion nachdenkt, wobei eine für mich bis dahin unbekannte weitere Therapeutin Th., die Frau des Psychodramatherapeuten P., zum Vorschein kommt, freute mich natürlich. Zum besseren Verständnis füge ich hier ein Verzeichnis der Therapeuten an:

1. Ich selbst, aufgesucht in der vagen Hoffnung auf Einzeltherapie; ich hatte nur einen Gruppenplatz frei und bot, als sie bleiben wollte, Hilfe bei der Suche eines zusätzlichen Einzeltherapeuten an.
2. Der Analytiker A., bei dem sie, etwa eineinhalb Jahre nach Beginn der Gruppe, für vier Jahre in Einzeltherapie (zweistündig im Liegen) war. Ich selbst hatte ihr, wie den anderen Gruppenmitgliedern auch, geraten, zu einer Frau zu gehen.
3. Der Lehrtherapeut für Psychodrama, bei dem sie in der Selbsterfahrungsgruppe war, etwa drei Jahre nach dem Erstkontakt mit mir.
4. Die Psychodramatherapeutin Th., die sie in ihre Lehrgruppe aufnahm, offensichtlich noch vor der Lehrgruppe bei P.
5. Die Gestalttherapeutin G., die sie nach fünf Jahren Gruppe bei mir aufsuchte, und wo sie wohl zum erstenmal wirklich »landete« im Sinne einer schützenden Symbiose.

Nun zu ihrem Brief und ihrem Kommentar:

Lieber Tilmann,

zeitenweise hatte ich vier Therapeuten, Dich, Herrn A., P. und seine Frau Th. Vordergründig erscheint es mir so, daß ich die

Einzeltherapie, die Analyse, suchte, weil ich jemand für mich alleine brauchte. Das spricht noch nicht für mehrere Therapeuten, sondern dafür, daß eine Gruppe nicht ausreichen kann, tiefe Verletzungen zu heilen.

Die Ausbildung schien erst einmal reines Interesse, aber ein Punkt deckt sich. Bei Dir wie bei P. habe ich versucht zu erreichen, daß Ihr mich mögt, und bei Euch beiden hatte ich immer das Gefühl, ich müßte mich sehr anstrengen. Th. bot mir dann ihre eigenen Gefühle an, war also nicht verläßlich. Das mag erklären, warum ich eine zweite Gruppe wählte.

Dessenungeachtet bin ich der Meinung, daß es (für mich) unbedingt mehrerer Therapeuten unterschiedlicher Schulen für ein Weiterkommen oder eine Gesundung bedarf. Für mich war die Körperarbeit sehr wichtig, genauso wie das Mich-Finden im analytischen Setting. Auch war es wichtig, Mann und Frau als Therapeuten zu haben, gleichzeitig oder nacheinander, das scheint mir nicht so wichtig. Ich denke nicht, daß ein einziger Therapeut alle neurotischen Anteile spiegeln kann, da ein einzelner nicht ein so breitgefächertes Übertragungsspektrum aufnehmen kann. So weit spräche noch nichts für eine Kooperation der Therapeuten untereinander, es sei denn, der Patient agiert zu offensichtlich. An diesem Punkt ist mein Denken regelmäßig überschattet. Du sagst, es geht um Spaltung, und in bezug auf mich verstehe ich Dich da nicht. Ich kann Dir nur meine Gedankenfragmente mitteilen. (An diesem Punkt scheint es mir wichtig hervorzuheben, daß die Patientin den Begriff der Spaltung wie einen Vorwurf empfindet, so, als habe sie etwas Schlechtes getan, T. M.)

Manchmal dachte ich, daß ich in der einen *Therapie nicht verstanden werde, und nahm mir vor, es bei dem anderen Therapeuten zu versuchen: ob der mich besser versteht. Vielleicht habe ich mich dann nicht mehr richtig eingelassen. Ist das Spaltung? Früher in meiner Familie habe ich die vielen Spaltungen und Spannungen gesehen und gefühlt, aber ich habe sie nicht genutzt oder eingesetzt, sondern sie einfach ausgehalten. Das Aushalten, ohne sie zu benutzen, hat mich so zerrissen, dieses viele Gegeneinander. Ich war allen gegenüber loyal und habe versucht, alle zu verstehen. Warum sollte ich also jetzt Spannungen aufbauen und sie dann für mich ausnutzen, wenn ich es früher auch nicht getan habe?*

Sicher werde ich in einer Gruppe diese Beziehungen reinszenie-

ren, aber doch um sie aufzulösen. Wie Du schreibst, hast Du das Problem der Spaltung bei mir gesehen und einen Kontakt mit Herrn A. angeregt. Ich habe mich der Auseinandersetzung gestellt. Ich bin wie früher »dazwischen« hin und her gelaufen. Du hast dann einen Rückzieher gemacht und es mir als Vorwurf, ich hätte einen Kontakt der Therapeuten nicht gewollt, herübergeschoben. (Wenn, dann verspürte ich eher einen leisen Vorwurf gegen den Analytiker, T. M.) *Bei P. hast Du es gar nicht erst probiert, und bei Frau G. später es irgendwie verwirrend inszeniert. Du hast vielleicht probiert, bei Dir etwas aufzulösen, und es an mir ausprobiert. Aber für Dich und nicht für mich! Ich habe schon den Eindruck, daß Du mich für Dein Unvermögen in diesem Teil eingespannt hast und Deinen Teil nicht zu Dir nehmen kannst.*

Ich glaube wohl, daß ich viel inszeniert habe, konkret, daß ich mich noch habe hin und her schieben lassen wie früher, und daß mir die Erwachsenen (Du?) etwas aufladen, das ich nicht alleine lösen kann.

Passiert jetzt nicht wieder etwas Altbekanntes? Dein Brief mit dem Text ist sehr unpersönlich ... liegt Dir am Thema wegen anderer Gruppenteilnehmer, möchtest Du Getrenntes zusammensetzen? Ziehst Du noch eine Paartherapie in Erwägung? Möchtest Du meinem Mann und mir helfen, oder geht es nur um Theorie? In Deinem Text hört sich alles viel engagierter an, als wolltest Du uns (mir) wirklich helfen. Meine Frage ist: willst Du mit Deinem Vorgehen Dir helfen oder etwaige Schuldgefühle beruhigen, oder liegt Dir etwas an mir oder uns beiden als Paar? Mir liegt sehr viel an unserer Ehe, und obwohl wir seit geraumter Zeit sehr gut zusammenleben, habe ich nicht das Gefühl, daß sich grundsätzlich an unseren Schwierigkeiten etwas geändert hat. Ich liebe meinen Mann und würde alles tun, um unsere Beziehung zu stabilisieren.

Mir scheint die Beziehung zu Frau G. mittlerweise stabil genug zu sein, daß ich mich mit ihr nach außen öffen kann. Ich habe die Hoffnung, daß Du mit Deinem Wissen von mir und meinem Mann, und Frau G. mit ihrem Wissen über mich, daß Ihr zusammen eher die Strukturen sehen könnt, die sich in unserer Ehe manifestiert haben, als es einzeln möglich ist. Ich bin offen für Vorschläge und Lösungsmöglichkeiten und bereit, an mir zu arbeiten. Ich würde es begrüßen, wenn Du Frau G. eine Abschrift

Deines Textes geben würdest. Alles, was ich *geschrieben habe, kann sie wissen, und mein Mann auch. Auch fände ich es nötig, daß Ihr, Du und Frau G., klärt inwieweit zwischen Euch ein Arbeitsbündnis möglich ist. Das habe ich ihr auch gesagt.*

Mit vielen Grüßen

PS. Vielen Dank für das Bild von Dir und Deinem neugeborenen Sohn. Es hat mich sehr berührt und mir auch wieder eine positivere Einstellung zu Dir ermöglicht.

Der Leser wird verstehen, wie froh ich über diesen Brief war. Er scheint mir die Tür zu öffnen für eine Zusammenführung der vielen noch losen Enden des therapeutischen Geflechts. Die Patientin legte dem Brief noch unter der Überschrift *Anhang* einen langen Text bei, der, nach den unterschiedlichen Schreibstiften und Schriftstilen zu schließen, eine allmähliche Verdichtung ihrer Auseinandersetzung während der letzten Monate ist, die ich leicht gekürzt mitteile. In den Text sind sicher auch die vielen Gespräche über meinen Text mit ihrem Mann eingegangen.

Anhang

Ich war gebunden an Dich von der ersten Stunde an. Du hast etwas von mir gesehen, mich nach meiner Familie gefragt, Beziehungen von der aktuellen Stunde zu früher hergestellt, was in mir viel Hoffnung geweckt hat, Erstaunen, fassungsloses, die Möglichkeit, daß mich jemand doch noch verstehen könnte.

Mein Bedürfnis nach Einzeltherapie in einem geschützten Raum, ein Raum, den ein anderer für mich schützt, war groß. Gruppe war das, was bei Dir möglich war damals. Ich hatte Angst vor der Gruppe, fühlte mich überfordert, habe mich oft mühsam dabei gehalten. Jedes (böse) Wort von Dir hat mich die ganze Woche über beschäftigt... Ich war abhängig von jeder Regung von Dir, jede auch nur kleinste Zurückweisung von Dir hat mich tief getroffen. Ich wollte, daß Du es weißt und habe mich doch bemüht, es so gut wie möglich zu verbergen. Ich habe mich bemüht, den Anforderungen der Gruppe und Deinen an mich zu genügen. Das vereinbarte Zeichen funktionierte gar nicht. (Wir hatten angesichts ihrer Ängste, in der Gruppe sich mit Worten überhaupt nicht »melden« zu können, ein optisches Signal mit ihrem Schal vereinbart, das mich auf die Gefahr ihres Verschwindens aufmerksam machen sollte. Nach meiner Wahrnehmung hatte es einige Male gut funktioniert, T. M.)

Je mehr ich absackte, je weniger ich mich gesehen fühlte, desto mehr zog ich mich zurück in meine Welt, die einzig mir bis dahin bekannte Welt des Überlebens. Ich glaube nicht, daß ich gut war im Zeichen-Geben, im Mich-Melden, Mich-Einbringen. Ich glaube, daß es erst nötig war, gesehen zu werden, angesprochen zu werden, ermutigt zu werden, damit sich ein Gefühl bilden kann für ein Gegenüber, ein verläßliches Gegenüber. Erst dann hätte ich mich vielleicht selbst sehen können, mich erst einmal so wichtig nehmen können, um überhaupt Zeichen zu geben, und dies zu rechtfertigen. So aber kamen immer neue Anforderungen: Partnerübungen, Laute machen, Gefühle zeigen und den Gesichtsausdruck mit dem Gesagten in Übereinstimmung bringen, bis hin zu dem Satz: »Wenn Du drankommen willst, mußt Du lernen, das zu sagen und schnell zu sein.« Selbst jetzt merke ich die Überforderung von damals noch. Nicht einmal heute würde ich das probieren können. Je stärker der Druck von außen wird, etwas Bestimmtes zu können, desto mehr neige ich dazu, es nur auf Kosten von meinem Selbst zu können, d. h. es geht nur, wenn ich mich verleugne. Da ich auch nicht gelernt habe, nein zu sagen oder »Ich brauche mehr Zeit« oder »heute nicht« oder mich abzugrenzen, war ein derartiges Auffordern ein Gewaltakt. Ich schäme mich, Laute von mir zu geben, ich finde mich furchtbar häßlich, wenn ich mein Gesicht verziehe, ich bin wie ausgezogen, wenn ich im Mittelpunkt bin... Mein Wunsch, Du möchtest das sehen, mich mehr sehen, ging nicht in Erfüllung...

Ich hatte mein Leben lang immer alles als mein Verschulden gesehen und immer geschwankt zwischen tiefster Verlassenheit und ohnmächtiger zerstörerischer Wut, oft gegen mich gerichtet. Mit der Zeit lernte ich in der Gruppe zu überleben, mir meinen Teil zu sichern, mich zu behaupten. Ich glaube, ich wollte immer mal etwas kriegen, ohne dafür zu kämpfen, einfach weil ich es bin, weil ich es wert bin. Das ist mir mit Dir nicht gelungen... und ich habe es immer gesucht, es fast versucht zu erzwingen. Ich glaube, daß ein Therapeut in gewissem Sinn seinen Patienten lieben muß, um ihm wirklich etwas zu geben. Bei Dir merkte ich immer, daß ich in einer bestimmten Art sein muß, bestimmte Verhaltensweisen haben darf, andere nicht, um vor Dir zu bestehen. Ich habe nicht so sehr viele gute Gefühle von Dir zu mir sehen können. Als ich erzählte, daß meine Mutter Krebs habe, was ich auch erst erfahren hatte, und was mich doch haltlos sein ließ, hast Du gelacht, weil es so theatralisch war, weil ich so arg geknickt war … Du hattest auch danach kein Wort des Trostes, der Hilfe für mich, keine Berührung. Ich habe mein Päckchen wieder mit nach Hause genommen und Deines noch mit dazu. Du hast Deines nicht zu Dir genommen. Und so war es oft: ich war nicht recht … heute weiß ich, daß ich die Gruppe hätte ganz schnell wieder verlassen müssen, um mich zu schützen … mich nicht diesen manchmal furchtbaren Sitzungen aussetzen. Zu sehen, wie Du die S. so viel lieber magst als mich, war die Hölle … Ich weiß, daß das meine gekränkten Anteile sind, aber dadurch nicht weniger berechtigt, laut zu werden. Auch sehe ich, wie ideal ein Therapeut für mich sein müßte, wie groß mein Anspruch ist … Es ist für das Kind im Klienten ein Recht, einen liebenden Therapeuten zu fordern, der es so lange warm hält, bis es in der Lage ist, die ersten selbständigen Schritte zu tun … Das Selbst kann nur durch und mit Liebe wachsen … ich glaube, daß ich damals ungeeignet für jede Gruppentherapie war … Ab einem gewissen (seelischen, T. M.) *Stand halte ich eine Gruppe für nötig, da bestimmte Dinge nur da gelernt und durchschaut werden können …*

Ich würde es auch zur Diskussion stellen, ob die Verbindung meiner Störung mit Deinen neurotischen Anteilen überhaupt eine wirklich gute Aussicht auf »Erfolg« hat.

Du hast den Vorschlag gemacht, Einzel- und Gruppentherapie zu verknüpfen. Das war für mich mit Ängsten verbunden, aber ich habe mich dafür entschieden, das Angebot als Chance zu sehen und meine Ängste auszuhalten. Ich brauchte höchstens ein halbes Jahr, bis ich Euch beiden mitteilte, daß ich mit Gesprächen zwischen Euch einverstanden sei und die Verknüpfung der Therapien möchte … Aus welchen Gründen Herr A. nicht so sehr begeistert, aber doch bereit war, weiß ich nicht … Nur, es ist nicht an mir *gescheitert. Es ist ein düsteres Kapitel meiner Therapiezeit: Deine Anregung zu gemeinsamen Terminen, die ich übermitteln sollte, zu denen ich bereit war, aber Ihr beiden habt nichts unternommen … Du hast mich vertröstet, … trotzdem kamst Du immer wieder mal mit dem Vorschlag, und für mich wurde es immer unverständlicher und verletzender. Du hast es zunehmend mir untergeschoben.*

Wenn ich von meiner Mutter etwas wollte …, schickte sie mich zu meinem Vater: den sollte ich fragen. Dessen übliche Antwort war: Wir haben genug Arbeit, was mußt Du also fortgehen? Ich kann mich an ein- bis zweimal erinnern, wo ich ihm vorschwindelte, die Mutter habe es mir schon erlaubt. Aber das nutzte auch nichts... Meine Mutter wollte es mir meistens auch nicht erlauben, schob mich damit aber an den Vater ab. Manchmal stellte mir meine Mutter etwas Schönes in Aussicht, ...ich schöpfte neue Hoffnung, strengte mich noch mehr an bei beiden und scheiterte fast immer. Ich durfte nicht weg. So hast Du mich geschickt, und ich bin zwischen Euch beiden hin und her gelaufen. Leider habe ich mich nicht gegen Deinen Anspruch verwahrt, den Kontakt herzustellen... aber auch da bin ich gescheitert.

Meine Mutter drückte das anders aus. Sie sagte dann: »Du hast nicht richtig gefragt, Du bist ungeschickt, untaktisch, arbeite erst noch mehr«, und sie vertuschte damit, daß sie selbst es nicht wollte. Sie schob die Schuld dann meinem Vater zu.

Ich habe vor zwei Jahren die Gruppe verlassen. Ein paar Monate früher war mein Analytiker weggezogen. Mir ging es sehr schlecht damals... Ich fühlte mich sehr angewiesen auf Dich... ich hatte den Eindruck, ich war Dir zuviel. Ich fühlte mich vollkommen unverstanden... Tatsächlich hatte ich die Hoffnung, daß Du mich wenigstens für diese Zeit etwas intensiver aufnehmen würdest... Etwa ein halbes Jahr später begann ich meine jetzige Therapie bei Frau G. Die Zeit zwischen den beiden Einzeltherapien scheint mir auch heute noch für eine Trauerarbeit nötig gewesen zu sein. Ich habe mich auch nicht bei zwei Therapeutinnen gleichzeitig angemeldet, sondern mit drei Therapeutinnen eine erste Stunde vereinbart. Eine lehnte mich ab, und bei den anderen war die Entscheidung erst einmal schwierig. Es scheint mir ganz normal zu sein, so vorzugehen. Deine Darstellung hört sich so anders an... Jetzt zwei Jahre später kann ich sagen, daß es so gut war für mich, nicht mehr in die Gruppe zu gehen, so entlastend, befreiend. Als bei meinem Mann und mir der Wunsch nach einer Paartherapie auftauchte, vielleicht auf Deinen Vorschlag hin, war für mich klar, daß ich sie keinesfalls bei Dir machen wollte. Ich wollte zu jemand neutralem. Ich habe mich sehr lange damit auseinandergesetzt, was es bedeuten würde, zu Dir zu gehen. Ich dachte, Du kennst uns beide und es wäre sicher sinnvoll, wahrscheinlich hatte ich noch immer Erwartungen an Dich. Mein Mann sagte dann wieder, Du würdest es machen, und irgendwann fand ich es auch gut und dachte, ich würde mich damit arrangieren können. Dann wolltest Du es aber nur mit meiner Therapeutin zusammen machen, nach längerem Zögern war ich auch dazu bereit, meine Therapeutin aber nicht. Dann war ich einmal auf meinen Wunsch eine Stunde bei Dir, um darüber zu sprechen; da sagtest Du, ob wir es nicht doch lieber mit jemand neutralem machen sollten, da war ich wieder verwirrt, weil Du es früher doch anders angeboten hattest. Dann sagtest Du, Du könntest versuchen, uns zu helfen, jemand anderes zu finden. Aber dann wußtest Du niemand mehr. Meine Therapeutin gab mir mehrere Adressen ... ich machte einen Termin mit einem Therapeutenpaar, wo wir auch mehrmals waren. Ich habe mich nie geweigert, die Termine mit denen zu erneuern, im Gegenteil, mein Wunsch war es, dort weiterzumachen. Mein Mann hatte die Terminabsprachen übernommen, es aber nicht gemacht, trotz Nachfragen von mir.

Ich wollte schreibend einiges aus Deinem Text für mich richtigstellen. Deine Darstellung von mir ist nicht richtig, in Teilen ja. Alles, was Du über Spaltung sagst, damit kann ich wenig anfangen. Ich brauche jemanden, zu dem ich Vertrauen finden kann, jemanden, der mich achtet, der Zuneigung für mich empfindet, jemand, der mich anfaßt und mir sagt, wie ich mich anfühle, und daß ich manchmal hübsch angezogen bin. So daß ich lernen kann, wer ich bin, wo ich bin, wie ich mich anfühle, wie ich aussehe, so daß ich entstehen kann als Mensch ... Daß das Gift in mir weniger werden kann, daß ich mich stabilisere, nicht jedem Windstoß ausgesetzt bin und schwanke.

Ich traue Dir nicht. Ich habe das Gefühl, Du lockst mich ab und zu, um mich dann wieder fallenzulassen. Ich kann nicht sagen, ob ich Dich mit meinem Vater verwechsle, ich weiß nicht, wer Du für mich bist. (Nun kommt ein Zeitsprung, mit einer anderen Schrift, T. M.)

Die Geburt rückt näher, und endlich schaffe ich es, noch einmal auf Deinen Text einzugehen. Dein Brief und Dein Vortrag haben mich jetzt fast 3 Monate immer wieder beschäftigt. Es hat alles wieder an alte Verletzungen gerührt, viel Trauer, Wut, Ärger ausgelöst, auch immer wieder mal Hoffnung. Heute drängt es mich, es zu einem (vorläufigen?) Ende zu bringen, auch vor der Geburt unseres Kindes die Beziehung zu Dir »unerledigt« noch hier liegen zu haben. Lange konnte ich mich nicht entscheiden, Dir diese Seiten so zu überlassen, wollte sie korrigieren, in eine bessere Form bringen, sauberer ausdrücken, sie manchmal auch von tieferen Gefühlen wieder befreien, das will ich jetzt nicht mehr. Mitteilen möchte ich Dir noch, daß ich, als ich den Vortrag las und diese Zeilen schrieb, folgende Gefühle hatte. Zuerst dachte ich: »Ich bin Dir also doch wichtig«. Aber im weiteren Lesen den Nachmittag über hatte ich das Gefühl, daß mein Lebenslicht immer kleiner wird und ich das Überleben kaum noch schaffe. Allerdings war ich zu dieser Zeit mehr belastet mit äußeren Dingen, wie z. B. Kündigung, und auch in meiner Therapie mit schwierigen Themen.

Brief und Text beruhigten mich insoweit, als ich mich mit meinem Versuch, die Aufhebung der Spaltung zu betreiben, bestätigt fühlte. Auch wurde ein übergreifendes Arbeitsbündnis sichtbar, das mir Hoffnung machte. Einige Schwierigkeiten im Umgang mit der Patientin wurden mir noch einmal schmerzhaft deutlich: sie konnte ihre wachsende therapeutische Kompetenz zuweilen auch so benutzen, daß eine Art Deutungsverstrickung mit mir zustande kam. Sie fühlte sich dann vollkommen *mißbraucht durch meine neurotischen Störungen*. Wir waren in einem negativen Kokon gefangen, aus dem es ohne Dritten keinen Ausweg zu geben schien. Aber dieser oder diese Dritte waren lange nicht erreichbar, mindestens nicht für eine überbrückende Kommunikation.

Zweitens war es für mich immer wieder schwierig, mit ihrer Opferidentität umzugehen, wie mit dem hohen Potential, Konflikte zu induzieren, bei ihrer gleichzeitigen Bereitschaft, die »heilende« Kommunikation der Therapeuten zuzulassen. Man könnte insofern auch sagen: die Teilnehmer des therapeutischen Geflechts waren sicher nicht auf dem therapeutischen Niveau, das zu einer rascheren Lösung nötig gewesen wäre, um so mehr, als das symbiotische Übertragungsangebot zuerst an mich ging, statt an eine mütterliche Therapeutin, die für die Patientin damals aber unvorstellbar war.

Ferner wird aus dem Text deutlich, ein wie schwaches Selbst sich die Patientin selbst zuschreibt. Im Grund äußert sie noch nach jahrelanger Therapie Wünsche nach wortlosem Verstehen und liebendem Auf-sie-Zugehen, gleichsam eine Neuerschaffung von Geburt an, oder sogar früher, etwas, was die Transaktionsanalyse »Neubeelterung« nennt. Davon ist sicher einiges in der Einzeltherapie mit Frau G. realisiert worden, neben der Reifung und der Trauer über ihre frühe Entwicklung.

Ein Teil meiner Arbeit mit dem Mann bestand darin, ihn zu stärken in den wütenden Trennungskonflikten vom »idealen Ehemann«, den er lange Jahre glaubte sein zu müssen und zu können.

Die Inszenierungskraft bzw. das Ausmaß des Wiederholungszwanges liegen in diesem Fall auch darin begründet, daß das autonome Selbst bei beiden früh durch die Spaltungen und Aufträge bzw. den narzißstischen Mißbrauch in den Familien so geschwächt war, daß es sich nur in den Verkleidungen des falschen Selbst fühlte und sich dem jeweiligen Therapeuten als Rohstoff für dessen Neuschöpfung anbot wie für die Erlösungswünsche der Patienten. Die Kollusion des Paares bestand in der Fiktion der wechselseitigen Erlösung, mit den entsprechenden tiefen Gefühlen des Scheiterns. Rückblickend will es mir beim jetzigen Stand meiner Erfahrung scheinen, als »wäre« vielleicht schon ganz früh eine Paartherapie das beste gewesen, falls ich es erkannt »hätte« und die beiden dazu bereit gewesen »wären«.

Mit der Therapeutin Frau G. habe ich für die nächsten Tage ein Gespräch auf der Basis aller neuen inneren und äußeren Entwicklungen vereinbart. Das Baby ist da, das Paar ist glücklich, mit plötzlichen, aber viel kürzeren Abstürzen bei Konflikten um den richtigen Umgang mit dem Kind. Der Mann hat einige Wochen Urlaub genommen, um sich ganz der Familie, dem Nestbau, dem Sohn zu widmen.

1. Nachtrag

Vor dem angestrebten Gespräch mit Frau G. kam ein Brief von ihr, in dem sie mir mitteilte, sie habe sich, nach erneuter Lektüre des Textes wie des Briefes und des »Anhangs« der Patientin entschlossen, nicht mehr mit mir über die Therapie der Patientin bei ihr oder über die Paarprobleme zu sprechen und auch nicht eine gemeinsame Paartherapie ins Auge zu fassen. Falls das Paar weiterhin Eheberatung anstrebe, werde sie dazu raten, andere Kollegen aufzusuchen oder die abgebrochene Beratung wiederaufzunehmen.

Zunächst war ich sehr betroffen, dann dachte ich: keiner weiß, welches die beste Lösung ist, und vielleicht ist das Paar inzwischen stabil genug, um für die individuellen wie die Beziehungsprobleme eigene Formen der Lösung zu finden.

Das komplizierte Geflecht läßt viele Fragen offen. Ich erinnerte mich an ein wütendes Votum in Heidelberg, wie ich es wagen konnte, gegen Bezahlung so viel unklaren »Murks« vorzutragen. Es war mir ein Anliegen, ein verschlungenes, aber für die kommenden Jahre wahrscheinlich zunehmend wichtiges Problem darzustellen, anhand eines Falles, der meine Kompetenz so tief in Frage gestellt hat, daß die Frage nach dem interkollegialen Raum für mich unabweisbar wurde. Daß mir nicht nur das Problem, sondern auch die Patienten ans Herz gewachsen sind, mag der Leser gespürt haben. Vielleicht geht es wirklich um ein LOSLASSEN.

2. Nachtrag

Einige Monate später traf ich Herrn A., den Analytiker der Patientin, und wir tauschten rückblickend einige Gedanken und Gefühle zu dem therapeutischen Geflecht aus. Er versprach, mir seinerseits einige kommentierende Aufzeichnungen zu meinem Text, den ich ihm ebenfalls geschickt hatte, zukommen zu lassen. Ich habe aber nichts erhalten. Es blieb mir jedoch in Erinnerung, daß er sagte, er sei in der Tat der Kommunikation über die Therapie damals ausgewichen, weil er sich »nicht in die Karten gucken lassen wollte«.

Die Patientin hatte das Problem in einem späten Stadium ihrerseits einmal resigniert so bezeichnet: »Immer einer von euch kann oder will nicht beitragen zur Integration aller Fragmente, erst recht nicht, wenn ich es gerade wollte.«

Der ewige Jüngling im dunklen Brunnen

Piet Kuipers Autobiographie seiner Depression »Seelenfinsternis«

Es ist nicht gerade häufig, daß ein Psychiatrieprofessor und Psychoanalytiker über einige Jahre schwer depressiv wird mit psychotischen Wahnvorstellungen, seinen Beruf aufgeben muß, zweimal längere Zeit in psychiatrischen Krankenhäusern lebt, Medikamente pfundweise zu schlucken bekommt, nach vier Jahren geheilt ist und darüber ein Buch schreibt. »Lesbar für jedermann« sollte es sein und unzähligen Patienten helfen, nicht zu verzagen und ihr quälendes Leiden zu erkennen und als Krankheit anzusehen, die heilbar ist. Dies ist Piet Kuiper sicher gelungen. Aber zur Nachahmung einladend ist dieser langwierige Heilungsprozeß sicher nicht. Es wird auch mit keinem Wort in dem ganzen Buch danach gefragt, warum es so lange gedauert hat.

Ich habe ihn noch erlebt während meiner analytischen Ausbildung in Frankfurt, wo er als Lehrer, Supervisor und Missionar der Psychoanalyse, von der Internationalen Psychoanalytischen Vereinigung nach Germanien geschickt, den rechten Glauben verkündete: blond gelockt, Zuversicht ausstrahlend, fest auf dem Boden der Freudschen Lehre stehend, mitreißend predigend, die seelischen Störungen sicher ins klassische Koordinatensystem einordnend. Er war es gewohnt, wie er stolz in der »Seelenfinsternis« berichtet, daß man ihm auf großen Kongressen stehende Ovationen bereitete.

Und dann kam das Aus, mit dem Gefühl, bereits tot zu sein, verdammt, in der Hölle, sein Leben verpfuscht und seinen calvinistischen Glauben verraten zu haben, an eine gottlose Triebtheorie. Hatte seine fromme Mutter, deren einziger Sohn er war, nicht in symbiotisch-kämpferischer Verstrickung ihn beauftragt, wenn nicht Theologe, so doch ein christlicher Professor der Psychiatrie zu werden? Abtrünnig hatte er sein Heil in einer scheinbar würdigeren Religion gesucht, der Psychoanalyse.

Der Familienhintergrund ist tragisch, Demenz und seelisches Verdämmern kommen in beiden Zweigen vor. Als die Krankheit ihn ereilt, sitzt Kuiper an seinem Hauptwerk, dem »magnus opum«, genannt »Summe der Psychiatrie«, vielleicht an Thomas von Aquin erinnernd, der die Theologie seiner Epoche zusammenfassen wollte.

Wie beurteilt man als schreibender analytischer Kollege, der auch eine Weile unbewußt den neuen Wein der Psychoanalyse in die alten Schläuche früher Frömmigkeit gegossen hatte, ein solches Buch? Nach welchen Kriterien, wenn man sich der eigenen Ambivalenz der klassischen analytischen Lehre gegenüber bewußt ist und depressive, wenn auch nicht psychotische Phasen kannte? Es bleibt ein Stück subjektiver Enttäuschung.

Eine Virusgrippe hatte den gesunden, gebildeten, malenden, glücklich verheirateten Mann erwischt, sozusagen im Zenit des Lebens. Er nennt diese Krankheit die fundamentale Schwächung, die zum psychischen Dammbruch führte und zum Sturz in den Abgrund, in dem er sicher war, daß auch Gott ihm nicht mehr helfen könnte. Hinter dieser Aussage scheint eine Anthropologie zu stecken: daß bei allen Menschen hinter der »Sperre« die nicht aufzuhaltende Flutwelle der Panik und des Wahnsinns lauert: »... wenn man einigermaßen gesund ist, verfügt man über Techniken, um die Angst und den Schmerz zu unterdrücken«, sagt der durchanalysierte Psychotherapeut. Wenn der Damm bricht, aus welchen Gründen auch immer (Schwächung, Kränkung, Leid und Krankheit), dann gelten andere, verrückte Gesetze der Seele. Aber es bleibt unklar, wie Körper und Seele dabei kooperieren oder sich streiten.

Es war mutig und verdienstvoll, dieses Buch zu schreiben. Kuiper ist um Aufrichtigkeit bemüht, und sie gelingt ihm auch über weite Strecken. Und dennoch schwankt das Buch zwischen Aufdecken und Verhüllen. Der analytisch orientierte Leser schwankt zwischen Mitgefühl, Bewunderung und Irritation. Es wird auf der naturwissenschaftlichen Seite zu wenig darüber mitgeteilt, wie man sich die Wirkung der Medikamente vorstellen soll, die ja einen Prozeß beeinflussen sollen, der sich in seelischer Verrücktheit und Panik zeigt. Und auf der Seite der analytischen Erhellung macht Kuiper auch viel zu früh halt, so daß man sich unwillkürlich ertappt, die Deutungen zu vertiefen, die er sich doch verbeten hat von außen. Am dankbarsten scheint er dem Klinikskollegen, der ihm während seiner zweiten Hospitalisierung wohl intuitiv die richtigen Medikamente gab; dann dem Seelsorger, mit dem er entlastende theologische Gespräche führte, wie dem Maltherapeuten, der seinem aufgewühlten Innern half, wieder Strukturen zu finden. Und natürlich seiner Frau und den Freunden.

Was Kuiper nie äußert, aber was doch zwischen allen Zeilen hervorquillt als die Grundkränkung eines Analytikerlebens auf herausgehobenem Posten, sind die Zweifel an der Wirksamkeit der klassischen Psychoanalyse, die er selbst durchlaufen hat bei einer ehrwürdigen Dame, die noch von Freud selbst analysiert wurde, und der er, und vermutlich viel zu rasch, in enger Freundschaft verbunden war. Stolz erzählt er, daß er sie später eigenhändig zur Ehrendoktorin weihen durfte. Man kann sich schwer vorstellen, daß er bei ihr wirklich hat durcharbeiten können, was an Haß und Verstrickung und symbiotischer Liebe in ihm steckte aus einer Mutterbeziehung, die er so charakterisiert: »Als ich durch Krankheit, Fieber und Kopfschmerzen geschwächt war, erhob sich meine Mutter in meinem Innern und erschlug mit ihrer Axt mein Seelenleben... Offensichtlich war sie, trotz all meiner Versuche, die Welt anders zu sehen als sie, in meinem Innern noch immer lebendig geblieben.« Er war ihr ein und alles und ihr Sorgenkind, ihr Mülleimer, ihre religiöse und narzißtische Hoffnung. Nicht nur *ein* Freund oder Kollege meint, Kuiper habe in seinem Leben die Religion durch die Psychoanalyse ersetzt. Frage: Wo in seiner Seele saß die Mutter, während er noch gesund und ein strahlender Professor und international gefragter Prediger war? Kein Wort wird darüber verloren, wie er in seiner Analyse mit solchen Fragen umgegangen war. Es wird nur angemerkt, daß er bei beginnender Depression wieder zur analytischen Mutter zurückkehrte, was sich aber als komplett wirkungslos erwies. Die Lehranalyse scheint den Jüngling zwar zum Jünger gemacht zu haben, aber in die Kellerräume seines Herzens ist sie vermutlich nicht gedrungen. Also lieber schwere Krankheit als theoretische und klinische Zweifel am Gipfel eines der rechten Lehre gewidmeten Berufslebens.

Die zweite, immer wieder aufscheinende Lücke der Aufrichtigkeit taucht auf bei den Hinweisen auf die eigenen homosexuellen Anteile, die ja durchaus neben einer gelebten Heterosexualität bestehen können. Auch hier viele aufrichtig scheinenden Andeutungen, Hinweise auf Freundschaften mit Männern, die ihrerseits homosexuelle Beziehungen pflegten. Aber nichts über die Dynamik in seinem Inneren. Nur, daß er früh ein Buch über Homosexualität schrieb, in dem er sie als Perversion deklarierte, worüber er sich später sehr schämte.

Auch die religiöse Problematik muß jahrelang nur geschlummert haben. Aber wo ruhte sie, während er schon Lehranalytiker und Reiselehrer der Freudschen Lehre war? Schon nach einigen Monaten eigener Analyse konnte er der Religion der Mutter fast schmerzlos ade sagen, er hatte ja die bessere Variante gewählt. Aber so leicht ist eine so tiefe Verstrickung nicht zu verabschieden. Ihre Abwehr stellt eine enorme Leistungskraft zur Verfügung, um die Gültigkeit der Ersatzreligion im aufgeklärten psychologischen Gewand zu verkünden.

Kuiper ist sich im klaren, auch in Diskussionen mit Freunden, daß er aus einem zutiefst körperfeindlichen Milieu stammt. Er hat es in der Psychoanalyse wiedergefunden, ohne je an deren Prüderie zu zweifeln. Aber durch die Hintertür, in der psychotischen Depression, schleicht sich das Thema ein. Nur ist klar, daß die Kollegen und Kliniken, die ihn betreuen, außer Pillen, Seelsorge, Malen und Gesprächen nichts zu bieten haben. Vielleicht wären sonst vier Jahre Umnachtung wirklich nicht nötig gewesen. Nach einer Nacht in der Klinik, in der die mörderische Aggression, von der sonst nirgends die Rede ist, sich Bahn bricht, wird einfach die Medikation verändert, während er immerhin ahnt, daß kräftiger körperlicher Halt ihm vielleicht helfen könnte. Der Angriff erfolgt mitten aus dem Gefühl des Totseins und der Selbstquälerei heraus: der Pfleger, der an seinem Schachcomputer sitzt, »sah mit fragendem Blick auf. Es war ganz still. Ich ging langsam auf ihn zu und griff ihm mit einer schnellen Bewegung nach der Kehle.« Der Pfleger überlebt, der Patient hat am nächsten Morgen alles vergessen. Nur so viel weiß er: »Ich will in einen Pavillon ... mit einer Isolierzelle, in der ich höchstens mir selbst, aber keinem anderen Schaden zufügen kann. Am liebsten auf eine Abteilung, in der zwei stämmige Pfleger Nachtdienst haben.« Im Kampf mit ihnen wäre vielleicht etwas herausgekommen von der nach innen gekehrten Verdammungswut und dem negativen Größenwahn (ich bin an allem schuld), vom Haß auf die Mutter und der Enttäuschung über die Wirkung der Psychoanalyse. Der Arzt aber sagt kurz und bündig: »Daraus wird nichts.« Und setzt die reichlichen Valiummahlzeiten ab. Ohne die gewohnten Mengen an angsthemmenden Mitteln aber meldet sich überdeutlich der Körper, doch auch darauf wird nicht sehr achtgegeben: »Mein Körper verursachte mir die verschiedensten schrecklichen Empfindungen ... Es war, als stünden meine Knochen in Brand, als gäbe es keine Verbindung zwischen den einzelnen Körperteilen. Arme und Beine scheinen aus Plastik.« Will man nicht annehmen, daß das göttliche Fegefeuer in ihm wütete, so würde man heute doch annehmen, daß das eventuell etwas mit der Geburtssituation oder mit einem in früher Kindheit geschädigten Körperbild und Körperempfinden zusammenhängt. An einigen Stellen schreit der Körper nach Halt, die selten erwähnte Wut nach Widerstand und Grenzen. Aber es gibt keinerlei Überlegungen zur Wut, zum Mordimpuls, zum Grund für die Umkehr der Aggression in Depression.

Noch einmal wird gegen Ende der Körper kurz erwähnt in Zusammenhang mit dem Atem, aber natürlich wieder ohne jede therapeutische oder theoretische Konsequenz: »Ohne Atem können wir kein Wort herausbringen. Der Atem verbindet Körper und Geist. Was ist Beklemmung, auch durch Angst und Depression, anderes, als daß wir nicht mehr frei atmen können?« Kein Wort von der langen Geschichte der Atemtherapie.

Das Buch ist ergreifend geschrieben, einschließlich des hohen Liedes der Maltherapie wie der zum Teil ausgefallenen Medikamente. Was unbefriedigt läßt, ist, daß sowohl der naturwissenschaftliche Psychiater wie der Analytiker abgedankt haben und die dichtesten Komplexthemen mit einigen gängigen Hypothesen mehr zugedeckt als erhellt werden. Solange der Jüngling, so meine Hypothese, bis in sein sechzigstes Jahr erfolgreich blieb mit seinem Glauben an die Ersatzreligion klassische Analayse, und nicht Bilanz machen mußte, so lange ging es gut mit dem auch psychoanalytisch »gefestigten Damm«. Oder, wie Kuiper selbst schreibt: die Frustrationen, »diese Angriffe auf meine psychische Organisation konnten deshalb eine so starke Wirkung entfalten, weil es in ihr einen schwachen Punkt gab. Mit meinen Vorstellungen von ewiger Jugend und Unsterblichkeit wollte ich heftige Ängste vor Tod und Hölle unterdrücken... als dieses Gebäude erschüttert wurde, überfielen mich panikartige Ängste, die zur Psychose führten.« Die Genesung kommt nach langem Leiden zustande (wobei Kausalitäten schwer zu fassen sind), als ihn ein erfahrener männlicher Maltherapeut, den er bewundert, anleitet beim Malen, eine Aktivität, die er immer als Auflehnung gegen die Mutter erlebt hatte und ihren Auftrag, ein berühmter Professor zu werden.

Das Buch ist 1988, kurz nach der Genesung geschrieben. Weder in den beiden psychiatrischen Kliniken noch bei den psychoanalytischen Erwägungen scheint die Funktion der elementaren Affekte (etwa der mörderischen Wut) wie des Körpers auch nur angesprochen worden zu sein. Was Wunder, daß in diesem lesenswerten Buch eines Psychiaters und Analytikers über seine Depression die subjektive wie die objektive Bilanz von Psychiatrie und Psychoanalyse so erschütternd mager ausfallen? Das letzte Wort am Ende hat ohnehin der Prediger im Autor, dessen nachdenklicher Blick auf Blumen fällt: »Schauet die Lilien auf dem Felde, wie sie wachsen; sie arbeiten nicht, auch spinnen sie nicht. Ich sage euch, daß auch Salomo in aller seiner Herrlichkeit nicht bekleidet gewesen ist wie derselben eins.«

Um es eher unverblümt zu sagen: die Sympathie mit dem Autor wächst auch noch beim zweiten Lesen, aber ebenso die Zweifel an einer so abgestandenen Psychoanalyse, wie sie in diesem Buch aufscheint, und aus der heraus er klinisch-therapeutisch vielleicht zeitlebens nicht mehr nach links und rechts geschaut hat. Denn die Teilhabe an der Offenbarung war ja gesichert. Wohl nicht zu unrecht zitiert er aus einem Brief an einen Freund nach der Katastrophe: »Du hast recht, wenn Du sagst: ›Hättest du diese Krankheit nur fünfzehn Jahre früher bekommen.‹« Vielleicht hätte sich die Kluft zwischen Psychoanalyse, neueren Therapieformen und der Fülle der Psychopharmaka ein wenig verengt.

Piet C. Kuiper, »Seelenfinsternis. Die Depression eines Psychiaters«. Frankfurt 1991.

Über die Monster in den Kellern der Neurose

Bericht über den zweiten Heidelberger Kongreß über Geburtspsychologie

Auch Neurosen können ihre unterirdischen Gelasse haben. Treppen ins Dunkle, Giftmülldeponien aus früheren, oft kriegerischen Epochen, von denen die Bewohner im Parterre der Depression und in der Bel-Etage des Ödipuskonflikts zunächst meist nichts ahnen. Es stinkt und rumpelt oft nur, gewöhnlich nachts, in dem Haus, das die Makler der klassischen Sprachpsychoanalyse als lehrbuchmäßig bewohnbar ansehen, nach einer konventionellen Sanierung oberhalb der normalen Erdhöhe. Auf ihrer ersten Tagung im vergangenen Jahr in Heidelberg hatte die deutsche Sektion der »Internationalen Studiengemeinschaft für pränatale und perinatale Psychologie und Medizin« (DSPPM) sich noch mit der Existenz, der Wahrnehmung und Erforschung prä- und perinataler seelischer Schädigung beschäftigt. Die zweite Tagung im Juni 1990 stand ganz im Zeichen der Therapiemöglichkeiten, die unterschiedliche Schulen anbieten, nachdem sich die klassische Psychoanalyse schon sehr früh wieder aus diesem Kontinent zurückgezogen hatte, um sich ganz der Welt der vorwiegend sprachlich organisierten und faßbaren Konflikte anzunehmen. In den meisten Psychoanalysen, auch mit schwierigsten Patienten, wird nicht einmal danach gefragt, wie die Geburt verlaufen sei, obwohl nach vorsichtigen Schätzungen bei schweren seelischen Störungen mindestens 20 Prozent der Patienten bereits durch Traumatisierung vor und während der Geburt angeschlagen ihren Weg ins Leben antreten. Die Traumen sind oft so massiv, daß sie gar nicht verarbeitet werden können: das Kind hat sie »überlebt, aber nicht bewältigt«, und es kann nicht anders als versuchen, sie einzukapseln oder einzumauern, was immer nur unzureichend gelingt. Es gibt nicht einmal Halbwertszeiten für die Ausstrahlung solcher Schäden in das Lebensgefühl und die Fähigkeit zur Lebensbewältigung. Im Gegenteil: wenn die Vitalkräfte nachlassen und die Abwehrbarrieren lockerer werden, bricht manches auf, was hinter der Wand der »Urverdrängung« definitiv ausgegrenzt schien.

Es wäre ungerecht, aus der Fülle der meist spannenden Vorträge mit Fallbeispielen, die schon bald als Sammelband zugänglich sein werden, einzelne hervorzuheben. Deshalb seien allgemeiner die

Trends hervorgehoben, die bei der therapeutischen Bewältigung des »Unsäglichen« sichtbar wurden.

Beginnen wir mit dem analytischen, berührungsfreien Zugang zu solch früh traumatisierten Patienten, die eine extreme Unwirtlichkeit des Uterus, der uns doch als Urbild des Paradieses gelten will, überlebt haben (Abtreibungsversuche, Krankheiten oder Süchte der Mutter, schwere Kriegseinwirkungen während der Schwangerschaft, seelische Ablehnung, extreme Ehekrisen, Depression oder Geisteskrankheiten usw.), und die auch bei einer extrem schwierigen Geburt nicht gestorben sind (Ersticken durch Steckenbleiben oder Nabelschnurverschlingungen, Frühgeburt, enger Kanal, Verkrampfung der Mutter, Kälte, Erkrankung usw.). Sie versetzen oft den Therapeuten, trotz aller geduldigen Zuwendung, in die Rolle einer schlechten Mutter, die es einfach nicht recht machen kann. Sie fühlen sich verfolgt von ihr, mißverstanden, abgelehnt, unzureichend behandelt. In der Gegenübertragung, also der Reaktion des Therapeuten auf solche negativen Wahrnehmungen, bilden sich Hoffnungslosigkeit, Schuldgefühl, Versagensangst. Aber schon aus ihrer Stärke müßte er, so einige analytisch orientierte Psychotherapeuten, auf frühe Schädigungen vor oder während der Geburt schließen. Nicht danach zu fragen oder sie einzubeziehen, wird schon sehr bald als Kunstfehler gelten, wohl zu Recht. Die Orientierung wird erschwert, weil die meisten Mütter, die, zu ihrem eigenen Kummer, »nicht gut geboren haben«, oft eisern über Abtreibungsversuche und schwierige Geburten schweigen. Die Scham überdeckt hier vieles, aber es war eindrucksvoll zu hören, wie in einem gemeinsamen Gespräch einer Therapeutin mit Mutter und Tochter die Mauern des Schweigens fielen und auch zutage trat, wie sehr das verschwiegene Leid unterirdisch die Beziehung weiter gestört hatte. Schon rein inneranalytisch gibt es Untervarianten der therapeutischen Zuwendung: sprachliches Erfassen der Geburtserlebnisse, die sich sowohl in typischen Träumen wie in undefinierbaren Schmerzen und Krämpfen andeuten können; aber auch ein Zur-Verfügung-Stellen des eigenen Körpers, ohne Berührung, als einen *Raum des Mitleidens*, also eine Ausdehung der Einfühlung auf den Körper, was dann fast einer leichten Erkrankung des Therapeuten gleichen kann. Es gehen feine Energieströme hin und her zwischen den beiden, die sprachlich erst später faßbar und dennoch intensiv gefühlt werden als organismische Verbindung. Der Therapeut wird dann zum Uterus oder zum Fruchtwasser, lange, bevor er später, teilweise oder ganz, eine Person und als solche wahrgenommen wird. Balint nannte es die nährende Substanz.

Ein weiterer Trend, in Dias, Bildern, Gedichten und Plastiken dokumentiert, ist die gestaltungstherapeutische Aufarbeitung, die sich aber mit den anderen Therapieformen kombinieren läßt. Die Patienten versuchen im Laufe der Therapie, die inneren Schrekkensbilder darzustellen und damit das Bewältigen nachzuholen, das dem hilflosen Fötus oder Säugling nicht möglich war. Der Therapeut ist dann wissender und fühlender Zeuge, wie sich die Urgefühle bebildern. Denn das Grauen der Ohnmacht ist es, das am schwersten auszuhalten war, die absolute Hilflosigkeit, die eintritt, wenn die lebensbejahende Wechselseitigkeit zwischen Mutter und Kind verloren ging, wenn aus einem normalerweise »geburtsaktiven Kind« das Objekt überwältigender Vorgänge wurde, und aus der hervorbringenden Mutter ein Objekt medizinischer Zwangsmaßnahmen, die dennoch absolut notwendig und lebenserhaltend sein können. Auf viele normale und schwierige Geburten erfolgt ja oft noch einmal der Entzug der heilenden Nähe zwischen Mutter und Kind, wenn die beiden getrennt werden und sich nicht miteinander beruhigen, sich beruhigend aneinander gewöhnen können, unterstützt von Vätern, die sich mit auf die Geburt vorbereitet haben.

Über das Neugeborene auf dem Bauch der Mutter gibt es inzwischen Filme, die den Unterschied des Eintritts ins menschliche Zusammenleben ergreifend dokumentieren: Herzschlag, Wärme und Stimme der Mutter bilden ja eine Brücke der Kontinuität nach der elementaren Trennung der Geburt. Der sichere Halt auf ihr scheint eine von der Natur geschenkte Erholungskur, die bereits in den ersten Stunden einen Teil des »Super-Streß« schwerer Geburten ausheilen kann.

Diese Zusammenhänge nutzt eine weitere Schule der Geburtspsychotherapie, die vor allem ruhiges Halten zur Ausheilung anbietet. Die durcheinandergeratenen Energieströme im von Panik aufgewühlten Körper können sich so allmählich ordnen und beruhigen. Der Körper des Therapeuten bildet einen »Behälter« für Schmerzen, die zu groß waren, um sie zu fühlen und als Schmerz, nicht als überwältigende Katastrophe wahrzunehmen. Wimmern und Schreien, als elementare Reaktionen, sind dabei zugelassen und werden ermutigt.

Weitere Methoden sind: das Zurücksinkenlassen des Patienten auf die Ebene des Traumas, einzeln oder in Gruppen, mit dem erneuten Durchleben der »Urschmerzen«, die im Schutz des Settings allmählich aushaltbar werden, wobei es oft zu Bewegungsstürmen kommt, die die unterdrückte oder unmögliche Gegenwehr nachholen. All dies sind Vereinfachungen, und die Methoden mischen sich auch. Wichtig ist, daß der Therapeut zu seiner eigenen Kompetenz findet, dem methodischen und seelischen Instrumentarium, das ihm am meisten entspricht und mit dem er den Patienten am sichersten erreicht. Denn auch die Therapeuten müssen Ängste aushalten: zu nahe sind viele der ausgedrückten Erlebnisformen am Wahnsinn und am Ausdrucks- und Bewegungschaos.

Weitere Schulen bieten inszenierte Wiederholungen der Geburt an, ermöglichen aber, inmitten der starken Regression, »Alternativen« des Ausgangs, also heilsame Varianten des Verlaufs, die die Körper-Engramme des ursprünglichen Traumas ermäßigen und allmählich überlagern können. Ein Beispiel: eine Gruppe bildet den Uterus nach und den Geburtskanal, und das Hindurchwinden wird zu einer Zusammenarbeit, in der der Patient auf einmal schwankt zwischen Erstarrung und neuer Hoffnung, weil er die Wirkung seiner eigenen Aktivität spürt. Schmerzhafte Hilflosigkeit erzeugt elementaren diffusen Haß, und er soll auch ausgedrückt werden, weil er sonst ebenfalls unterirdische Kammern im Körper füllt und viel Energie verbraucht zu ihrer ständigen Einkapselung. Bei allen diesen Therapieformen sorgt der Therapeut dafür, daß der Zusammenhang zwischen reinen Körpererinnerungen, die sich oft nur im Handeln im therapeutischen Raum wieder aktualisieren, und dem System der bewußten Verarbeitung hergestellt wird. Einzelne Patienten haben auf dem Kongreß mit bewegten und bewegenden Berichten ihren erneuten »Durchgang« durch die Geburt geschildert, und es war Mut notwendig, um sich mit einem solchen vermeintlichen »Makel« einer traumatischen Geburt einer größeren Öffentlichkeit zu stellen. Einige Therapeuten hatten Videos von ihrer Arbeit mitgebracht, und auch den abgebrühtesten unter den Verächtern des neuen Kontinents der Therapie, die allerdings nicht zahlreich gekommen waren, wurde deutlich, daß die Patienten sich in elementare Bereiche des frühen Grauens hineinwagten, um sich der »mitgeschleppten Basis-Defekte«, die in ihre sonstigen seelischen Störungen eingelagert waren, allmählich zu entledigen. An Neurose bleibt dann oft noch genug für die spätere Aufarbeitung.

Woher kommen unsere Gefühle?

In der modernen Embryologie, in der perinatalen Medizin, in der Mythologie wie in manchen Formen der modernen Psychotherapie spielt das Erlebnis der Geburt eine herausragende Rolle. Auch der frühen Psychoanalyse war das Thema geläufig, Sigmund Freud sah in der Angst während der Geburt die Urform aller menschlichen Angst. Vor kurzem hat der Heidelberger Psychoanalytiker Ludwig Janus in einem Buch mit dem Titel »Die Psychoanalyse der vorgeburtlichen Lebenszeit und der Geburt« den ganzen Reichtum von Theorie und Forschung dargestellt, der in der offiziellen Psychoanalyse quasi unterirdisch angehäuft wurde und auf Sichtung und Anwendung wartet. Seit Arthur Janovs Urschreitherapie und den sogenannten Primärerlebnissen, durch die der Patient wieder zu gehen hat, um wirklich frei zu werden und seine Energie nicht im Niederhalten der Urschmerzen zu vergeuden, ist das Wiedererleben der Geburt als *eine* Form der Auseinandersetzung mit der eigenen Herkunft auch allgemeiner bekannt geworden. Längst gibt es eine interdisziplinäre internationale Gesellschaft für die Psychologie der Geburt. Ihr deutscher Zweig hielt im Juni 1990 in Heidelberg seine zweite Jahrestagung zum Thema: Wie gehen die verschiedenen psychotherapeutsischen Schulen mit dem Erlebnis der Geburt um und helfen bei dessen Aufarbeitung, wenn die Geburt zum Trauma wurde?

»Das Trauma der Geburt«, so hieß das aufsehenerregende Buch von Otto Rank von 1924, das Freud zunächst begrüßte, später aber als unseriös und überzogen verdammte. Ranks Fehler war vielleicht, daß er zu viele Phänomene mit zu wenig konkreter Forschung aus dem Erleben der Geburt herzuleiten suchte.

Ich selbst bin ein Betroffener, habe dies aber einige Jahrzehnte lang nicht wissen wollen, selbst auch in den langen Psychoanalysen nicht, in denen ich, wie ich heute weiß, auch von den Folgen dieser Geburt Linderung oder gar Heilung suchte. Die Therapeuten haben mitgespielt in der großen Ausblendung. In der Familie wurde geschwiegen. Genaueres habe ich erst erfahren, als meine Mutter tot war. Sie selbst hat nie ein Wort darüber verloren, daß wir beide fast gestorben wären, nach einem vier Tage währenden qualvollen Prozeß.

Dann habe ich in Seminaren von Körpertherapeuten den Durchgang durch die eigene Geburt bei anderen Teilnehmern gesehen, später bin ich in Begleitung des amerikanischen Körpertherapeuten Albert Pesso selbst einige Male durch Teile meiner Geburt gegangen, und es haben sich nie aufgehellte körperliche Verkrampfungen und Erschöpfungszustände gemildert. Noch später hat mich ein Schüler des großen Geburtsforschers Stanislaf Grof ein Stück weiter begleitet, ein anderes Mal ein Schüler von Baghwan. Die eigenen Psychoanalysen haben diese fundamentalen Verschüttungen am Beginn des seelischen Lebens nie berührt.

Trotzdem bin ich mit ganzem Herzen Psychoanalytiker, habe inzwischen aber auch gelernt, andere Menschen durch ihre Geburt zu begleiten, oder durch spätere körperliche Zustände, die an Heftigkeit denen der Geburt gleichen. Den Griff der Zange spüre ich oft immer noch an meinem Kopf, aber er hat sich gemildert. Vor knapp zwei Jahren ging ich für drei Monate in eine psychosomatische Klinik, weil die Kieferkrämpfe und die nächtliche Panik, verbunden mit Schlafstörungen, unerträglich geworden waren. Mit einem Mitpatienten zusammen, der an ähnlichem litt, fanden wir Formen des Haltens heraus, die ein allmähliches Abtragen des im ganzen Körper als elementares Gefühl gespeicherten Erlebens förderten. Nach der Entlassung wagte ich mich zum ersten Mal daran, mich mit dem Erleben und den oft schrecklichen Körpererinnerungen schriftlich auseinanderzusetzen, auch mit der abgründigen Beziehungsform, in die die Geburt mich mit der Mutter brachte, und die einen dunklen Untergrund für die weitere Gefühlsentwicklung bildete. Aus diesen Aufzeichnungen in der Form eines Briefes an die Mutter möchte ich ein paar Abschnitte zitieren: »Liebe M., mehr als dieses M. kann ich dir nicht zukommen lassen, es ist die Abkürzung deiner Berufsbezeichnung... Wenn ich morgens um vier oder fünf aufwache, mit verkrampftem Kiefer, blutleerem Kopf, verkrümmt, als wäre ich ein paar Tage verschnürt gewesen, mit schmerzenden Fersensehnen, die ich erst dehnen muß, um stehen zu können, dann bist du ganz nah, du und der tägliche nächtliche Fluch, die Heimsuchung, die Folterration, der das Überleben abgerungen werden muß.

Du wolltest mich ums Verrecken nicht freigeben, als ich zur Welt sollte oder wollte. Vier Tage hast du gegen mein Erscheinen gekämpft. War es aus Angst, es zerreißt dich? Aus Schrecken vor dem, was du ausgebrütet haben könntest? Denn inzwischen weiß ich, daß auch du, trotz deiner von vielen gerühmten Gelassenheit, von inneren Monstern bewohnt warst, die du täglich niederhalten mußtest, durch Strenge, durch Glauben, durch Kontrolle, durch hohe Grenzmauern gegen alles, was sie hätte wecken können.

Oder war es die Angst, es könnten inmitten der Schmerzen doch noch verräterische Laute der niedergehaltenen Lust anzeigen, daß auch du ein sinnlicher Mensch warst, wenn auch nicht freiwillig, so doch unter den extremen Bedingungen des Gebärens? Oder wolltest du den Zustand der Schwangeren nicht aufgeben und dich aufteilen müssen in zwei, wo du doch so schön verdoppelt warst durch mich in deinem Bauch, auch an Würde? Wer war ich für dich in deinem Bauch? Ich nehme an, du warst erschrocken über deine Phantasien, zum Wunderbaren wie zum Schrecklichen hin. Nur die herkömmlichsten, ohne Scham sagbaren Bilder wirst du deinem Mann mitgeteilt haben.

Dein Leib kann auch verschlossen gewesen sein, weil du das Ausmaß an Stolz und Freude nicht glaubtest ertragen zu können. Denn Säuglinge hast du zehn Jahre lang, zu Dutzenden, vielleicht zu Hunderten gepflegt und gewickelt und unter dem affigen Stolz gutbürgerlicher Eltern gelitten, die sich für einige Wochen oder Monate eine Pflegerin leisteten. Und nun sollte, nach zehn Jahren des Wartens, auch des Neides, der Bewunderung, das erste eigene kommen, als Zeugnis des Segens, aber auch der unerträglichen Sexualität. Wolltest du *zehn Kinder haben*, um all die von dir gepflegten Mütter zu übertreffen? Und konntest schon das erste nicht freigeben aus deiner Umklammerung, so daß man es dir künstlich entreißen mußte? Wenn ich diese deine erste Geburt von weit weg, aus großem Abstand, und quasi nicht als dein Sohn betrachte, dann tust du mir unendlich leid, weil so viel Qual und Leid nicht einmal in dem dir wohlvertrauten Bibelwort enthalten sind: »Unter Schmerzen sollst du deine Kinder gebären.« Dort steht doch nichts von Todesangst, Verstümmelung und der Furcht, ein Ungeheuer komme zum Vorschein, in dir und im Kind, und das beste wäre, es zu erwürgen in dem entsetzlichen Kanal und dabei selbst unter Qualen zu sterben. Denn davon bin ich überzeugt: daß du längstens am dritten Tag des Grauens nicht mehr sein wolltest und heimlich um Erlösung gebetet hast. Gott hat sie dir verweigert, und das hat sicher den Keim dafür gelegt, daß du nur wenig später, als dein Mann auf den Tod erkrankte, für *dich* nicht mehr geglaubt hast, nur noch für andere, damit wenigstens sie einen Halt hätten, wo du doch ohne Halt auskommen mußtest. Und du wolltest es auch. Das »Ein feste Burg ist unser Gott« galt nur noch für die Burg deines Herzens, die uns allen verborgen blieb, nicht mehr für eine vertrauensvolle Beziehung zu Gott.

Als ich fünfzig war und das nächtliche Grauen nicht mehr aushielt, als ich mich, nach zwei Jahrzehnten Psychotherapie, in eine Klinik rettete, weil ich das Ohrensausen, das Zerdrücken des Kopfes, die Panik eines unendlichen Steckenbleibens nicht mehr ertrug, da schrieb mir die Tante, die in den Tagen unseres Kampfes gegeneinander dabei war, aus ihren Erinnerungen an die Zeit dieser Geburt:

»Am Sonntag begannen die Wehen, und ich bin spätabends zur Hebamme ins Dorf gegangen ... sie war dann eine Zeitlang da und kam am anderen Morgen wieder. Sie konnte nichts machen. Wann dann der Arzt kam, weiß ich nicht mehr, jedenfalls zog sich alles sehr lange hin. Vorwürfe mache ich mir heute noch, daß deine Mutter bat, ihre Mutter möge kommen aus einer entfernten Stadt, und wir das ablehnten. Am Donnerstag ließ der Hausarzt einen Professor aus X. kommen, der nahm sie mit in seine Klinik. Er sagte: ›Für die Frau garantiere ich, aber nicht für das Kind, nach der langen Zeit!‹ Warum man nicht am 2. oder 3. Tag einen Kaiserschnitt gemacht hat, ist mir unverständlich bis heute. Um welche Zeit du ›geholt‹ wurdest, weiß ich nicht mehr ... Am Freitag fuhren dein Vater und ich ins Krankenhaus und da brachte eine Schwester gerade 3 oder 4 Säuglinge aufeinandergestapelt in das Zimmer, wir erkannten dich aber sofort an deinem dunklen Haarschopf, du warst der unterste. An einem der Tage vorher sagten wir untereinander: das Kind will nicht ins Leben! Dein Vater war übrigens auch eine Zangengeburt nach 2 oder 3 Tagen. Wann wir Mutter und dich nach Hause holten, weiß ich nicht mehr ... Mutter sagte unterwegs noch: ›Hier haben wir einen Garanten für den Führer!‹«

Der letzte Satz, von dem ich nie gehört hatte, hat mich am meisten erschüttert, weil ich dich immer für immun hielt gegen die Nazis, anders als meinen Vater, den frühen SA-Mann; so wie dein Vater, der Pfarrer, immun war gegen die Begeisterung seines einzigen Sohnes für den Führer. Lange habe ich versucht, dir, liebe M., den Satz als nur voll bitterer Ironie hingeworfen zuzurechnen. Inzwischen aber glaube ich, daß angesichts der Schwere der Geburt, und da dein religiöser Glauben längst wankte, du einen höheren »Zeugen«, eine sinngebende Gestalt dringend brauchtest.

Du wolltest also das schwer geborene Kind auf einem Altar so hingebungsvoll darbringen, daß dir auch der Führer dafür recht war. Ja, er scheint gerade durch die extremen Schmerzen in deine Seele eingedrungen zu sein und eine letzte Weigerung überrumpelt zu haben. Schließlich brachte dich eine solche Weihung an den Führer auch deinem Mann näher.

Denn in der Bibel ist nicht von Heldenmüttern die Rede. Also ist der Führer doch heimlicher Pate. Der Großvater taufte mich zwar, mit einem Spruch, der mich unter Gottes Kinder einreihte, aber du hattest mich vorher schon heimlich und in kleinstem Kreis im nächtlich heimkehrenden Auto, das ein Vorgesetzter des Vaters und strammer Nazi fuhr, umgewidmet.

Du konntest wohl gar nicht anders, als in der Qual der Geburt einen Hinweis auf Außergewöhnliches zu sehen, und deshalb muß ich damit umgehen, daß in jener mehrtägigen Zerreißprobe zwischen uns meine Haut geätzt wurde mit einem Fluch und einem Auftrag, auch wenn wir später beide nichts mehr davon wissen wollten.

Der Griff der Zange am Kopf, der in Fleisch und Knochen eingegrabene Schmerz, hat sich gemildert, auch der Biß der nächtlichen Panik und die konvulsivische Krümmung und das Erstarren des Körpers. Versuche ich aber im heilenden Atmen das Monströse anzugehen und weiter zu mildern, dann wird das frühe Steckenbleiben, die tobende Abwehr des Endes und das Überleben in der erschreckten Regungslosigkeit wiederbelebt. Viele Sitzungen endeten zunächst in einer Ohnmacht, mit blauem Gesicht und vollständig stockendem Atem, bis zum schnappenden Wiedererwachsen und der verwirrten Suche nach dem Begleiter. So viel zu meiner Selbsterfahrung, die ich in diesen pathetischen und sicher auch zu anklagenden Sätzen festzuhalten versuchte.

Therapeutisches Handeln gründet am sichersten im selbst Erlebten, und auch für die Bildung von Theorien über die menschlichen Gefühle ist Selbsterfahrung eine wichtige Basis. Also: »Woher kommen unsere Gefühle?« Ohne Zweifel bringt der menschliche Organismus die Fähigkeit zu Gefühlen schon in seinem genetischen Programm mit auf die Welt. Auch die Grundtemperamente des Gefühls sind wohl schon genetisch angelegt. Aber das genetische Programm reicht nicht aus, um uns zu einem fühlenden Menschen unter anderen fühlenden Menschen zu machen. In der Geschichte von Kaspar Hauser kommt dies klar genug zum Ausdruck: er hat nicht nur das Denken nicht gelernt, sondern auch den Umgang mit seinen Gefühlen.

Und er versteht zunächst nicht, was die anderen fühlen, die ihm begegnen, weil er etwas ganz Wichtiges weder gelernt noch erfahren hat: Einfühlung. Damit ist eine unserer kostbarsten Fähigkeiten gemeint, die uns mit anderen Menschen verbindet. Wo sie fehlt, ist Kälte, Fremdheit und Brutalität die Folge.

Wir wissen noch nicht sehr viel darüber, von wann ab man beim ungeborenen Kind von Gefühlen sprechen kann, und welche Erinnerungsspuren seine Erfahrungen im Uterus hinterlassen. Die embryologische wie die tiefenpsychologische Forschung über die früheste Zeit des Seelenlebens spricht eher von Engrammen, also physiologisch gespeicherten Einschreibungen. Sie hängen im wesentlichen mit der Entwicklung der Sinnesorgane zusammen, können aber wiedererlebt werden im Zustand der Regression, also des Zurücksinkens von Körper und Seele auf die früheste Zeit. Das kann im Schlaf sein, wo die frühesten Erlebnisse dann im Traum erscheinen und sich mit Themen und Bildern aus der nachgeburtlichen Zeit verbinden. Es geschieht im Zustand der Trance, wie sie durch Tanz, Musik, vertieftes Atmen und durch Drogen hervorgerufen werden können. Die Regression kann die Glückszustände wiederbeleben, wie sie uns wohl in der Geborgenheit des Fruchtwassers und den weichen Bewegungen der Mutter zuteil geworden sind, verbunden vielleicht mit dem Klang der Worte, mit denen sie versucht hat, mit dem Kind zu sprechen; sie vermag auch die schlimmen Zustände wiederzubeleben aus Ängsten der Mutter, Versorgungsstörungen, Unfällen, Krankheiten, Abtreibungsversuchen, Not, Streß, Konsum von Alkohol und Drogen, die alle über die vielfältigen chemischen Prozesse an das Kind herangetragen werden. Natürlich handelt es sich nicht um differenzierte Gefühlswahrnehmungen, sondern wir stellen sie uns vor als archaische Zustände von Wohlbefinden oder von Schmerz, von Erregung und Ruhe, von Behagen oder Überwältigung durch drohende Enge, durch giftige Ausschüttungen, Lärm oder Stöße und Schläge. Je traumatischer die Einwirkungen waren, desto tiefer graben sie sich ein in das physiologische Substrat der Gefühle und desto mehr Energie verbraucht später der Organismus, um sie niederzuhalten oder einzukapseln, damit sie sich nicht zu störend für Gesundheit und Seelenleben bemerkbar machen. Wir stehen hier noch immer vor den großen Rätseln des Übergangs und der

Wechselwirkung von körperlichen und seelischen Krankheitszuständen.

Einer der größten Pioniere der Erforschung und der Therapie der seelischen Nachwirkung von Geburtserlebnissen, der amerikanische Forscher Stanislav Grof, ist aber überzeugt, daß mit neuen Methoden der Psychotherapie, die eine tiefe Regression auf diese frühesten Zustände erlauben, sehr viele Störungen erreicht werden können, die die bisherigen Formen von verbaler Therapie in der Regel noch überfordern.

Auf jeden Fall stellt die Geburt ein überwältigendes Ereignis dar, einen Übergang, dessen Wirkung wir uns nicht umfassend genug vorstellen können. Im günstigen Fall wird durch die chemischen wie die intensiven muskulären und zellulären Vorgänge ein gewaltiger Entwicklungsschub ausgelöst, der die Systeme, die das Kleinkind braucht, um in der äußeren Welt zu überleben, in Gang setzt oder aktiviert. Die Grundformen der Angst, mit denen der Mensch in seinem späteren Leben umzugehen hat, sind in ihren Urformen dabei in hohem Maße vorhanden, es hängt aber von der Dauer und der Schwere der Geburt ab, wie tief sie sich eingraben, und wie dauerhaft der Organismus am Beginn seines selbständigen Lebens von einer Art Urkatastrophe überschattet wird, die ihn von Anfang an schon mit einer möglichen Todeserfahrung in Beziehung bringt. Grof geht in seinem höchst lesenswerten Buch »Geburt, Tod und Transzendenz« davon aus, daß sich psychologische Grundhaltungen dem Leben gegenüber während des Geburtsvorganges ausprägen und auch in der Regel lebenslänglich erhalten bleiben, je nachdem, welche Phase der Geburt zu den tiefsten Engrammen führte.

Er spricht von vier deutlich unterscheidbaren perinatalen Grundmatrizen. Deren erste ist zentriert um die »Erfahrung der ursprünglichen symbiotischen Einheit des Fötus mit dem mütterlichen Organismus«. Grof sagt: »In störungsfreien Phasen des Lebens im Mutterleib können die Bedingungen für das Kind nahezu ideal sein.« Aber: »Die Störungen ... sind von Bildern und Erlebnissen begleitet, die die Gefahren unter Wasser, schmutzige Wasserströme, eine verseuchte und ungastliche Natur und heimtückische Dämonen zum Inhalt haben.« In dem Buch werden eindrucksvolle Bilder reproduziert, die Patienten gemalt haben nach thereapeutischen Sitzungen.

Die zweite Phase wird mit dem Beginn der biologischen Geburt, den chemischen Signalen und den beginnenden Kontraktionen in Verbindung gebracht. Dazu heißt es: »Symbolisch wird der Anfang der Geburt mit der Erfahrung des kosmischen Verschlungenwerdens begleitet. Die Person, deren Erleben... (davon) beherrscht wird, wird von immer stärkeren Gefühlen der Angst überwältigt und sieht ihr Leben in unmittelbarer Gefahr. Sie kann aber die Ursache dieser Gefahr nicht eindeutig erkennen und neigt dazu, die Welt paranoid zu interpretieren... Die mythologische Entsprechung scheint der Beginn der Reise des Helden zu sein. Verwandte religiöse Themen sind der Fall der Engel und der Verlust des Paradieses.« Und weiter heißt es: »Die Person, deren Erleben unter dem Einfluß... (dieser) Matrix steht, ist auch blind für alles Positive in der Welt... Typisch sind quälende Gefühle metaphysischer Einsamkeit, Hilflosigkeit, Hoffnungslosigkeit; Minderwertigkeit... Verzweiflung und Schuld.«

Von der dritten Matrix, die mit dem Durchgang durch den Geburtskanal verbunden ist, heißt es: »Damit einher gehen ein gewaltiger Kampf ums Überleben, massiver mechanischer Druck von außen sowie Sauerstoffmangel und drohendes Ersticken... Dazu gehören... das Motiv des titanischen Kampfes, sadomasochistische Erlebnisse, heftige sexuelle Erregung, Erlebnisse mit Dämonen... Häufige Motive sind das Blutopfer, die Selbstopferung, die Folter, die Hinrichtung, die Ermordung... und die Vergewaltigung.« In dieser Phase spielt aber bereits die eigene Mitarbeit des Kindes eine bedeutende Rolle. Das führt zum Umschlag von der Aussichtslosigkeit zur Zuversicht. »Die Situation erscheint nicht hoffnungslos, und die Person, die sich in ihr befindet, ist auch nicht hilflos. Sie ist aktiv beteiligt und hat das Gefühl, daß ihr Leiden eine ganz bestimmte Richtung und ein Ziel besitzt. In der Sprache der Religion ausgedrückt ähnelt diese Situation mehr dem Fegefeuer als der Hölle... Während die Situation der Ausweglosigkeit ausschließlich mit Leiden verbunden ist, steht das Tod- und Wiedergeburtserlebnis an der Grenze zwischen Leiden und Ekstase oder verbindet beides.«

Und schließlich die vierte Matrix, die mit dem Abschluß der Geburt verknüpft ist: »In diesem letzten Stadium geht der quälende Geburtskampf zu Ende. Das Vorwärtstreiben durch den Geburtskanal erreicht seinen Höhepunkt, und auf die extreme Steigerung von Schmerzen, Spannungen und sexueller Erregung folgen unmittelbar Entspannung und Erleichterung... Das symbolische Gegenstück ist das Wiedergeburtserlebnis.« »Was den biographischen Bereich angeht, so können Erinnerungen an persönliche Erfolge und das Ende von gefährlichen Situationen, das Ende von Kriegen oder Revolutionen, das Überleben von Unfällen oder die Genesung nach schweren Krankheiten wach werden.«

Mit diesen Verknüpfungen von Geburtserlebnis und biographischen Inhalten ist ein wichtiges Grundprinzip in der Entwicklung der menschlichen Gefühle angedeutet: die Urgefühle, wie sie vielleicht aus der fötalen Zeit mitgebracht werden, und die in dem dramatischen Durchgang der Geburt quasi in ihre lebenslang wirksame Urform gegossen werden, füllen sich in der Entwicklung des Kindes mit einem schier unerschöpflichen Reservoir von neuen Erlebnissen und Bildern. Der ganze Reichtum des zwischenmenschlichen Gefühlslernens mit der Mutter und den nächsten Personen strömt in diese Matrizen ein. Aber die Mutter, stellvertretend für alle, die uns bei der Entfaltung der Gefühle helfen, mildert durch ihre Zuwendung auch die Schrecken der Geburt und stiftet neue Geborgenheit. Man könnte es sogar so formulieren: die Mutter wirkt als die erste Psychotherapeutin in bezug auf das Trauma der Geburt. In der perinatalen Medizin wird es allmählich selbstverständlich anzunehmen, wie dringend die Mutter in den ersten Stunden und Tagen vom Kind gebraucht wird, und wieviel in den Kliniken gesündigt worden ist durch Vorschriften und technische Vorgänge, die den unmittelbaren und heilsamen Kontakt behindern.

Wo kommen unsere Gefühle her? Vereinfacht gesagt, produziert der Körper das physiologische Substrat und stellt es uns zur Entfaltung und Ausgestaltung zur Verfügung. Wir sind sehr davon abhängig, daß wohlwollende Menschen uns helfen, aus diesem Substrat etwas zu machen, was uns zu unseren Mitmenschen in eine geglückte und nicht in eine destruktive Beziehung gelangen läßt. Dem kleinen Kind sind die Gefühlsstürme, in die es geraten kann, noch unheimlich und bedrohlich. Ohne die Mutter, ihren haltenden Körper und ihren seelischen Zuspruch, ginge das Kind in einem Gefühlschaos unter. Auch im erwachsenen Leben fühlen sich viele Menschen noch durch die unbeherrschbare Wucht mancher Gefühle bedroht. Man spricht von Menschen, die gefühlslabil sind, aber auch von solchen, die von ihren Gefühlen überflutet werden; von Menschen, die sich von ihren Gefühlen abschneiden, sie unterdrücken, oder aber auch solchen, die dauernd in Gefühlen baden und nicht zu klarem Denken in der Lage sind. Aber wir sprechen auch bewundernd von Menschen, die zu starken Gefühlen fähig sind.

Gefühle sind also sowohl ein Geschenk aus der Tiefe unseres leibseelischen Menschseins, wie auch ein Auftrag: sie wollen nämlich gelernt und gestaltet sein, sie fließen kontinuierlich und brauchen Pflege. Wenn wir sie nicht ausdrücken oder dauernd mißachten, dann stauen sie sich und geraten in einen Zustand regressiver Primitivität, wo sie sich wieder dem Rohzustand ihrer Herkunft aus dem Körper annähern. Solche Zustände kommen nicht nur im einzelnen Menschen vor, sondern auch in Gruppen und in ganzen Völkern. Sicher lassen sich Kriege nicht nur aus dem Gefühlszustand der Menschen erklären, aber es ist auch nicht falsch, Krieg als eine kollektive und außer Kontrolle geratene Gefühlskatastrophe zu bezeichnen. Klaus Theweleit konnte in seinem großen Werk über die »Männerphantasien« zeigen, daß die Wilhelminische Gefühlserziehung der Männer nicht viel anderes war als eine systematische Verkrüppelung im Dienste von kollektiver Aggressivität.

Auf mehreren Reisen in die DDR seit der Wende konnte ich in vielen Gesprächen feststellen, daß die stalinistische Einheitspartei nicht nur versucht hat, die Gedanken zu kontrollieren, sondern auch die Gefühle. H. J. Maaz hat dies in seinem Buch über den »Gefühlsstau« (1990) analysiert. Deshalb gibt es in vielen Menschen drüben einen Berg von Groll, von Scham, Angst, Wut, Empörung und Demütigung, von dem noch niemand weiß, wie er sich in den nächsten Jahren auswirken wird, so wie es in unserem westdeutschen seelischen Untergrund noch viele gestaute Gefühle gibt, die mit Krieg, Vertreibung und Holocaust zusammenhängen. Vergangenheitsbewältigung fordert von den meisten Menschen die Aufarbeitung von Gefühlen, die sie als Katastrophe oder als lange traumatische Einwirkung heimgesucht haben.

Eine der wichtigsten Eigenschaften von Gefühlen ist, ihrer physiologischen Abkunft entsprechend, daß sie staubar sind und von unserer ängstlichen Seele oder von äußeren Behinderungen dorthin zurückgedrängt werden können, wo sie herkommen: in den Körper. Der hat aber, wie unsere Müllkippen, nur eine begrenzte Aufnahmekapazität. Entweder er läuft über, oder er explodiert, oder aber die Gefühle sickern in einem vergifteten Zustand in unsern leibseelischen Untergrund ein, verursachen Krankheiten,

Verkrampfungen, Störungen unserer Gesundheit. Deshalb glaube ich auch, daß sehr viele DDR-Bürger, soweit sie nicht eingebettet waren in Familien oder kleine Freundeskreise oder andere haltende Gruppen, die den freien Ausdruck von Gedanken und Gefühlen möglich machten, jetzt und vielleicht noch für lange Zeit in einer latenten Gefühlskatastrophe leben. Wie es scheint, und es wäre zu hoffen, daß es in ausreichendem Maße geschieht, bilden sich unter denjenigen, die am meisten betroffen waren, Selbsthilfegruppen, um die gestauten und auch ungeübten Gefühle auszudrücken und zu einer Art Reinigung und Neuanfang zu kommen. Denn die Schnelligkeit der Wende drüben hat zu wenig von den aufgestauten Gefühlen verbraucht und gegen den verhaßten Gegner richten können. Zum Teil müssen sie sich zwangsläufig jetzt auch gegen uns Westdeutsche richten. Wir geben durch unsere anmaßenden Auftritte und den gönnerhaften Triumph dazu auch reichlich Anlaß. Aber es ist doch wichtig zu wissen, daß es ein Potential von Wut, Trotz und Scham gibt, das einfach nach Ausdruck drängt. Für manchen mag es, unterhalb der Ebene der täglichen politischen Vorgänge, sogar hilfreich sein, die Vorgänge in der DDR mit dem Prozeß einer verzögerten oder qualvollen Geburt in Zusammenhang zu bringen. Nichts wäre törichter, als die Tendenzen zur Selbständigkeit und zur Abgrenzung gar als Undankbarkeit zu deuten: Die Menschen können sich gar nicht im Galopp plötzlich als ein Teil von uns begreifen, sie würden auf eine Grundvoraussetzung menschlicher Identitätsbildung verzichten. Wer jahrelang unterdrückt war, kann sich nicht einfach dankbar anpassen.

Woher kommen unsere Gefühle? Sie stammen aus körperlichen Quellen und durchlaufen einen Prozeß zunehmender Symbolisierung, der sie auch vom direkten körperlichen Ausdruck entfernt. Ein Liebesgedicht, das uns berührt, mag uns nicht mehr in einen heftigen Bewegungssturm versetzen. Aber die Tränen, die sich vielleicht in den Augen bilden, verweisen uns auf den körperlichen Ursprung und begleitende Vorgänge im Körper. Wir wissen heute, daß viele Krankheiten und viele seelischen Störungen daher rühren, daß wir mit Konflikten und Gefühlen nicht umgehen können. Als Psychoanalytiker und Körpertherapeut, der mit der Einbettung der Gefühle in ihren körperlichen Untergrund täglich zu tun hat, möchte ich aber noch etwas sagen, was mit der Fähigkeit unserer Gesellschaft zusammenhängt, auf unser Wissen über den

Reichtum und die Kompliziertheit unserer Gefühle und deren Störung oder Entgleisung angemessen zu reagieren.

Die Psychoanalyse war sicher einmal eine angemessene Antwort auf die verdrängten Konflikte einer ganzen Epoche. Sie ist es für viele seelischen Konflikte auch heute noch. Aber inzwischen ist ein grotesker Zustand eingetreten: die tiefenpsychologische Methode der Rede-Kur, bei der es um Gefühlskonflikte in einem symbolisch und sprachlich faßbaren Zustand geht, hat sich, was die Finanzierung von Psychotherapie durch die Krankenkassen angeht, ein Monopol erobert und hält krampfhaft daran fest. Die jahrzehntelange Forschungs- und Entwicklungsarbeit körperbezogener Therapieformen, die die Störungen der Gefühle in ihrem ursprünglichen und körpernahen Aggregatzustand angehen, wird einfach ignoriert, und die Krankenkassen müssen sie vielen Menschen, die sie dringend brauchen, vorenthalten. Das Verhalten der Krankenkassen, unter dem Druck der Ärzte und der monopolistischen Tiefenpsychologie, ist von einem ökonomischen Standpunkt aus absurd und von einem sozialen Standpunkt aus nicht zu vertreten. Natürlich ist es notwendig, die neuen Verfahren gründlich zu prüfen und sichere Standards ihrer Anwendung zu garantieren. Aber nicht einmal das geschieht in Modellversuchen. Tausende, ja Zehntausende von Patienten bezahlen ihre Therapie bei Körpertherapeuten wieder selbst, oft unter großen Opfern, nur weil rigides und dogmatisches Denken und ökonomische Ängste und Statusprivilegien sich gegen die Öffnung von Monopolen richten und in der Konservierung der Reinheit der Sprachmethode ein höheres Ziel sehen als in einer durch Konkurrenz bestimmten und bereicherten Versorgung vieler seelisch und vor allem psychosomatisch Kranker. Zum Umgang mit Gefühlen gehört angesichts ihrer tiefen Verankerung im Körper mehr als der wohlgeordnete Umgang im Gespräch.

Ähnliche, von starken Gefühlen getragene Sätze ließen sich zur Situation in den Schulen sagen: Auf hundert Konferenzen über Lernstoff und Lernformen kommt vielleicht *ein* Gespräch über die emotionale Erziehung unserer Schüler. Die Lehrer werden darin nicht unterrichtet, und alle Beteiligten haben darunter zu leiden. Wer den pfleglichen Umgang mit Gefühlen im menschlichen Zusammenleben vernachlässigt, richtet Unheil an, und die Rechnung wird uns an ganz unerwarteten Stellen präsentiert.

Zur Rolle von Imagination in der Körpersprache

Meine Damen und Herren,

die Verwandtschaft zwischen dem Katathymen Bilderleben und der Psychoanalyse ist eng, und es ist bereits viel darüber nachgedacht und geschrieben worden. Es scheint, daß das KB sich in seiner reifen Gestalt als gleichrangiger Abkömmling der Psychoanalyse profiliert. Ebenso lassen sich aber beide Ansätze als Ergänzungen der jeweils anderen Methode verwenden, je nachdem, welcher Grunddisziplin sich ein Therapeut zugehörig fühlt. Die Körpersprache in der Imagination und die in der Körpersprache eines Patienten unbewußt vorhandene Imagination ist den meisten unter Ihnen sicher vertraut und selbstverständlich. Ich stelle mir vor, daß Patient und Therapeut im KB es allmählich lernen, mit den Ebenen zu spielen und bald von einem *Motiv* ausgehen, um zu einer auch körpersprachlich ausphantasierten *Szene* zu gelangen, bald ein *Körpergefühl* oder eine *Körperphantasie* benutzen, um zu einer konflikthaften Szene vorzustoßen.

Wenn ich hier als Psychoanalytiker, der seit gut zehn Jahren auch ganz konkret mit dem Körper arbeitet, einen Beitrag zum Thema Imagination und Körpersprache anbiete, dann möchte ich zwei Vorbemerkungen machen: die eine, um anzudeuten, was ich therapeutisch mache, die andere, um dieses therapeutische Handeln, so gut es mir in der kurzen Zeit möglich ist, in der Diskussion über das KB zu orten.

Ich beziehe die körperliche Interaktion, das Berühren, Halten, Widerstand geben, Eingrenzen, Kämpfen und Beruhigen in den analytischen Prozeß mit ein. Denn ich glaube, daß bei einer Reihe von Patienten die Affekte so unterentwickelt, abgespalten oder in einem präsymbolischen Zustand sich befinden, daß es wichtig ist, erst einmal die organismische und interaktive Basis zu schaffen für die spätere Symbolisierung. Ebenso glaube ich, daß auch dort, wo der Patient zu einer gewissen Symbolisierung fähig ist, der Affektbetrag oft nur in gemilderter Form oder nur in Kostproben in die Therapie eingeht, jedenfalls nicht in seinem konvulsivischen, ängstigenden Zustand, in dem sich viele abgespaltene Affekte konservieren. Das führt dazu, daß ein Durcharbeiten des symbolisch Erreichbaren oft die tieferen Schichten der in archaischer Form verbliebenen Affekte nicht erreicht. Grob gesprochen enthält das vorwiegend sprachlich verfaßte Setting die unausgesprochene Botschaft: »Dreh nicht durch, schrei nicht, handle nicht, verliere nicht die Kontrolle, es sei denn auf der Ebene der symbolischen Imagination!«

Sosehr ich also überzeugt bin, daß das KB eine große Erweiterung unseres Instrumentariums zur tiefenpsychologischen Konfliktbearbeitung darstellt, ja, sosehr ich überzeugt bin, daß das KB vielen Patienten, vor allem psychosomatischen im weitesten Sinne, helfen kann, ihr Potential an Phantasie und Symbolisierung zu erweitern, so sehr glaube ich auch, daß wir die Erkenntnis berücksichtigen müssen, wie sehr frühe somatische Vorgänge und Interaktionen die Basis jeder späteren Symbolisierung sind. Es ist ein Unterschied, ob ich in der Phantasie und liegend einen Löwen bekämpfe, oder ob ich die Kampfhandlung in Innervationen, Schrei und Aktion übergehen lassen kann; aber natürlich ebenso die feinen oder stürmischen Gesten von Nähe und Verschmelzung.

Damit komme ich zur zweiten Vorbemerkung, der Ortung des Übergangs zum Handeln in der Theorie des KB. Ich gehe dabei von zwei Zitaten von Hanscarl Leuner aus, aus dem schönen Sammelband »Das KB in der Psychosomationen Medizin«. Leuner schreibt bezüglich der zweiten von drei Dimensionen des KB, es handle sich auf dieser Ebene um: »Befriedigung archaischer Bedürfnisse i. S. einer therapeutischen Regression zur Füllung triebbestimmter und affektiver Lücken in den relevanten emotionalen Entwicklungsphasen (primär-narzißtisch, oral, anal, ödipal)« (S. 28). Die beiden anderen Dimensionen handeln von den Konflikt-Strukturen bzw. der imaginativen Kreativität. Diesen »archaischen Bedürfnissen« hatte sich M. Sèchehaye schon früh mit der symbolischen Wunscherfüllung zugewandt, einer Mischung aus Symbolbildung und konkreter Interaktion. Leuner selbst nennt die drei zum klassischen KB hinzukommenden Parameter: 1. die nicht interpretierende Spieltherapie; 2. die symbolische Wunscherfüllung und 3. die erlebnisbetonten Methoden als von »aktionalistischem Charakter«. Das ist eine kühne Wortschöpfung, und sie enthält meiner Meinung nach die ganze Ambivalenz der Psychoanalyse und des KB gegenüber dem konkreten Körper und der konkreten Interaktion. Gemeint sind nämlich immer noch »Phantasieproduktionen als kreative Leistungen des Ich«. Das »aktionalistisch« bezieht sich also auf die anleitende Funktion des Therapeuten in der Therapie, das Auffordern und Ermutigen, und auf das Probehandeln des Patienten in der Phantasie. Wilke und andere betonen zwar in dem genannten Band, aber mit welcher *absichernden Vorsicht*, daß man Patienten gelegentlich halten, ja sogar wiegen dürfe. Aber die kleinen Aktionen werden immer noch gerechtfertigt als kleine Hilfe für passagere Situationen in der Therapie.

Ich zitiere noch einmal Leuner, um zu zeigen, wie eindeutig auch die Befriedigung »archaischer Bedürfnisse« ins Reich der Phantasie verwiesen ist: »Gemeint ist die Zentrierung auf ein stark regressives, bislang unbefriedigt gebliebenes Bedürfnis in einer Szene tiefer, häufig beglückender Befriedigung im Sinne der therapeutischen Regression von Balint... In oral befriedigenden Szenen fühlt sich der Patient beispielsweise zu einem Säugling regrediert und phantasiert, an der Brust einer idealen, spendenden Mutter zu liegen...« (26). Es stellt sich hier wiederum die Frage nach dem Wirkungs-Unterschied, je nachdem, ob der Patient das Stillen liegend phantasiert oder ob er es, real gehalten, mit Saugbewegungen begleiten kann. Das eine ist eine Regression im Bereich der Symbolisierung, das andere eine im Bereich von Innervation und Handeln des frühen Körper-Ichs.

Der Unterschied ist vor allem dann bedeutsam, wenn im Unbewußten des Patienten Koppelungen vorhanden sind zwischen Gier und Zurückweisung, oder Stillen und Entzug, Trennung oder Abwendung. Auch im KB ist gelegentlich von der notwendigen »Wirkung« des Patienten auf die inneren Objekte, bzw. den »Löwen«, die Rede, der durch die Phantasie des Fütterns angeblich gezähmt werden kann.

Die Brücke von der Imagination zur Handlung, also zum *Agieren in der Therapie*, ist in der Tat der Begriff der *Wirkung*. Sosehr ich glaube, daß das »Probehandeln in der Phantasie« für den Patienten, der den symbolischen Bereich als ausreichend real erlebt, ein Raum für den Neubeginn und die Überwindung von Ängsten ist, so sehr glaube ich, daß viele andere Patienten den Körper des Therapeuten brauchen, um eine für sie ausreichende Realität seiner Anwesenheit, damit aber auch der Präsenz der inneren Objekte zu erleben. Eine Reihe von Koppelungen im Unbewußten sind sehr zäh, und ihre Auflösung will in vielen Fällen auf der organismischen Ebene eingeleitet und überprüft sein. Ich nenne nur einige: die Verbindung von Gier und Abwendung oder von Gier und Beschädigung des Objekts; von Verschmelzung und Konturverlust; von Nähe und Störung des Körperbildes; von Halt und Übergriff; von Angriff und Vergeltung; von Begehren und Strafe; von Wut und Demütigung, usw. Die Körpertherapien verschiedenster Schulen haben hier ein Instrumentarium entwickelt, um in der kontrollierten Regression des Patienten bestimmte Situationen noch einmal handelnd zu konstellieren und zu einem alternativen Ausgang zu führen.

Ich greife zur Verdeutlichung ein Beispiel von Eberhard Wilke aus dem gleichen Sammelband auf. Er schreibt über die Behandlung von Colitis-Patienten, es sei sehr wichtig, ob eine therapeutische »Entwicklung aus der Regression heraus möglich wird. Ihr Beginn manifestiert sich in aggressiven oder depressiven Szenerien... Aggressive Bildinhalte tauchen auf, lange bevor es den Patienten möglich ist, auf der Übertragungsebene dem Therapeuten gegenüber aggressive Gefühle zu erleben« (152). Wilke spricht von Erleben, noch nicht von Äußern.

In der analytisch orientierten Körpertherapie, aber auch in anderen Therapieformen, z. B. der von Al Pesso entwickelten psychomotorischen Therapie (vgl. Albert Pesso, »Dramaturgie des Unbewußten«, Stuttgart 1986) bietet der Therapeut umrissene Formen von Aggression an, die körperliches Handeln einbeziehen, und denen er oder die Gruppe seinen Widerstand entgegensetzt. Der Patient spürt dann, daß der Therapeut mit diesen Handlungsimpulsen umgehen kann, sie mit ihm ortet, sie eingrenzt und im frühen Konfliktfeld lokalisiert.

Ein weiteres Beispiel folgt nur eine Seite später: »Eine derartige frühe Beziehungsstörung symbolisiert sich in Bildern von Verlassenheit und Einsamkeit wie auch in Phantasien hemmungslosen Anklammerns und dem unersättlichen Bedürfnis nach Bemutterung. Die Patienten haben es schwer, eine ausgewogene Beziehung zu den Objekten ihrer Tagträume und zum Therapeuten zu finden. Dabei ist auffällig, wie lange psychosomatisch Kranke eine differenzierte Beziehungsaufnahme auf der Symbolebene zu vermeiden versuchen... Sie scheuen die Begegnung und brauchen... immer wieder die Aufforderung, selbst auf die imaginierten Objekte zuzugehen« (153).

Meine These ist die: das KB hat die Möglichkeiten, Phantasie und Imagination für die Psychotherapie nutzbar zu machen, erweitert und lehrbar gemacht. Aber wie die Psychoanalyse steht es immer wieder vor Zustandsbildern, in denen die Spaltung zwischen Körper, Affekt und Imagination nicht oder nur schwer überwunden wird. Zur Ergänzung seiner Möglichkeiten, vor allem dort, wo es nur zu unzureichender Symbolisierungsfähigkeit gekommen ist, ist es sinnvoll oder notwendig, sich der somatischen Basis der Symbolbildung zu erinnern und dem Patienten zu helfen, in den frühen Interaktionsformen diese somatische Basis wiederzufinden. Es gibt Formen der körperlichen Interaktion, die der Therapeut selbst lernen kann; er kann aber auch mit Körpertherapeuten kooperieren. Es geht um die Formung früher Affekte in der Interaktion, auch um die konkrete Formung des Körperschemas. Daß dieses Problem des KB gesehen wird, möchte ich noch an einem kurzen Zitat von Wilke belegen, der schreibt: »Ferner ist das Verhalten psychosomatisch Kranker in den Imaginationen zunächst gekennzeichnet durch ein zähes Festhalten an gleichförmigen Bildabläufen ... Bald wird deutlich, daß die motorische Blockierung im Sinne der Immobilität ein Vermeidungsverhalten darstellt. Die Kranken fürchten, die Kontrolle über Bewegungsimpulse zu verlieren, denen sie einmal nachgegeben haben ... So kann ein Kranker, der noch eben zäh, langsam und fast rituell an einem bestimmten Bildablauf festhielt, wenige Augenblicke später ungehemmt zu agieren beginnen. Die Übergänge sind oft abrupt, die Affekte selten adäquat. Häufig ist das Verharren in einer affektgeladenen Immobilität« (155).

Diesen Patienten zu helfen, im körperlichen Agieren erst einmal die Basis des Affektausdrucks zu finden, ist das Ziel des aktiven Umgangs mit der Körpersprache in der psychoanalytisch orientierten Körpertherapie. Die direkte Arbeit mit dem Körper dürfte auch im KB hilfreich werden, vor allem dort, wo Imagination sich zwar vollzieht, aber abgehoben von der Ebene der pathogenen Affekte, oder gar dort, wo die Abwehrform des »Rückzugs in die Idylle« nicht mehr zu durchbrechen ist. In solchen Fällen, vor allem, wenn der Patient fürchtet, die darunterliegenden schmerzhaften Affekte nicht aushalten zu können, ist oft konkreter Halt durch den Therapeuten notwendig.

Der getreue Widersacher

Aufruf zur Solidarisierung mit Günther Bittners Kampf gegen die analytische Körperpsychotherapie

Was soll die paradoxe Überschrift? Warum rufe ich zur Hilfe für einen Gegner auf, der sich treu an meine Fersen heftet?[1] Antwort: Weil ich mir wünsche, daß die psychoanalytische Diskussion über die Einbeziehung des Körpers in die Analyse endlich seriös wird; daß sie nicht nur mit einer Stimme spricht, die zwar die Tonart wechselt und die Referenz-Heiligen, aber die immer die gleiche Melodie singt: das, was Moser und inzwischen viele andere machen, das gibt es entweder gar nicht oder es ist überflüssig oder unwirksam oder falsch begründet oder größenwahnsinnig oder unverständlich oder ein alter Hut oder dumm oder manipulativ oder marktschreierisch oder modisch oder illusionär. Anfang 1992, als Günther Bittner mich in einem Brief einen Demagogen nannte, der nur noch Reklame machte für seine Methode, ohne sie wirklich fundieren zu können, habe ich ihn auf seinen fast vollständigen Mangel an Erfahrung in diesem Bereich hingewiesen. Er spricht zwar von einigen Versuchen mit »Berühren« vor langen Jahren, aber die seien schiefgegangen, er habe sich zu sehr erotisiert gefühlt und es wieder gelassen und den sicheren Boden des sprachsymbolischen Raumes gesucht. Das war bestimmt richtig.

Die Kollegen, die Körperarbeit in die Analyse einbeziehen, die probieren es nicht nur einfach mal so, sondern machen Selbsterfahrung, Ausbildungstherapie, Fortbildung, Theorie und Supervision, befinden sich in einem Kontext von kollegialem Austausch und wechselseitiger Beratung, und all dies in der Regel in einem Umfang, der der ursprünglichen psychoanalytischen Ausbildung fast entspricht. Und da sagt Herr Professor Bittner, nach zwei drei Versuchen ohne jeden seriösen Kontext: er habe es auch probiert und wieder gelassen, weil es nicht ging. Ja, wenn jemand mit diesem Quantum an Informiertheit und Selbsterfahrung, nämlich nahezu Null, in wilde Analysen taumelt, da wäre es doch fast legitim zu erwarten, daß er die Geschichte ebenfalls als aussichts-

1 Der jüngste und nahezu finale Angriff in G. B., »Der Körper – ein Symbol des Unbewußten?«. In: Psychotherapie, Psychosomatik, med. Psychologie, 1/1992, S. 11–15.

los und unseriös ansähe. Ich nenne das Dogmatismus und Hochscholastik, wenn jemand sich mit Bittners empirischen und praktischen Voraussetzungen aufschwingt zu Erklärungen über den Wert einer ihm unbekannten Disziplin. Das ist, wie wenn die mittelalterlichen Theologen »nachweisen«, daß die Sonne sich um die Erde dreht, oder die Ärzte im 19. Jahrhundert, daß man vom Eisenbahnfahren (mit Tempo dreißig) das Delirium tremens bekommt; oder die Psychiater um die Jahrhundertwende, daß das Unbewußte ein Hokuspokus sei, weil man es nicht einmal mit dem Vergrößerungsglas oder gar dem Mikroskop sehen könne.

Neuerdings beruft sich Bittner auf Lacan, der ein kluger Theoretiker sein und Wichtiges über das Imaginäre und das Symbolische geschrieben haben mag, aber Bittner zitiert ihn wie weiland Aristoteles, Albertus Magnus oder Thomas von Aquin zitiert wurden, wenngleich er sich in Einzelheiten kühn von ihm distanziert. Ja, Bittner zitiert nicht einmal Lacan selbst, sondern Zitate aus einem Buch über Lacan. Das ist Dogmatismus nach dem Kaskadenprinzip: »Die Ausführungen über Lacan stützen sich aufs neue Buch von Peter Widmer« (1990).

Die empirische Basis Sankt Lacans im konkreten Umgang mit dem Körper dürfte noch schmaler sein als die von Bittner. Ich behaupte, daß man durch die angeleitete, erforschte, durchdachte und über Jahre praktizierte Berührung mehr über die reale, imaginäre, illusionäre und symbolische Bedeutung des Körpers erfährt als durch das klügste Kombinieren der erfahrungsfreien Theoretiker.

Ich habe Bittner gefragt, warum er so allein sei auf weiter Flur in seinem Kampf gegen analytische Körperpsychotherapie, und ihm oder mir die Antwort selbst gegeben: weil sich kaum ein anderer kluger Analytiker mehr getraut, über etwas zu urteilen, das er nicht kennt und für das er das Instrumentarium der geschulten Erfahrung nicht besitzt. Natürlich halte ich die gängige schlichte Vermeidung der Auseinandersetzung, das Nicht-Wahrnehmen der neuen Möglichkeiten, die ängstliche Konzentration auf das Überlieferte oder Kanonisierte nicht für besser, im Gegenteil. Aber es kommt dann wenigstens nicht zu solch anmaßenden Urteilen, sondern viele sagen: davon verstehe ich nichts, ich halte mich an das Bewährte (oder vielfach nicht Bewährte), und hüte tief im Herzen ein vorsichtiges Vielleicht. Selbstbeschränkung ist keine Schande, aber der theoretische Nachweis, daß etwas nicht sein kann, obwohl oder weil jede geeignete Erfahrungsbasis fehlt, ist eine Schande.

Schauen wir uns die Argumentationsmethode ein wenig genauer an: Bittner schreibt (S. 12), bei mir spiele »der Körper als das Reale keine Rolle«, meine »Domäne ist der Körper in der Sphäre des *Imaginären*.« Und nun kommt die dogmatische Berufung auf St. Lacans Offenbarung: »Die Erfahrung des Imaginären bildet sich nach *Lacan* erstmals, wenn das Kind im Alter von einem oder zwei Jahren sein Bild im Spiegel erkennt... Es sind Erfahrungen von Stillung durch den anderen, Verschmelzung mit dem anderen damit verbunden. Die Phantasie, die Verwundungen und Mängel der frühen Kindheit durch Psycho- oder Körpertherapie heilen, die Mängel kompensieren zu können, bewegt sich in der Sphäre des Imaginären.« Jetzt weiß ich also, wohin Lacan oder Bittner meine langjährige Erfahrung oder die meiner Kollegen katapultiert: in die Sphäre des Imaginären.

Aber warum vermengt Bittner die Spiegelerfahrung als einem elementaren Erlebnis der Individuation mit den frühen symbiotischen Erlebnissen von Stillung und Verschmelzung? Und warum beginnt das, worüber er spricht, »im Alter von einem oder zwei Jahren«? Wozu erforschen denn nun seit zwei Jahrzehnten die Säuglingsforscher mit immer subtileren Methoden den Zeitraum *»bis« zum Ende des ersten Jahres*, wo es zum Spiegelerlebnis kommt? Wird das einfach beiseite gewischt oder wird ungeprüft die Lacansche These übernommen, daß ohnehin die vorsprachlich-körperliche Erfahrung mit ihren körperlichen Erinnerungssystemen nichts zählt, denn, so Bittner: »Noch einmal *Lacan*: Das menschliche Subjekt ist in den allerersten Anfängen in ein ›Sprachbad‹ getaucht.« Natürlich gurren und schnurren die in den Säugling verliebten Mütter und Väter eine Menge, was dem Kind eine beruhigende Musik bedeutet, bevor sich nach einem Jahr erste Verknüpfungen von Sachverhalten und Worten bilden. Aber den beruhigenden Sprachsingsang wird doch kein ernsthafter Mensch schon mit dem Entstehen eines symbolischen Raumes von Gnaden der Sprache verwechseln. Gesten, Laute, Zustände, Szenen, Sinneseindrücke, innere und äußere Erlebnisse erfahren präverbale Verknüpfungen. Ein Teil von ihnen wird später symbolisiert. Aber, wie die psychoanalytisch orientierte Säuglingsforschung[2] heraus-

2 Vgl. hier vor allem J.D. Lichtenberg, »Psychoanalytische Säuglingsforschung«. Berlin, Heidelberg 1991.

gefunden hat: keineswegs alle! Vor allem nicht alle *wichtigen* Erfahrungen werden symbolisiert und betreten damit den Raum der sprachlichen Erfaßbarkeit. Sondern gerade viele traumatischen Erlebnisse werden eingekapselt, von der Symbolisierung ferngehalten, sozusagen vergraben, oder urverdrängt oder abgespalten. Sie können aber wieder zugänglich werden, wenn der Patient (mit Hilfe des Therapeuten) an die nicht-sprachlichen, sensorischen, gestischen, muskulären usw. Körpererinnerungen herankommt, Sprachbad hin oder her. Leider sind eben dann auch viele Analysen, die diesen Bereich nicht erreichen, ein Sprachbad, aber keine heilende Therapie. Der Kontinent des ersten Jahres ist eben keine Landschaft, die durch das Sprachbad schon die nötigen symbolischen Konturen gewinnt. Die Symbolisierung entwickelt sich aus den allmählichen Verknüpfungen von Worten mit einem riesigen Schatz von vorsprachlichen Erfahrungen.

Natürlich versucht Bittner mich von der Höhe seines Katheders herunter immer wieder für dumm zu verkaufen: »Bei *Moser* ist die Gefahr groß, daß er in diesen Imaginationskerker hineingerät, daß er das Imaginierte für das Reale nimmt...« Oder: »Denn das Lutschen am Daumenballen *ist* nicht das Saugen an der Mutterbrust, es ist auch keine symbolische Repräsentanz dessen, sondern es ist eine gemeinsame Imagination – nicht weniger, aber auch nicht mehr« (12). Wann hätte ich einen solchen Unsinn verzapft, daß er so vehement bekämpft werden muß? Symbolisch ist die Szene schon, aber das Zentrale ist die Erfahrung des regredierten Patienten, daß das Ausmaß seiner Gier nicht gefährlich ist; daß Geborgenheit und Saugen zusammengehören kann; daß sein Mund keine verworfene Zone ist; und daß Mund und Sexualität nicht automatisch gekoppelt sind usw. Dazu gehören die intensiven Enervationen, die Muskelarbeit, die Anstrengung, das Wiedererleben der Angst, der Verknüpfung von Saugen und Gefahr und die Veränderung der falschen Verknüpfungen. Ich weiß nicht recht, wie das alles auf Symbolisch oder Imaginärisch heißt, aber ich registriere die Veränderung der Patienten, wenn sie durch solche Erlebnisse durchgehen.

Marguerite Sèchehaye hat übrigens zu dem Büchlein »Die symbolische Wunscherfüllung«, eine Fallgeschichte, die mir Bittner leichtfertig um die Ohren haut, einen Theorieband geschrieben (»Eine Psychotherapie der Schizophrenen«, Stuttgart 1986, ein Buch, das Bittner nicht zu kennen scheint – anders sind seine saloppen Bemerkungen über sie nicht zu verstehen), wo sie versucht, die *archaischen Bedürfnisse* zu klassifizieren und sie – im Gegensatz zu den kompensatorischen – der notwendigen Nach-Befriedigung zuzuordnen. Aber die archaischen Bedürfnisse sind nicht auf das erste Jahr begrenzt. Was bei Bittner jedoch vollkommen fehlt, ist eine Theorie der Regression oder auch nur deren Erwähnung. Man kann leicht spotten über die Illusion der Heilung, wenn man tief regredierte Patienten in archaischen Szenen nicht angemessen berührt hat. Da Bittner die Erfahrung fehlt und er den Umgang mit dem Körper, mit Hilfe des aus zweiter Hand bezogenen Lacan, ins »Imaginäre« verschiebt, kann er so läppische Dinge von sich geben wie: »Das Imaginäre hat ein Doppelgesicht: von einem imaginierten Schnitzel ist noch niemand satt geworden. Das Imaginäre ist gefährlich, weil es die Illusion einer erreichbaren Stillung und Vollkommenheit vorspiegelt...« Wieder die gleiche Technik wie bei den frühen Kämpfen gegen die Psychoanalyse: die Betonung der *Gefährlichkeit* der Annahmen der Körpertherapie und die Verknüpfung von zwei Begriffen, deren gleichzeitige Verwendung tatsächlich töricht wäre: *Stillung und Vollkommenheit* werden zusammengezogen, so, als wollte jemand vorspiegeln, in der Körperpsychotherapie werde »Vollkommenheit« feilgeboten. Aber Stillung gibt es in der Tat, und Bittner selbst hat sie kurz zuvor bei St. Lacan durchaus angenommen: »Es sind Erfahrungen von Stillung durch den anderen, Verschmelzung mit dem anderen damit verbunden.«

Die Verknüpfung von etwas Behauptetem mit etwas Absurdem ist natürlich ein Taschenspielertrick, aber der Herr Professor ist sich für solche Dinge nicht zu schade. Ebenso absurd wäre es, den Ausdruck Stillung nicht symbolisch zu nehmen, als eine Erfahrung, die zentrale Innervationen und psychische Begleiterscheinungen des Stillens enthält, aber von der, da hat Bittner recht, keine reale Milch in den Magen des Patienten fließt; und auch wenn er nach der Stunde Hunger bekommt, wird er ein reales Schnitzel brauchen.

Noch rasch ein Beispiel, wie Bittner St. Lacan verwendet, nämlich gläubig oder aber scheinheilig: »Bei *Lacan* ist das Symbolische festgemacht an den Ordnungen der Sprache, in der ein Mensch aufgewachsen ist und die seinem individuellen Sein und Werden vorausliegen« (13). Was kann ich dafür, daß der Sprachfetischist Lacan sozusagen nur gelehrte Säuglinge kennt, die im Spracherwerb nur noch den Zugang finden müssen zu dem, was sie immer schon aus der Sprachbadewanne mitbrachten? Selbst Bittner wird mulmig vor so viel Angst vor dem Nichtsprachlich-Symbolischen, und er erweitert den Raum des Symbolischen wenigstens um die »archaische, archetypische Symbolik« von Jung.

Es mag sein, daß ich die Begrifflichkeit der Dinge, die ich tue, erforsche und in ihren Wirkungen erlebe, nicht bis in die feinsten Verästelungen der Metapsychologie oder der Symbollehre darstelle. Aber woher nimmt Bittner die Chuzpe zu sagen, »daß Moser die symbolische Dimension dessen, was ›Körper‹ bedeutet, wenn er vom Körper spricht, nicht erfaßt und schon gar nicht expliziert hat«.[3] Ich hoffe sehr, daß bald ein kluger Schüler von Alfred Lorenzer erscheint und die Begrifflichkeit auf dessen Niveau ausdehnt von der Symbolik der Sprachspiele hin zur frühen Symbolik, die sprachlos in der körperlichen Interaktion sich ausbildet.

Nun zu einer weiteren These, mit der Bittner glaubt, die analytische Körperpsychotherapie zu erledigen oder der Lächerlichkeit preiszugeben: er zeigt nämlich, ganz zu Recht, daß sich der Körper inmitten der Sprachspiele und der in Sprache faßbaren Affekte manchmal meldet wie ein »anderers, höheres Wesen«. Die Ausdrücke, mit denen Bittner dieses »andere« des Körpers abzutun glaubt oder auf Altbekanntes zurückführen möchte, bestätigen gerade meine Thesen. Bittner meint: »Wenn *Moser* oder andere Körpertherapeuten die Ausklammerung, die Stillegung des Körpers beklagen, benutzen sie bemerkenswerte *Metaphern*: sie reden vom Körper entweder wie von einem unentdeckten Land, einem dunklen Kontinent (davon redet sogar C. Rohde-Dachser im Titel ihres Buches: »Expeditionen in den dunklen Kontinent«, und sie meint ebenfalls *verborgenes Unbewußtes*) oder von einer anderen Person, mit einem eigenen Gedächtnis, einer eigenen Sprache – einer Person, die aus dem Geschehen bisher ausgeklammert war und nun zu Wort kommt, oder drittens, wie von einer Apophänie, einer Offenbarung.« (13)

Jawohl, Herr Professor, genau so ist es, man kommt aus dem Staunen oft nicht heraus, was da neben dem sprachlich Faßbaren zum Vorschein kommt und, wenn es *begriffen* werden soll,

3 Vgl. hierzu mein »Stundenbuch. Protokolle aus der Körperpsychotherapie« (Frankfurt 1992) mit ausführlichen Falldarstellungen und Kommentaren.

einerseits nach Sprache drängt, aber zunächst einmal nach Antworten aus einem oft ebenso elementaren (aber durchaus rudimentär symbolischen) Bereich durch den Therapeuten. Wenn Herr Bittner nur einsehen oder erfahren könnte, daß viel Unbewußtes, nach dessen Entdeckung er ja auch strebt, neben und unterhalb der Sprache vorhanden ist, wahrlich ein Kontinent, für den es neuer Landkarten bedarf, und neuer Methoden seiner »Begreifbarkeit«!

Weiter meint Bittner, er habe entdeckt, daß ich mit alten Hüten handle, nur weil Freud das Unbewußte oder ganz früher das Es mit ähnlichen Begriffen bezeichnet hat. Er hat ja auch das damals »ganz andere« gefunden, nur nicht in allen seinen Ausformungen und Aggregatzuständen und nicht mit allen Zugangswegen, die uns heute zur Verfügung stehen.

Wie soll sich ein in der Kommunikation mit dem Patienten sinnlich gelähmter, aller frühmütterlich und frühväterlich selbstverständlichen Verständigungs- und Begegnungsmittel beraubter Analytiker denn vorstellen, was es da noch alles gibt außer dem Austausch von Worten? Dabei hält er es in der bildenden Kunst wahrscheinlich oft für durchaus sichtbar oder greifbar, vermutlich sogar bei seinen eigenen Kindern.

Aber ist es verwunderlich, wenn man das ganze erste Jahr wegläßt und mit St. Lacan *Stillung und Verschmelzung* ins zweite Jahr verlegt, die ganze Säuglingsforschung nicht zur Kenntnis nimmt, daß man dem psychoanalytischen Homunkulus aufsitzt? Die Verleugnung der frühen Erfahrung und ihrer Auswirkungen in den Leiden vieler Patienten – man denke an borderline-Störungen, aber auch an Hysterien mit ihren »entsetzlichen« Vorgeschichten, von denen die frühe Analyse mit ihrer ödipalen Fixierung noch nichts wußte – ist geradezu grotesk, und natürlich wieder ordentlich demagogisch formuliert: Bittner gesteht den autistischen Kindern mit dem »Kernsymptom ... daß es den frühen Kontakt zur Mutter vermeiden mußte« (14) zu, die sogenannte Halte-Therapie zu brauchen, die den liebevollen Blickkontakt erzwingt. »Die Methode scheint, wie mir von Leuten versichert wurde, die dabei gewesen sind, eindrucksvolle Wirkung zu zeitigen« (14). Nun, ich bin mehrfach dabeigewesen und habe darüber geschrieben,[4] und

4 Vgl. T. Moser über Festhaltetherapie in »Das zerstrittene Selbst«, Frankfurt 1989, und die Bücher »Hättest du mich festgehalten« und »Der kleine Tyrann« von Jirina

auch Herr Bittner hätte es nicht weit von Würzburg nach Stuttgart, um sich an einem Nachmittag ein Bild zu verschaffen auf der Station von Jirina Prekop. Und dort wie bei vielen Festhalte-Therapeuten wird beileibe nicht nur mit autistischen Kindern gearbeitet. Aber er begnügt sich auch hier mit dem Hörensagen, wenn sich schon das Phänomen nicht abstreiten läßt, aber die Methode muß natürlich auf extreme Sonderformen von Störungen begrenzt bleiben. Warum wohl? Damit diese intensive Körperpsychotherapie in der Zone des Exotischen bleibt: »Das ist eine Methode, die bei schwer geistig Behinderten, die mehr oder weniger außerhalb der symbolischen Welt leben, angemessen sein mag. *Mosers* Patienten sind von dieser Geistes- und Seelenverfassung weit entfernt. Selbst wenn sie niemals gehalten worden sind, so hat dieser Mangel doch nicht zu einem Struktur-Loch geführt, sondern eher zu einer schmerzenden Wunde ...« Ein Loch oder eine Lücke oder ein Hohlraum in der psychischen Struktur scheint Bittner noch nicht untergekommen zu sein! Vielleicht sind die Patienten in Westbayern noch gesünder. Bittner kennt nur Wunden, »ein Gefühl, etwas nicht bekommen zu haben«. Das ist ja schön, wenn seine Patienten wissen, was sie nicht bekommen haben. Manche von meinen können es erst allmählich mit meiner Hilfe erschließen oder an ihren Störungen ablesen, der oft namenlosen Qual ohne fühlbaren Grund, der Leere, Verzweiflung, Panik und Sinnlosigkeit. Aber dafür sind Bittners Patienten auch leichter zu besänftigen: »Natürlich können sie spüren, wenn sie durch einen freundlichen Blick oder Händedruck bei der Begrüßung ›gehalten‹ werden; sie können genährt werden mit freundlichen Worten; sie brauchen dazu nicht das körperliche Halten oder den Daumen des Analytikers im Mund« (14). Ich halte das für eine höhnische Verharmlosung der schweren Störungen, die wir (wenn wir sie nicht abweisen als »unanalysierbar«, oder uns durch eine fruchtlose oder endlose Analyse mit ihnen quälen wollen) anders angehen müssen, und für eine bodenlose Leichtfertigkeit gegenüber Phänomenen, die Bittner offensichtlich nicht kennt.[5]

Prekop, die eine Einengung auf autistische Kinder lächerlich finden würde, ebenso wie Martha G. Welch, »Die haltende Umarmung«, München Basel 1991, die ich mit einem erwachsenen, erstarrt verfeindeten Paar arbeiten sah.

5 Vgl. hierzu meine Auseinandersetzung mit Joyce McDougall, »Der Analytiker als sprechende Attrappe«, vor allem mit ihren oft wirkungslosen Langzeitanalysen mit Patienten, für die ich Körperpsychotherapie als Mittel der Wahl ansähe.

Dazu noch ein Satz ex cathedra würzburgensis: »Der Patient, der in der Analysestunde leibhaft gehalten oder genährt werden muß wie ein ein- oder zweijähriges Kind, dessen Schäden nur über solche präsymbolische körperliche Interaktion repariert werden können – es gibt ihn nicht, er ist ein Phantasma, zu keinem anderen Ziel erfunden als dem, die Notwendigkeit der Körpertherapie zu beweisen« (14). Wieder die verfälschende Übertreibung: ich habe nie behauptet, »nur« so seien sie zu heilen, ich habe immer von der großen therapeutischen Reichweite intuitiv begabter verbaler Therapeuten gesprochen; ich habe nur immer wieder gesagt, sie seien »besser« zu kurieren, wenn ein Therapeut über seinen »Elternkörper« verfügt und ihn einsetzt. Das Bodenlose ist: am Ausgang des zwanzigsten Jahrhunderts verkündet ein Professor, der mit den Phänomenen, über die er doziert, gar nicht umgeht, daß es sie gar nicht gebe, daß sie gefährlich seien, oder imaginär!

Bittner hat kluge Sachen geschrieben, von denen ich manches schätze. Wäre er bei seinen Leisten geblieben, so müßte ich nicht dazu aufrufen, daß ihm bald jemand zu Hilfe kommt bei seinen einsamen Beschwörungsmelodien wider etwas, das ihm so offensichtlich gegen oder über die Hutschnur geht.

Zum Nachtisch noch eine andere Bittnersche Breitseite gegen etwas, was ihm auch nicht in den Kram paßt: »Vor nicht allzu langer Zeit, als z. B. *Richter, Stierlin* und *Willi* ihre Bücher schrieben, konnte man denken, das Unbewußte manifestiere sich nur noch in Beziehungskisten. Das hat sich gelegt, und jetzt ruft es schon seit einiger Zeit ›*Kuckuck*‹ aus dem Körper« (15). Auch das werde sich wieder legen. Wie mir scheint, macht Bittner keine Paar- oder Familientherapien, sonst könnte er solchen Unfug nicht behaupten. Wer einige Male erlebt hat, wie sich in langjährigen Bindungen die wuchtigsten Übertragungen eingegraben haben oder wie sie von neurotischen Eltern auf Kinder verlagert, ihnen aufgezwungen werden, der wird sich dreimal überlegen, ob er wieder Jahre wartet, bis sich die längst verfestigten Übertragungen in der individuellen Analyse gemächlich auf den Analytiker verschieben. Der »Spuk« der Familientherapie ist gar nicht zu Ende. Nur trauen sich die meisten Analytiker nicht daran, weil es noch einmal ein Stück Ausbildung verlangen würde. Außerdem haben es die Analytiker geschafft, die Familientherapie vom Leistungskatalog der Krankenkasse verbannt zu halten. Und wo es kein Geld gibt, da zieht es in der Regel auch nicht viele Analytiker hin. Das hat aber doch nichts damit zu tun, daß das Unbewußte sich massiv in verquälten Bindungen manifestiert und dort auch, anders als in der Einzelanalyse, gefunden und behandelt werden kann. Gott sei Dank halten sich viele verantwortungsbewußte Therapeuten nicht auf Bittners Scherzniveau auf, sondern behandeln Familien halt trotzdem privat oder auf Kasse, indem sie der Kasse, wie von den Monopolisten des Kassenzugangs gefordert, einen Einzelpatienten für Begutachtung und Leistungspflicht hinhalten. Wenn man über solche gesundheitspolitischen Machtfragen nur witzelt, wird das eigene Trugbild von der Breite der therapeutischen Wirklichkeit auch nicht gestört.

Mit gesenkten Hörnern denkt sich's einfach schlechter. Oder hat Bittner in seinem allerjüngsten Angriff[6] nur zur meisterlichen Klarheit des Einfachen gefunden? Seine Erkenntnis lautet jetzt, es handle sich bei meiner Arbeit (und damit der vieler anderer) um »Ringelpietz mit Anfassen«, von der er natürlich nichts hält. Könnte er doch sagen: »Es gibt Dinge, die sind mir vielleicht fremd, oder unzugänglich«, und sich solcher Urteile enthalten, die ihn vielen inzwischen als unseriös bei diesem Gespensterkampf erscheinen lassen! Dann wäre auch wieder zu sehen, daß wir in manchen Ansichten über die psychoanalytische Orthodoxie übereinstimmen. Aber nein, er verrennt sich wie der Stier ins rote Tuch, mit den bekannten Folgen. Bei dem potentiell blutrünstigen Bild fällt mir glücklicherweise ein, daß in vielen Ländern der Stierkampf eine nicht tödliche Gaudi ist.

P.S. Mein Wunsch nach psychoanalytischem Beistand für Bittner ist inzwischen in Erfüllung gegangen durch H. Thomä (1992). Vgl. hierzu den letzten Beitrag in diesem Band.

6 Günther Bittner, »Die psychoanalytische Behandlung – ein ›Gespräch zwischen zwei Personen‹«. In: U. Streeck und Werthmann, H.-V., (Hg.), Lehranalyse und psychoanalytische Ausbildung. Göttingen 1992.

Ein Mafioso schreibt einen Führer durch die Mafia

Zu Robert Langs' »Ratgeber« für die Suche nach einem Psychotherapeuten

Entschließt man sich zum vollständigen Verriß eines Buches von einem Kollegen, dann durchläuft man einige Phasen von Unsicherheit und Herzklopfen. Das ist auch gut so, denn das rasche Urteil kann einen narren, besonders wenn starke Affekte ins Spiel kommen. Selten habe ich so oft deftige Kommentare an den Rand geschrieben. Robert Langs ist in Deutschland bereits durch ein anderes Buch bekannt: »Die therapeutische Verschwörung«, auch dieses Buch eine Mischung aus Klugheit und grotesker Vereinfachung. Die Grundidee des New Yorker Psychoanalytiker Langs ist die: er glaubt entdeckt zu haben, daß in der Mehrzahl aller Analysen und Psychotherapien Therapeut und Patient einer Verschwörung erliegen, die bedrohlichen Themen, oder besser ganze Dimensionen des Unbewußten ausgeklammert. Das ist ein wichtiger Gedanke und könnte, gelassen diskutiert, fruchtbar sein. Bei Langs aber wird er zur fixen Idee. Und der Retter aus all dieser labyrinthischen Not ist Langs, der sich so ungeniert wie simplifizierend als der Detektiv der therapeutischen Welt anbietet.

In dem neuen Buch »Der beste Therapeut für mich« hat er die Bodenberührung weitgehend verloren. Er will einen Ratgeber liefern, der jedem Patienten nach dem Erstgespräch ermöglichen soll zu bestimmen, ob sein Therapeut seriös oder gefährlich ist. Langs hält die Therapeutenszene insgesamt (es ist nie ganz klar, woher er seine grotesken Beispiele nimmt) für eine Art Mafia, die es, bewußt oder unbewußt, auf Ausbeutung, sexuellen Mißbrauch, hobbytherapeutischen Partyfilz oder Umkehr der Rollen abgesehen hat. Er glaubt auch, daß die meisten Patienten darauf aus sind, einen »schlechten« Therapeuten zu finden, weil sie die unangenehmen Themen nicht angehen wollen und lieber der »Verschwörung« verfallen als ernste Arbeit leisten. Der Retter in der Not, bekannt, Robert Langs: »An dieser Stelle kann ich eine einfache, wenn auch etwas beunruhigende Antwort geben: Es gibt nur eine Möglichkeit, die Kompetenz Ihres Psychotherapeuten mit Sicherheit einzuschätzen: die Analyse der unmittelbaren Erfahrung mit seiner Behandlungsmethode unter Zuhilfenahmen der in diesem Buch besprochenen Beurteilungskriterien.« Wenn der Therapeut keine Krawatte trägt: Achtung, gefährlich! Wenn er sich in bar bezahlen läßt: Achtung, Steuerbetrüger! Wenn er die Praxis in seinem Wohnhaus hat: Achtung, Inzestgefahr! Wenn ihn ein früherer Patient empfiehlt: Achtung, Neigung zum flotten Dreier! Die Checklisten sind nach jedem Kapitel beigegeben, man braucht nur nach der ersten Stunde oder nach dem ersten Telefonat anzukreuzen, was das »tiefe Unbewußte« registriert hat.

Ein richtiger und wichtiger Gedanke, daß das Unbewußte ein Screening vornimmt, also eine Überprüfung der Wahrnehmung und einen Vergleich mit den eigenen Ängsten, wird ins Groteske verzerrt. Bei Langs liefert es sofort nach der ersten Stunde sämtliche Warnzeichen. Er habe, sagt er, das Unbewußte von »Tausenden von Patienten« studiert. Es reagiere zum Beispiel auf eine Kassenfinanzierung der Therapie mit Vernichtungs- oder Verratsträumen, die den Kassenbeitrag definitiv als gefährlich abzulehnen empfehlen. Es reagiere auf die Tatsache, daß das Honorar über eine Bank überwiesen werde, mit Vernichtungs- oder Auslieferungsängsten.

In seriösen Ausbildungsgängen wird auf die Bedeutung des »Initialtraumes« geachtet, in dem der Patient sich zum ersten Mal mit dem Therapeuten auseinandersetzt. Das kann Wochen, ja Monate dauern. Langs behauptet, der »tiefe Unbewußte« reagiere sofort und erkennbar. Alle negativen Anzeichen seien also als konkrete Warnzeichen zu beachten. Kein Wort von einer möglichen negativen Übertragung, kein Wort über ein mögliches Durcharbeiten der ängstigenden Vorzeichen!

Langs fetischisiert den Erstkontakt und macht ihn zum Kriterium allen Urteilens. »Lässige Kleidung« heißt sofort: »lässiger Umgang« mit den therapeutischen Regeln. Die Praxis muß neutral bis steril eingerichtet sein; es darf keine Gruppenpraxis geben: Achtung, Eindringlinge, gefährdete Anonymität! Jeder Therapeut muß ein separates WC haben. Wer keinen Anzug trägt, ist gefährlich. Wer bei ärmeren Patienten weniger Honorar nimmt, ist der Kungelei verdächtig. Wer in der Klinik in seinem Arbeitszimmer Patienten empfängt, ist sowieso nicht ganz sauber, usw. usw. Stellt man sich nach Langs'schen Kriterien den idealen Therapeuten vor, so ist es der genormte und sterile Analytiker des Amerika der sechziger Jahre, der die Begrüßung per Handschlag schon für inzestuös hält.

Von Inzest in allen Variationen ist übrigens dauernd die Rede, er dampft aus dem Buch heraus oder aus dem Kopf von Langs und wird zur fixen Idee. Kluge Gedanken verkommen zur Manie, den Patienten wird angst gemacht, und zuletzt richtet sich das Mißtrauen gegen den Autor, der sich dauernd wiederholt. Obwohl er betont, daß es sich um lauter authentische Beispiele handele, glaubt man nicht mehr dem riesigen Zettelkasten von immer haarscharf passenden Beispielen, ein Bilderbuch von Hunderten von holzschnittartigen Moritaten.

Es ist für Patienten in der Tat schwer, den »richtigen« oder für sie ausreichend guten Therapeuten zu finden. Und es gibt in der Tat viele Patienten, deren innerer Kompaß verdreht ist und sie zu einer schlechten Wahl zwingt. Eine Anleitung zur sensibleren Prüfung des Therapeuten auf einem unübersichtlichen Markt ist willkommen. Es gibt sehr viele Opfer mißlingender oder ausbeuterischer Therapien. Aber dieser Führer durch den »Dschungel« erschwert die Orientierung. Die Art der Aufmachung wäre geeignet, den unwissenden Kunden beim Kauf eines Gebrauchtwagens zu beraten, damit er sieht, wo die Schrauben locker oder die Bremsleitungen gerissen sind. Schade um die vielen Gedanken, die eine weniger reißerische Verarbeitung und eine weniger monomane Aufreihung verdient hätten. Vielen befreundeten Kollegen müßte ich nach Langs' Kriterien raten, ihre Praxis zuzumachen. Mich selbst müßte ich anzeigen und gerichtlich aus dem Verkehr ziehen lassen. Es mag sein, daß viele Durchschnittsamerikaner ein hysterisiertes Bild von Therapie haben und daß darauf ein hysterisierter Analytiker, der nicht mehr an sein Handwerk zu glauben scheint, mit einem hysterischen Kriterienkatalog antwortet. Am Ende Verwirrung total!

Robert Langs, »Der beste Therapeut für mich. Ein Ratgeber für die psychoanalytische Therapie«. Aus dem Amerikanischen von Barbara Cox-Tepp. Reinbek 1991.

Psychoanalytische Sozialpsychologie

Die Unfähigkeit zu trauern: Hält die These einer Überprüfung stand?
Zur psychischen Verarbeitung des Holocaust

Diesen Text möchte ich mit dem Schlußsatz meiner Gedankenführung eröffnen, in der Hoffnung, so den Gang der Argumentation verständlicher zu machen. Er lautet: »Ich schließe mit dem tragischen Paradox, vor dem ich selbst auch hadernd und ohnmächtig stehe: auch der ins Verbrechen Verstrickte braucht Einfühlung, wenn er den Weg zur Umkehr finden soll.«

Nachdem ich diesen Vortrag übernommen hatte, geriet ich mehrmals in nächtliche Angstzustände, nicht schwer, aber doch so, daß ich versuchte, mit einer Ausrede die Aufgabe wieder loszuwerden, vergeblich. Meine Ängste hatten vier Quellen:

1. Ich habe noch nie vor Juden gesprochen, und mir war bang, ob ich gelassen genug denken und sprechen könnte.
2. Ich fürchtete, die Tatsache, daß mein Vater SA-Mitglied und später ein kleiner, ehrenamtlicher Funktionär der NSDAP gewesen war, könne quasi hinter meinem Rücken mein Denken leiten und einen Teil meiner Überlegungen durch unbewußte Loyalität entwerten.
3. Ich hatte Angst vor dem Beifall von der falschen Seite, nämlich von denen, die ohnehin wollen, daß das Thema beendet wird, oder die moralische Forderungen an die Deutschen ablehnen.
4. Als ich mich an die Arbeit machen wollte, hatte ich den Band der Mitscherlichs über die »Unfähigkeit zu trauern« mit all den Leseanmerkungen so verlegt, daß ich ihn zwei Tage nicht fand. Es handelte sich durchaus um ein Vergessen und Verdrängen. Die Mitscherlichs waren, neben anderen, meine psychoanalytischen Lehrer, ich verdanke ihnen einen sorgfältigen Unterricht, viele Diskussionen in den Seminaren, Supervision, und ein Vorbild im unerschrockenen Denken und im Mut, sich öffentlich zu äußern. Das bedeutete viel, denn mein Vater äußerte sich nicht mehr zu politischen Dingen, das große Schweigen lag auch über unserer Familie. Er kehrte zurück zu christlichem Engagement in der Betreuung der Flüchtlinge und im Dienst der wachsenden Diasporagemeinde. Was den Mut zu öffentlichem Nachdenken angeht, hatten die Mitscherlichs für mich, trotz einer gewissen persönlichen Distanz, Vorbild-, wenn nicht sogar partielle Elternfunktio-

nen. Ich fürchtete, wie sich dann herausgestellt hat, zu Recht, ich würde mich bei der Untersuchung ihrer Thesen in einen starken Gegensatz zu ihnen setzen müssen, was mir als undankbar, ja als Verrat erscheinen wollte. So weit meine Ängste.

Im Einklang mit dem politischen Denken der Autoren hatte ich mich wohl und auf der richtigen Seite gefühlt, ihr Urteil über die Deutschen schien mir lange einleuchtend. Und doch fand ich frühe Randbemerkungen neben ihrem Text, die mein Unbehagen an einer Vermischung von Psychoanalyse und vorwurfsvoller Moral signalisierten. Bei neuer gründlicher Lektüre fand ich meine Zweifel bestätigt und will sie im folgenden begründen. Es ist mir aber wichtig zu sagen, daß ich mich in einem Prozeß fühle, wo mir gültige Urteile gar nicht möglich sind; ich bitte also, die Thesen als etwas Vorläufiges zu nehmen, eine Art Zwischenbericht. Nur auf der Basis einer achtungsvollen Distanzierung von den Autoren vermag ich meine Einwände um der Klarheit willen mit einer gewissen Härte zu formulieren und hoffe, daß eine erneute Diskussion zu einer Erweiterung unserer Perspektiven führen könnte.

Zur Zeit der Niederschrift des Buches »Die Unfähigkeit zu trauern«, das 1967 erschien, galt es in weiten Bereichen der Psychoanalyse noch als selbstverständlich, daß Deutungen Einsicht und Veränderungen beim Patienten bewirken.[1] Inzwischen wissen wir, daß in vielen Fällen die Deutung, vor allem wenn sie eine Spur von moralischem Vorwurf enthält, als verfolgerisch wahrgenommen wird und als Reaktion eher eine Verhärtung als eine Wandlung nach sich zieht. Dies führte auf der Ebene der reinen Lektüre des wuchtigen Deutungstextes zu der paradoxen, wenn nicht tragischen Tatsache, daß das Buch innerhalb einer gewissen Kulturschicht zwar eine enorme Verbreitung fand und einige Formulierungen oder Denkformen zum Bestandteil der gebildeten Alltagssprache wurden. Eine gesellschaftliche, politische oder gar sozialtherapeutische Wirkung blieb aber mindestens lange Jahre nach dem Erscheinen aus oder setzte erst viel später und mit Hilfe neuer Faktoren ein.

Dafür möchte ich einige mögliche Ursachen anführen: schon bei der ersten Lektüre hatte ich an den Rand geschrieben: »psycho-

1 Zitiert wird nach der Ausgabe Alexander Mitscherlich, Gesammelte Schriften in zehn Bänden. Band I: Psychosomatik 1. Herausgegeben von Tilman Allert. Frankfurt am Main 1983.

analytische Bußpredigt, Daueranklage und diffamierende Entlarvung der Deutschen«. Jetzt bin ich den Bezeichnungen des deutschen Charakters und der deutschen Politik nachgegangen und fand folgende, sich unablässig wiederholende Vorwürfe: politischer und sozialer Immobilismus, Reaktionsträgheit, Abstumpfung, Indifferenz, Anteilnahmslosigkeit, kollektive Charakterpathologie, Provinzialismus, politischer Illusionismus, autoritäre Verwaltungsroutine, Apathie, Gehorsamskultur, autoritäre Charakterdefekte, kollektive Charakterverderbnis, Desorientierung, überschießende Unterwürfigkeit, Ichentleerung der Gesellschaft, kulturelle Vorurteilsstarre, Reaktionsträgheit, Gefühlsstarre, Inhumanität und vieles mehr. Das hört sich eher wie eine Dauerbeschimpfung als ein Verstehenwollen an. Eine nicht nachlassende Wut auf die Deutschen der späten sechziger Jahre durchdringt den Text, auch dort, wo es sich scheinbar um ein Verstehen einer unausweichlichen sozialpsychologischen Entwicklung handelt. Einfühlung ist kaum zu erkennen.

Eine solche Dauerbeschimpfung ist aber kein Boden für das verwandelnde Aufnehmen einer Veränderungen einleitenden Diagnose. Recht resigniert heißt es deshalb auch 1980 in Mitscherlichs Autobiographie: »Dieses Buch entstand in den 60er Jahren und erschien 1967. Die große Resonanz, die es zu haben schien, führte allerdings kaum zu einer sichtbaren Veränderung im politischen Verhalten. Die Verdrängung der Vergangenheit wurde weitgehend aufrechterhalten.« Die Verwirrung bzw. die Resistenz der Betroffenen gegen ein kreatives Aufnehmen von Mitscherlichs Thesen kommt nun daher, daß die Autoren einerseits diagnostizieren, als hätten sie einen Einzelpatienten vor sich, andererseits die Diagnose einem ganzen Volk anhängen, dem sie die Unfähigkeit, sich zu ändern, dauernd vorhalten.

Die Grundthese des Buches wird Ihnen vertraut sein: die Trauer um die Millionen Opfer kam nicht zustande, aus Verleugnung, Verdrängung, Abwehr der Schuld, Selbstmitleid, Ichentleerung, Abwehr einer sonst unvermeidlichen kollektiven Melancholie.

Ich möchte Ihnen einige Aspekte der Diagnose in Erinnerung rufen: den Deutschen widerfuhr, nach dem destruktiven Größenwahn der NS-Zeit, eine traumatische Entwertung des eigenen Ich-Ideals, das sie in Hitler gesehen hatten. Sie verfielen in ein Gefühl völligen Unwertes, griffen in einer »Notfallreaktion« unter der »außergewöhnlichen psychischen Anstrengung des Selbstschutzes«, und um den Ausbruch der Melancholie zu vermeiden, zur »Derealisierung« ihrer Vergangenheit wie ihrer Schuld. Das geht nur über einen regressiven Rückgriff auf die »kulturspezifische Kindheitsneurose, die mit dazu beitrug, daß man Glaubender, gehorsames Werkzeug der Aggression und des Größenwahns geworden war ...« Die Verwandlung von Schuldgefühl, Angst, Reue und Scham in Selbstmitleid und ein larmoyantes Opfergefühl wird dabei als psychoanalytisch plausibel dargestellt. Denn die Bindung an den Führer war keine Objektliebe, sondern eine narzißtische Bindung, die »scheinbar mühelos« und in »blitzartiger Wandlung« aufgegeben werden kann. »Der Mangel an Trauerarbeit läßt ihn als eingekapseltes psychisches Objekt weiterbestehen« (62). Es handelt sich dabei um eine »psychopathologische Spätform einer in ihrer Blütezeit nicht nicht weniger psychopathologischen Herrschaftslehre« (60).

Hinzu kommt die These, daß die Deutschen, da sie es nie wagen konnten, Väterfiguren anzugreifen, aber doch voller Vernichtungswut waren, diese Wut gegen die Juden, die an die Stelle der bösen, aber unangreifbaren Väter gerückt waren, gewendet hatten. Es handelt sich also um eine Übertragungswut, die ohnehin schon angst machen mußte. Nach der destruktiven Realisierung aber führte sie im Unbewußten zu untilgbarer Schuld, die gar nicht auszuhalten war und wiederum nur entwirklicht werden kann.

Strafe und kollektive Kindheitsneurose

Wenn an dieser These etwas daran ist, und ohne verschobenen oder projizierten Haß ist der auf Vernichtung zielende Antisemitismus ja kaum zu denken, dann hat das archaische Schuldgefühl über die Taten im Krieg, vor allem im Osten, wie über den Holocaust, folgende Wirkung: der Zusammenbruch, die Bombardierungen, die Verstümmelungen, die Toten, die Vertreibung wie die Gefangenschaft und der Hunger werden als eine ebenso archaische Strafe aufgefaßt, die man gerade noch überlebt hat. Aber ein solches Straferleben vollzieht sich nicht auf einer einsichtsvollen und das Schicksal annehmenden Ebene, sondern weitgehend im Unbewußten. Auch wurde vieles, was die Alliierten taten und anordneten, einschließlich der intensiven Schuldpropaganda, ebenfalls bewußt als Strafe aufgefaßt, bis hin zu den Demontagen, die in der DDR besonders lange anhielten. Diese Dimension der Wirkung des Bombenkriegs, des Kriegsendes, der Vertreibung und Zerstörung als archaische Strafe wird bei den Mitscherlichs kaum erwähnt. Es fehlt fast von Anfang an eine Bereitschaft zur Einfühlung. Mitscherlich hatte den Krieg in Heidelberg praktisch kaum wahrgenommen und wurde von den Amerikanern sehr rasch beinahe hofiert. In seiner Autobiographie »Ein Leben für die Psychoanalyse« von 1980 schreibt er:

»Als sich die amerikanischen Truppen in der Osterwoche Heidelberg näherten, vernahmen wir zum ersten Mal während des Krieges Kanonendonner. In unseren Ohren waren das Salutschüsse im Eröffnungszeremoniell einer neuen Epoche.«

Von den Deutschen erfolgte ebenso rasch eine weitgehende Desidentifikation.

Nun würde man von einem Patienten mit so schwerer Traumatisierung und verstümmelnder Lebensgeschichte, wie sie die Mitscherlichs den Deutschen quasi als Volkscharakter zuschreiben, im Falle einer Einzelberatung Hilfe anbieten, zumindest überlegen, unter welchen Bedingungen er seine psychopathologische Verarbeitungsform aufgeben könnte. Davon ist aber nicht in einem einzigen Gedanken die Rede. Und dies, obwohl die Mitscherlichs betonen:

»Die moralische Pflicht, Opfer unserer ideologischen Zielsetzung mit zu betrauern – was der übrigen Welt eine Selbstverständlichkeit war – konnte deswegen für uns vorerst nur ein oberflächliches seelisches Geschehen bleiben« (38).

Ich glaube nicht, daß man eine Trauer, die aus so vielen Gründen durch Entwirklichung aufgrund psychopathologischer Notfall-Reaktionen abgewehrt wurde, mit Erfolg moralisch einklagen kann. In der Einzeltherapie würden wir es absurd finden, einen Patienten dermaßen klar und mit brillanter metapsychologischer Triebmechanik als krank zu definieren und ihn dann mit diffamierender Wut seiner Wege ziehen zu lassen. Die Gleichzeitigkeit des Denkens in individual-analytischen Kategorien, die einen leidvollen Weg der vielen einzelnen in diesen Zustand anerkennen, und sozialpsychologischen volkscharakterologischen Dimensionen ist unsauberes Denken und beruht auf einer Vermischung der Haltungen. Die Diagnose wird dann plötzlich auf der kollektiven Ebene zum moralischen Knüppel gegen ein offensichtlich ganz anders begriffenes Kollektiv, dem kaum noch mildernde Umstände zugebilligt werden. Der verstehende Analytiker wird zum erbarmungslosen Ankläger, der seine Wut kaum zu bändigen vermag. Es ist die Umkehrung der psychoanalytischen Kriminologie, die versuchte, mit Einfühlung sich auch den Verbrechern zu nähern, um hinter der Strafe einen Zugang zu finden zum verschütteten Gemüt. Einer der Kernsätze dieser Kriminologie betont, wie unabdingbar es ist, den Rückweg aus dem kriminellen Ausagieren in die Neurose zu finden. Auch beim Kriminellen kommt zunächst die Flut der eigenen Anklagen, des Selbstmitleids, der Rechtfertigungen. Die Einfühlung in ihn steht *vor* der seelischen Schuldfähigkeit, und diese besetzt einen Platz, der erst leergeräumt werden muß von der im Vordergrund stehenden Opferidentität. Für diese gab es nach der ebenfalls als apokalyptisch erlebten Strafe auch Gründe.

Die Enttäuschung der Autoren ist vielleicht dadurch zu verstehen, daß sie immer wieder zu erkennen geben, wie sehr sie bei den Deutschen dringend auf etwas gehofft hatten, was sie wiederum mit einem Begriff aus der Psychotherapie ein »Durcharbeiten« nennen, ein ständiges Erinnern und Wiederholen und Betrauern des Geschehens wie des Verbrochenen. Also auch hier herrscht die Verwirrung zwischen therapeutischer und sozialpsychologisch-politischer Ebene. Es wird gar nicht darauf eingegangen, wie ein solches öffentliches Durcharbeiten aussehen könnte. Das deutsche Volk wird einerseits zum Patienten gemacht, dem man subtil nachweist, wie seine Krankheit unausweichlich zustande kam, und andererseits wird ihm abverlangt, daß er trotz vernichtender Diagnose aus eigener Kraft eine Wandlung durchlaufe, für die man beim Einzelpatienten bei jahrelanger therapeutischer Unterstützung einen Zeitraum von mehreren Jahren ansetzt; und dies in einem Schonraum, in dessen Schutz er elementare Prozesse der seelischen Strukturbildung noch einmal durchlaufen kann. Die fühlbare Enttäuschung der Mitscherlichs über das deutsche Volk wird nur plausibel, wenn man begreift, welches hohe Ideal einer Wandlung durch Trauer und Schuldanerkennung durch die Deutschen sie postulieren:

»Die progressive Durcharbeitung ihrer Problematik untereinander und mit der Welt wäre die Chance gewesen, den intelligenten und humanen Freiheitsspielraum zu erringen, der in dieser Lage erreichbar war« (66).

Die Autoren sprechen von ihrer Trauer darüber, daß dieser Prozeß nicht zustande kam. Sie sind sich der Tatsache zwar bewußt, daß neben der Hilfe Leidensdruck notwendig ist, sind aber wiederum entsetzt, daß dieser Leidensdruck im deutschen Volk scheinbar nicht vorhanden war, zumindest nicht in einer verbal faßlichen Form, und zwar weder 1945 noch in den sechziger Jahren. Sie hielten das deutsche Volk für einen beeindruckbaren und aufnahmebereiten Ansprechpartner für eine vorwurfsvolle psychoanalytische Interpretation und konnten es einfach nicht fassen, daß der Ausfall der Einfühlung und das völlige Fehlen eines politisch-therapeutischen Raumes das Ausmaß der Abwehr erst einmal verstärkten. Die tiefe Ambivalenz im »politisch-therapeutischen« Denken, wenn ich Mitscherlichs Versuch einer Diagnose der Deutschen mit psychoanalytischen Mitteln und dem Ziel von Umkehr und Reue einmal so bezeichnen darf, kommt in einem Abschnitt der Autobiographie noch einmal sehr deutlich zum Ausdruck. Man spürt dort seine Hoffnung, daß die gedankliche Kenntnis der Psychoanalyse (die ja auf eine enge Bildungsschicht begrenzt sein wird, T. M.) ein ganzes Volk zur »Selbstbesinnung« bringen könnte. Eine therapeutische Einfühlung erscheint ihm aber sogar als Gefahr, weil sie instrumentalisiert werden könnte:

»Das Ausmaß, in dem wir durch kollektive Werthaltungen in unseren Identifikationen beherrscht werden, wird uns erst jetzt langsam einsichtig. Es mag doch zu den großen Fortschritten unserer Epoche zählen, daß wir z. B. durch ein Instrument wie das der Psychoanalyse kritische Reflexionsmöglichkeiten bei der Hand haben, Techniken der Selbstbesinnung, die früheren Generationen bei aller Gedankenschärfe nicht so ohne weiteres zur Verfügung standen. Es ist demnach nicht möglich, kollektive Vorgänge nur dem einzelnen aufzurechnen, als ob es ausschließlich seine persönliche Entscheidung gewesen wäre, der er folgte. Andererseits ist aber ein Gedanke wie dieser sehr gefährlich. Er könnte mißbraucht werden zur Entschuldigung von Haltungen und zum Teil auch Verbrechen, die der einzelne zwar im Kollektiv begeht, aber gegen die er sich dennoch aus seinem Inneren heraus hätte auflehnen müssen. Denn dies bleibt doch das Ziel, Stärkung des Ich gegen die Gewalt und die Korruption des Gewissens, die vom Kollektiv ausgeht.«[2]

Hier finden wir gleich drei divergente Haltungen in einem Satz: den Therapeuten, den Kulturhistoriker, und den Volkspädagogen,

2 Alexander Mitscherlich, »Ein Leben für die Psychoanalyse. Anmerkungen zu meiner Zeit«. Frankfurt am Main 1980. S. 113/114.

der gerne über die Zulässigkeit mancher Gedanken befinden würde.

Psychoanalytische Denkfehler

Ich möchte Sie aber noch auf zwei weitere Denkfehler bei der sogenannten Unfähigkeit zu trauern aufmerksam machen. Die Autoren weisen sehr stringent nach, daß Trauern etwas ist, das sich beim Verlust eines wichtigen Lebewesens einstellt.

»Bei der Analyse des seelischen Geschehens, das die Trauer ausmacht, finden wir den Schmerz um den Verlust eines Wesens, mit dem der Trauernde in einer tiefer gehenden mitmenschlichen Gefühlsbeziehung verbunden war. Mit dem betrauerten Objekt ging etwas verloren, was ein wertvoller Inhalt unserer erlebten Umwelt war« (39).

Oder:

»Trauer entsteht, wo das verlorene Objekt um seiner selbst willen geliebt wurde, oder anders ausgedrückt: Trauer kann nur dort entstehen, wo ein Individuum der Einfühlung in ein anderes Individuum fähig gewesen ist« (42).

Nun verlangen aber die Autoren Trauer um die Millionen Opfer, die in einem zehnjährigen Prozeß der antisemitischen wie der antikommunistischen Propaganda aus der mitmenschlichen Nähe ausgestoßen worden waren, einen Vorgang, den viele Deutsche mit Scham und zu geringer Gegenwehr, viele aber auch mit Zustimmung und Triumph erlebt hatten. Das war ja das perfide an der jahrelangen Vorbereitung des Holocaust: das politische und juristische Verjagen der Juden aus der mitmenschlichen Umwelt. Nachdem die aber zerstört war, ist die Forderung nach Trauer gemäß den analytischen Begriffen absurd. Scham und Verzweiflung wären eher angemessen.

Ich behaupte außerdem, daß die menschliche Kapazität für Trauer wie für Scham bei den allermeisten Deutschen durch Trauer um Angehörige, Gefallene, Vermißte, Gefangene, Verstümmelte, durch Trauer um Häuser oder Städte, Heimat oder vertraute Wohnung weitgehend erschöpft war. In den vorbereitenden Gesprächen mit Freunden und aus den psychoanalytischen Behandlungen weiß ich, daß bei vielen nur mühsam Flucht, Vertreibung und Zusammenbruch Überlebenden der Kampf ums Überleben so elementar war, daß die Trauer selbst um verlorene Angehörige zunächst einmal ausfiel. Damit will ich nichts beschönigen, nur Konsequenzen aus der Freudschen oder Mitscherlichschen Trauertheorie ziehen, mögen sie uns gefallen oder nicht.

Auch für Reue und Scham, so meine ich, war bei sehr vielen unter Verzweiflung und Verbitterung Überlebenden der seelische Raum erschöpft. Für die Beurteilung einer späteren Bereitschaft ist es wichtig zu wissen, ob er sich später wieder geöffnet hat, und wenn nicht, warum. Daß der Beitrag der Psychoanalyse für die Öffnung eines kollektiven therapeutischen Raumes in den späteren Jahren sehr gering war, diese These möchte ich später noch vertiefen.

Zunächst will ich aber an den wenigen Fallgeschichten in dem Buch zeigen, daß selbst in einer psychosomatischen Klinik angesichts einer inquisitorisch oder inkrimierenden Vorgehensweise der Psychoanalytiker von einer Einfühlungsbereitschaft wenig zu spüren scheint. Sie müßte darauf warten können, bis die Schutzschichten der Verleugnung wie der Rechtfertigung sich auflösen und das leidende Kind zum Vorschein kommt und erst einmal anklagen und sich rechtfertigen darf.

Es scheint mir evident, daß die Freudsche Psychoanalyse, die sich zu Recht auf der Seite der Verfolgten fühlte, nicht im mindesten vorbereitet war, den versteinerten Tätern in ihrer Opfer- oder Rechtfertigungsidentität einen Raum für Veränderung zu bieten oder den Seelsorgern, Therapeuten und Beratern Hilfe zu geben beim Umgang mit Trauer, Verleugnung und Derealisation. Dies ist keine Anklage der damals arbeitenden Psychoanalytiker, sondern eine Beschreibung ihrer Haltung und der Grenzen ihrer seelischen Kapazität, in denen sie ebenso gefesselt waren wie viele, die Rat und Hilfe gebraucht hätten.

Die wenigen freudianischen Analytiker fühlten sich in doppeltem Sinne auf Seiten der Opfer: die jüdischen wie die politisch engagierten Kollegen waren vertrieben oder emigriert. Und dann war der Übervater der Psychoanalyse selbst, nämlich Freud, gerade eben noch den Nazis entkommen. Liest man in Mitscherlichs Autobiographie nach, was Freud für ihn bedeutet hat, dann wurden die Deutschen beinahe zu Gottesmördern, so wie er später Jahrzehnte gegen die vor der Offenbarung Verstockten wetterte. Fast ließe sich von einem auf den Kopf gestellten Antisemitismus angesichts der verfolgerischen Anklage gegen die Deutschen sprechen.

Ich hebe einige diffamierende Formulierungen hervor über Patienten, die mit massiven Symptomen kamen, denen die Kassen heute Krankheitswert beimessen würden: Sterbensangst, Panik, eine »schwere vegetative Krise«, psychogene Darmerkrankungen, Schweißausbrüche, Atemnot, Gefühle von Wertlosigkeit, Melancholie, Trauer über den Verlust der Ideale. Der erste Patient war in den letzten Kriegstagen an Diarrhoe erkrankt. In bezug auf die Lazarettzeit ist von einer »fast vollkommenen Erinnerungslücke« die Rede. Und nun heißt es:

»Erst nach mehr als einem Jahr Behandlung stellte es sich heraus, daß er damals eine ganz gewöhnliche diarrhoische Erkrankung durchgemacht hat, an deren psychosomatischer Qualität als Flucht aus der Verantwortung im Augenblick des chaotischen Auseinanderbrechens der militärischen Ordnung nun kaum mehr zu zweifeln war« (49).

Ist eine psychosomatische Erkrankung in den letzten Kriegstagen Fahnenflucht, die man ihm noch Jahre später vorhalten kann? Ist ein Widerstand, auch wenn er »kollektiv gebilligt« wird, und der sich mit »infantil gefestigten Schuldgefühlen« paart, ein Vorwurfsdelikt? Die Autoren sprechen von »Enttäuschungen über sich selbst« im Patienten, bei denen ein »Affektentzug« auftrat. Aber der Fragestil scheint inquisitorisch gewesen zu sein, ein Drängen, endlich Schuld zu fühlen, so, als sei Geständnis, Reue und Schuldgefühl das oberste Behandlungsziel.

Daß ich nicht übertreibe mit dieser Skepsis an der therapeutischen Haltung der Analytiker, möchte ich am nächsten Fallbeispiel zeigen. Es heißt:

»Es war in der Kürze der zur Verfügung stehenden Zeit nicht zu erfahren, was Q. als Polizeibeamter zwischen 1938 und 1945 erlebt hatte und woran er im einzelnen beteiligt gewesen war.«

Es wird ihm aber eine massive infantile Neurose mit einer sadomasochistischen Mutter attestiert, aus der er sich nie befreien konnte. Und nun kommt die diffamierende Generalisierung:

»Q.s Abwehr aller Schulderfahrung war undurchdringlich... So ist Q. nahezu zu einer Marionette geworden, die sich nach einem eingespielten Reiz- und Reaktionsschema bewegt; was die Enge seines Entscheidungsradius betrifft, ist er aber ein charakteristischer Vertreter der deutschen Form der Angestelltenkultur« (54).

Was bei heutiger Lektüre immer drastischer auffällt, ist, daß der Patient quasi als abschreckendes Muster der Spezies Deutscher analysiert wird, dem, so meine ich, ein therapeutischer Raum nicht wirklich zur Verfügung gestellt ist.

»Da unsere deutsche Kultur so ausdrücklich mit der Ausbeutung des Gehorsams in zahllosen Sozialbeziehungen arbeitet, ist es notwendig, sich an einem Beispiel wie Q. klarzumachen, in welche innere Hilflosigkeit ein Individuum manövriert wird, das nur Überwältigungen durch Dressatgehorsam kennengelernt hat. Die Ansätze zur sadistischen Perversion und das larmoyante Unschuldsgebaren zeigen, wie hier die affektiven Sozialbeziehungen in den allerfrühesten Entwicklungsphasen endgültig geprägt wurden« (54).

Und nun kommt ein Satz, aus dem die aktive Schuldsuche herausklingt inmitten eines therapeutischen Umgangs mit einem kranken Menschen, der erst einmal ein Ich entwickeln müßte, um sich dem zunächst Unfühlbaren zu stellen: »Q. hatte, wenn man mit ihm über diesen zeitlichen Ablauf des Kriegsgeschehens sprach, keine innere Möglichkeit zuzuhören, seine Meinung neu zu überdenken, sondern griff sofort auf die eingeübte Kette seiner Scheinargumente zurück, die schließlich bei dem Satz endete: ›Die Juden sind an allem schuld.‹«. Zwar heißt es, die Autoren wollten nicht anklagen, sondern an Q. »das quasi automatische Wirksamwerden dieser seelischen Prozesse klarmachen«. Aber es bleibt erstens klar, daß es keine therapeutischen Überlegungen gibt, wie diese neurotischen Barrieren aufzulösen wären und was dies für den Umgang mit der kollektiven Verleugnung bedeuten würde, und es bleibt weiter klar, daß er als Exempel dient für die psychoanalytisch unterfütterte Volksbeschimpfung. Der infantilen Wahrnehmungs-, Fühl- und Denkstörung auf der individuell-neurotischen Ebene wird doch wieder der politisch-kollektive Vorwurf gegenübergestellt:

»In dieser Haltung permanenter Kindhaftigkeit wird vergessen, daß zunächst deutsche Armeen es gewesen sind, welche die Tschechoslowakei annektierten ...« usw. Aus der klar diganostizierten kollektiv abgeschirmten Neurose wird dann am Ende doch wieder: »Die intellektuelle Primitivität erlaubt Q. die mühelose Umkehr im Dienste der Schuldbefreiung« (55/56).

Ich versuche mir natürlich klarzumachen, daß ein SS-Angehöriger, der nach 45 zwei Jahre interniert war, bei jemand, der selbst

Verfolgungen zu erleiden hatte, höchst ambivalente Gefühle auslösen kann bzw. das Instrument der Analyse in seinen Händen verändert, was das vorgegebene Verarbeitungsziel angeht.

Das Gesamtthema ist so grausig, daß es in jedem, der sich damit beschäftigt, erst einmal selbst Polarisierungen hervorruft und Haltungen, in denen auch das Wüten und das Verfolgerische durchbricht. Ich selbst fühle mich in diesem Vortrag nicht frei davon und habe erst im Gespräch mit Freunden über den Vortrag gespürt, wie inquisitorisch und vorwurfsvoll ich selbst mit meinen Lehrern umzugehen geneigt war, um mich vom Druck zu entlasten, also angriff im Dienst eines Ideals, auf dessen Seite ich mich fühlen kann.

Es mag für einen im Sinne von Trauerarbeit und »Durcharbeiten« der Schuld politisch engagierten Therapeuten natürlich mehr als aufreizend sein, wenn sich die Struktur der Neurose erst einmal gegen das Ziel der Schuldanerkennung sträubt, wenn das hochidealisierte Instrument der Psychoanalyse am therapeutischen Wunsch des Arztes scheitert. Die Schuld wird dem Patienten aufgeladen. Es gibt keinerlei Erwägung, wie man das Instrument vielleicht verändern könnte, was zu tun wäre angesichts von massenhaften psychischen Erkrankungsformen, die auf die Behandlungsform mit Verhärtungen reagieren. Die Grenzen der verstehenden und therapeutischen Haltung werden dem Patienten angelastet:

»Keiner der drei trauert über die verlorenen Ideale im Sinne einer Auseinandersetzung, eines dringlichen Fragens, wieso alles kam und von uns ungehemmt seinen Lauf nahm. Vor allem bringt keiner eine tiefere Einfühlung in die Opfer der Naziideologie auf« (59).

Sie haben das Behandlungsziel verfehlt und werden zu Exemplaren für die gefühlskalten Deutschen, denen doch immer wieder ein »submoralischer Notstand« attestiert wird. Es fällt weiter auf, daß die Autoren die psychischen Probleme der Nazizeit und danach nahezu ausschließlich unter der Väterthematik abhandeln. Dafür noch ein Zitat:

»Unter der herkömmlichen harten Herrschaft deutscher Väter haben sich zwar die aggressiven Gefühle der Rivalität bis ins Mörderische gesteigert, aber es ist nie zu einem direkten Ausbruch gegen die Väter selbst gekommen« (63).

Die Funktion der Frauen und Mütter bei der Massenbegeisterung für Hitler wird nicht erwähnt; auch nicht das kollektive Verbot der

Trauer um Gefallene während der letzten Kriegsjahre. Es wird nach der Niederschrift des Buches noch fast zwei Jahrzehnte dauern, bis die kleinianischen Deutungen des Nationalsozialismus mit ihrer Betonung der Entgleisung der seelischen Entwicklung schon im ersten Jahr bei uns rezipiert werden, etwa durch die Arbeiten von Herbert A. Rosenfeld. Es mag etwas mit der Fixierung der Psychoanalyse auf die ödipale Epoche zu tun haben, daß die Mitscherlichs immer wieder meinen, die hingeschleuderte Deutung produziere Einsicht und Wandel. Inzwischen wissen wir mehr über die Ursachen des Verlusts an Mitmenschlichkeit. Die harten Väter sind nur *ein* Aspekt der Sache. Ihre scheltende Wiederkehr bei der Diagnose der »Unfähigkeit zu trauern« enthält auch tragische Züge.

Das möchte ich noch an einem historischen Vorgang verdeutlichen, der mir aus vielen Gesprächen mit älteren Menschen, auch Verwandten, deutlich geworden ist, und der in dem Buch »Das große Schweigen« von Gabriele von Arnim in aufwühlender Weise eine Bestätigung gefunden hat. Sie beschreibt an vielen Stellen den inneren Prozeß, den sie durchlaufen hat, als sie das Fragen lernte über die seelischen Folgen des Holocaust: sie begreift im Laufe des Interviewjahres, aus dem ihr Buch entstanden ist, daß ihre Haltung des Abscheus und der Empörung gegenüber der Elterngeneration immer schon klar war, bevor sie fragte. Und dann beschreibt sie, mit Reue und Scham, würde ich sagen, wie sie begreift, daß sie sich das Verstehen nie zugemutet hatte. Sie begreift die Haltung des »Außen vor-bleibens« als eine, die die »Gnade der späten Geburt« als sicheres Privileg ihrer Generation verstanden hatte. Dann beginnt der Zweifel. Sie sucht dauernd die Scham der Elterngeneration. Aber: »Was will ich denn? Mich als Missionarin in Sachen Scham gerieren? Das deutsche Volk auf den längst überwucherten Pfad der Reue führen ...?« Ganz langsam verebbt die Wut der standardisierten Anklage, und dann wird allmählich deutlich, daß auch die nächste Generation sich noch mit einer Verleugnung geschützt hat, nämlich der, nicht von verstrickten Eltern abstammen zu wollen. Es war eine Reinigung der eigenen Identität durch eine Aufspaltung des Elternbildes: »Auch deshalb sind wir ja so aggressiv, beschämen und beschuldigen die Eltern, überschütten sie mit Vorwürfen, nicht mit Fragen« (156). Sie versteht, daß *sie* nie Verstehen angeboten hat.

Die von Dörte von Westernhagen (1987) in ihrem Buch »Die

Kinder der Täter« kommentierten Lebensläufe von Kindern von NS-Tätern zeigen, wie tief ihre Spaltung im Umgang mit ihrer Herkunft noch sind. Sie zeigen, daß der von den Mitscherlichs vermißte Leidensdruck mindestens an die zweite Generation weitergegeben werden konnte oder mußte. Und selbst die konnten sich ihrer Familienvergangenheit oft erst stellen, als sie in Therapie waren, weil sie in unerträglichen und unerklärlichen Sackgassen ihres Lebens steckenblieben. In dem Buch wird auch deutlich, daß viele Täter körperlich erkrankten oder Angst und Grauen in ihren Alpträumen erlebten. Es zeigt sich aber auch, daß die Frauen sich opferten für den Schutz des Vergessens oder der Nicht-Erwähnung der Vergangenheit. Viele von ihnen gerieten in Depression, Krankheit oder brachten sich um.

Und so kommt es, daß erst die dritte, die Enkelgeneration, das Fragen lernt, wie Horst Eberhard Richter in seiner Autobiographie »Die Chance des Gewissens« schreibt. Die zweite, die Achtundsechziger, hat sich verschanzt in die Empörung, in die Anklage, und die älter gewordenen Eltern haben sich noch einmal verhärtet. Als tragisch bezeichne ich es, daß diese Generation die Bewältigung im Sinne eines Sprechen-Könnens in einem geschützten Raum noch einmal um ein gutes Jahrzehnt oder zwei hinausgeschoben hat. Und sie fühlte sich sicher, und zwar auch als verdammendes Kollektiv, mit den Argumenten und der Haltung des Buches »Die Unfähigkeit zu trauern«. Die inquisitorische Verstockung, so möchte ich die Position einer ganzen Generation nennen, formte ein Klima, an dem auch eine sich bildende Gesprächsbereitschaft scheitern konnte. Die 68er-Lehrer-Generation trug den Gestus der Anklage auch in die Schulen, so daß sich die Spaltung der Familien vertiefte. Vielleicht gab es keine andere Möglichkeit. Aber die Position der Defensive und der Abwehr hat sich vertieft, und auch die Psychotherapie und die Seelsorge haben verlernt zu fragen, oder sie haben es gar nie gelernt. Bei denjenigen von den heute 40- bis 55jährigen, die vom Gruppenzwang der Inquisition weniger geprägt waren, trat ein anderer Zug mehr in den Vordergrund: eine Art psychischer Loyalität, nicht auf einer bewußten Ebene, sondern auf der eines unbewußten Austauschs von Schweigen gegen ein ohnehin bedrohtes Zusammengehörigkeitsgefühl der Familie.

Ich möchte es, von einem psychotherapeutischen oder familientherapeutischen Standpunkt aus gesehen, so formulieren: selbst die zweite Generation, die Kriegs- und Nachkriegskinder, hätten noch Hilfe gebraucht für den Umgang mit dem vergifteten Untergrund. Sowohl die inquisitorische Haltung wie die Fähigkeit zum kindlich-loyalen Schweigen waren ein Massenphänomen, das noch kaum mutige individuelle Lösungen zuließ. Man könnte sogar von einem späten Zusammenspiel der »alliierten Schuldpropaganda«, wie Gerhard Ritter es nannte, und der artifiziellen Unschuld der Achtundsechziger wie der innerfamiliären Loyalitäten sprechen. Aber ich möchte es noch einmal, nicht als sichere These, sondern als Vermutung aussprechen: die »Unfähigkeit zu trauern« hat etwas von einer Diagnose, die die Tendenz zu ihrer Erhärtung in sich trug.

Damit komme ich auf einen weiteren zentralen Begriff der Mitscherlichschen Argumentation zu sprechen, den Leidensdruck. Ich möchte, wiederum eine empirisch wohl kaum belegbare These, vermuten, daß die heutige Psychotherapeutisierung der Gesellschaft sehr wohl etwas zu tun hat mit den unterirdischen Tradierungsprozessen der Holocaustschuld wie der Verarbeitung von Krieg und Zusammenbruch. Die tiefer ansetzende These ist aber die, daß die Psychoanalyse weder personell und theoretisch noch ihrer Haltung nach in der Lage war, den vorhandenen Leidensdruck zu erkennen, zu formulieren und Folgerungen daraus zu ziehen. Die Kompetenz der Psychotherapie setzt im Grunde erst ein in den achziger Jahren mit Falldarstellungen über Therapien mit Kindern und Kindeskindern von Opfern und Tätern. Eine kompetente und personell ausreichend dotierte Psychosomatik wäre wohl bereits in den fünfziger Jahren in der Lage gewesen, die Flut von Schlafstörungen, rätselhaften somatischen Beschwerden, den Boom der vegetativen Dystonien, Angstanfälle, Jähzorns- und Panikzustände und viele weiteren Erkrankungsformen sowie Familienkatastrophen zu entschlüsseln. Im Schicksal dieses Faches mag man nicht nur einen massiven Widerstand gegen das psychoanalytische Gedankengut, sondern auch gegen das Aufdecken der historisch-psychologischen Zusammenhänge sehen. Der Leidensdruck, den die Autoren vermissen, war sehr häufig in Form von nächtlichen Angstzuständen und psychosomatischen Krankheiten vorhanden, aber er war im ganzen nicht psychisch-verbal formulierbar, und selbst wenn er es gewesen wäre, so hätte es in allen Bereichen der therapeutischen und seelsorgerlichen Betreuung an Methoden und Techniken gefehlt, mit der Vergiftung des seelischen Untergrundes umzugehen. Die Therapiemethoden, die immer wieder und unausweichlich auch auf NS-Zeit, Kriegs- und Holocaust-Schuld stießen, etwa das Psychodrama und verwandte Formen mit den sogenannten Familienkonstruktionen, und die Familientherapie, besonders die Mehrgenerationstherapie, wurden von der Psychoanalyse nie für voll genommen.

Die Psychoanalyse brauchte sehr lange Zeit, um einen Raum für Angst, Scham, Reue und Schuld zu öffnen. Sie war auf der institutionellen Ebene bis weit in die siebziger Jahre hinein in Grabenkriege um die Rechtgläubigkeit verwickelt wie um den Status der Unschuld wie der Opferidentität. Ich habe von keiner Diskussion gehört, wie die therapeutischen Techniken, wie die Haltung zu verändern wäre, um einen solchen Raum zu öffnen. Ich selbst erinnere mich mit Bedauern und Scham an therapeutische Situationen, vor allem in Gruppen, wo es durchaus Hinweise auf Verstrickung, Schuld und Angst in der Kriegskindergeneration gab, und ich habe sie nicht mit dem notwendigen Nachdruck aufgegriffen, wenn die jüngeren Gruppenmitglieder befremdet reagierten. Ich fühlte mich aber auch methodisch unsicher, wenn ich hörte, daß Hitler noch als innere Figur vorhanden war. Wie bringt man Hitler in die Übertragung?

Erst als ich Gestalt- und Körpertherapie in den analytischen Prozeß einbezog, fühlte ich mich den archaischen Zuständen, die Wiederbelebungen der verleugneten Affekte mit sich brachte, besser gewachsen.

Ich habe Patienten begleitet, die zwischen Ahnung und Nichtwissen-Wollen schwankten, und erst heute scheint der Abstand groß genug, so daß sich Patienten unerschrockener auf die Abgründe in der Familiengeschichte einlassen. Ich glaube aber auch, daß in vielen Therapien in den fünfziger und sechziger Jahren, über die man wenig las, Kollegen Zugang gefunden haben zu Themen von Scham und Schuld. Aber der öffentliche Raum war nicht vorhanden für die Publikation von Fallgeschichten.

Dazu trug nicht zuletzt eine Polarisierung der Stimmung bei in Verteidigung und Anklage, von der noch etwas mitschwingt in einem Satz aus der »Unfähigkeit zu trauern«, den ich fast widerstrebend mitteile:

> »Wir haben keine kleinliche Wiedergutmachungsleistung an jenen Überrest europäischer Juden bezahlt, die wir verfolgten und noch nicht töten konnten« (81).

Es klingt, als ob die Deutschen in den sechziger Jahren noch auf der Lauer gelegen hätten für neue Gelegenheiten zur Restlösung. Und in der Tat, die drohenden Giftgasgranaten im Golfkrieg können dies für einen kleinen Teil der Deutschen nahelegen. R. Seligmann spricht in seinem neuen Buch »Mit beschränkter Hoffnung« von einem nur gut getarnten Antisemitismus: »Zu stark bedrückt der jüngste Völkermord die kollektive deutsche Psyche. Darauf ist Rücksicht zu nehmen. Also gilt es, die eigenen Haßgefühle zu tarnen. Dies geschieht in einer christlich geprägten, gewissensinstrumentalisierten Gesellschaft am besten mit den Mitteln der Nächstenliebe beziehungsweise Verantwortungsethik. Daher muß offene Judenfeindschaft getarnt werden... Die mörderische Vergangenheit hindert Deutschlands Antisemiten, sich offen zu artikulieren und so die breite Masse der Judenfeinde dieses Landes, etwa ein Viertel der erwachsenen Bevölkerung, direkt für das gemeinsame Ziel zu aktivieren.« Träfe dies zu, dann wäre es noch weniger verwunderlich, wenn die Mitscherlichs nirgendwo Scham, Reue oder Schuld entdeckt haben.

Es gibt aber vielleicht noch einen anderen Grund, und der liegt wiederum beim Entwicklungsstand der Psychoanalyse: ich erinnere mich in meiner Ausbildungszeit an die endlosen, auch skrupulösen Diskussionen darüber, welche Patienten denn nun für eine Psychoanalyse geeignet seien. Erst die letzten beiden Jahrzehnte haben uns neue Zugänge erschlossen etwa zu borderline-Patienten. Wir nehmen ihnen die Spaltungen und die komplexen Abwehrmanöver nicht mehr übel, sondern erforschen mit ihrer Hilfe, wie sie entstanden sind, und welche Therapie sie brauchen. Wir wissen seitdem aber auch, daß elementare Spaltungen – und sie stammen nicht vorwiegend aus Vaterproblemen – zäh und destruktiv sein können. Sie fördern zum Beispiel den Ausstieg aus der Mitmenschlichkeit und machen das destruktive Handeln mit nur *einem* Persönlichkeitsanteil möglich, ja sogar wahrscheinlich, wenn politischer Sog und Druck eine illusionäre Heilung versprechen.

Wir wissen auch mehr über die Krankheiten des falschen oder des leeren Selbst und die ihnen innewohnenden Süchte nach der Ausfüllung des ängstigenden seelischen Hohlraumes. Der erschütternde Roman von Renate Finckh, »Nach-Wuchs« (1987), der im Grunde der autobiographische Krankenbericht einer BDM-Führerin ist, läßt etwas von der Gewalt erkennen, mit der der Führerkult in solche Kranken eingedrungen ist. Der Roman erhellt auch partiell die von den Mitscherlichs kaum erwähnte Tatsache, daß es die Massenverzückung der Frauen ist, die uns auf alten Wochenschauen bis etwa 1940 anspringt. Den langen Weg der Heilung und seine Stadien schildert Renate Finckh mit beinahe selbstquälerischer Genauigkeit. Möglich schien das Buch wohl erst in den späten Achtzigern. Carola Sterns Buch »In den Netzen der Erinnerung« erschien 1986.

Die Mitscherlichs ahnen 1967 bereits etwas von der Thematik der Spaltung, die ein Entgleisen der Triebproblematik nach sich zieht. So heißt es:

»Wir sollten nicht in eine Art multiple Persönlichkeit zerfallen, deren Teile nur idealisieren, hassen oder durch abgewehrten Haß sich verfolgt fühlen können. Einfühlung hilft bei diesem Ausgleich am entschiedensten« (80).

Dies war in den fünfziger und sechziger Jahren im Bereich der Psychotherapie sicher eher ein frommer Wunsch, der durch eine gewisse idealisierende Freud-Hörigkeit nicht eben rascher verwirklicht wurde. Auch unsere Einfühlungsformen haben sich verändert seither.

Aber noch immer gibt es nach dem Holocaust kein angemessenes Sprechen und Verstehen, noch immer provoziert die Erinnerung und ihre Einbettung in das Heute Angst, Wut und Haß, Abspaltungen und Verleugnung, Anklage und Verhärtung, und es mag noch lange so bleiben. Ich schließe mit einem tragischen Paradox, vor dem ich selbst auch hadernd und ohnmächtig stehe: auch der ins Verbrechen Verstrickte braucht Einfühlung, wenn er den Weg zur Umkehr finden soll.

Was heißt »Bewältigen« und »Durcharbeiten« der Stasi-Vergangenheit?

Alexander und Margarete Mitscherlich haben als einige der ersten versucht, Freuds auf die Neurosentherapie bezogenen Begriff des Durcharbeitens auf eine kollektive Neurose, also ein sozialpsychologisch relevantes, massenhaftes Vorkommen einer Thematik von Tat, Schuld, Vergessen und Verdrängen anzuwenden. Sie taten dies in ihrem 1967 erschienen Buch »Die Unfähigkeit zu trauern«. Die Bereitschaft zur Einfühlung, so läßt sich heute sagen, ist in diesem frühen Versuch nicht eben groß, vor allem gibt es keinerlei Hinweise darauf, wie die »Unfähigkeit zu trauern« behoben werden könnte, ob also der politisch-sozialpsychologischen Diagnose auch eine sozialpolitische Therapie außer der damals ihnen angezeigt erscheinenden Beschimpfung der Deutschen mit der Sprache der Psychoanalyse entspricht. Auch die Mitscherlichs fordern ein »Durcharbeiten« der jüngsten Geschichte, was vor allem als ein Anerkennen der ungeheuren Schuld gesehen wird. Bewältigen und Durcharbeiten werden in ähnlicher Bedeutung verwendet. An einer Stelle wird auf die Notwendigkeit der Wiederholung hingewiesen, weil es, wie in der Einzeltherapie, nicht mit einem einzigen »Durchgang« durch die Erinnerung und der dann noch sehr instabilen Einsicht getan ist:

»Mit ›bewältigen‹ ist vielmehr eine Folge von Erkenntnisschritten gemeint. Freud (1914) benannte sie als ›erinnern, wiederholen, durcharbeiten‹. Der Inhalt einmaligen Erinnerns, auch wenn es von heftigen Gefühlen begleitet ist, verblaßt rasch wieder. Deshalb sind Wiederholung innerer Auseinandersetzungen und kritisches Durchdenken notwendig, um die instinktiv und unbewußt arbeitenden Kräfte des Selbstschutzes im Vergessen, Verleugnen, Projizieren und ähnlichen Abwehrmechanismen zu überwinden. Die heilsame Wirkung solchen Erinnerns und Durcharbeitens ist uns aus der klinischen Praxis wohlbekannt. In der politischen Praxis führt uns dieses Wissen noch keinen Schritt weiter« (28).

Diese Erkenntnis führt bei den Autoren zu der bekannten Dauerklage, die ebenso berechtigt wie wirkungslos erscheint. Sie stellen fest:

»Die Autoren hatten es mit dem wohlorganisierten inneren Widerstand gegen die Durcharbeitung eines Stücks unserer Geschichte zu tun, deren Schuldmoment unerträglich war und ist. So entsteht die Alternative: entweder Verjährung ohne Trauerarbeit –, ... oder durcharbeiten, wenigstens im Detail ...« (14).

Der damalige Widerstand wird also mit der Größe der unerträglichen Schuld in Zusammenhang gebracht. Er führte auch dazu, daß es zu einem Durcharbeiten nicht kam, also auch nicht zu einer Bewußtseinsveränderung.

»Eine solche Bewußtseinsveränderung hätte sich angekündigt, wenn nach dem Krieg – vielleicht mit Verzögerung – eine Trauerarbeit auf der Basis eines Schuldeingeständnisses erfolgt wäre. Ohne eine wenn auch noch so verzögerte Schuldverarbeitung mußte die Trauerarbeit ausbleiben« (65).

Die Mitscherlichs konstatieren also eine Art »Null-Lösung« in Sachen Bewältigen und verfallen immer wieder in den Konjunktivus irrealis:

»Die progressive Durcharbeitung ihrer (der Deutschen) Problematik untereinander und mit der Welt wäre die Chance gewesen, den intelligenten und humanen Freiheitsspielraum zu erringen, der in dieser Lage erreichbar war« (66).

Freuds Begriff des Durcharbeitens, den man als die Arbeit der inneren Veränderung bezeichnen könnte, wird 1914 ausführlicher erwähnt. Aber nicht zu Unrecht schreiben die Autoren des »Vokabulars der Psychoanalyse«, Laplanche und Pontalis, die Bedeutung, die Freud dem Begriff gebe, bleibe »recht dunkel«. Klar ist nur, daß er verbunden ist mit Arbeit, Widerstand und Wiederholung. Dies letztere vor allem gegen die Gefahr des Vergessens von bereits geleisteter Einsicht. Es heißt in dem Band:

»So sehen wir, daß Patienten, die auf einer Stufe eine gewisse Einsicht gewonnen haben, in den folgenden Sitzungen diese gleiche Einsicht abstreiten, und zuweilen scheinen sie vergessen zu haben, daß es je die ihre war« (124).

Bevor ich aber den Begriff des Durcharbeitens am Beispiel der Stasi-Problematik vertiefe, möchte ich zunächst einige tiefenpsychologische Bemerkung zur Situation in den Monaten nach der Öffnung der Stasi-Akten machen.

Über den Bruderkrieg der Seelen, oder: Ist die Stasi eine Volkskrankheit?

Der wunderbare Wüterich Wolf Biermann schreibt im Januar 1992 im *Spiegel*: »Jeder verkrachte Romancier unter den Redakteuren möchte bei dieser Gelegenheit seine humanistische Substanz zu Markte tragen. Jeder Plattkopf wuchert mit seinen paar Gramm Talent und verrenkt sich in tiefenpsychologischen Arabesken, um den armen geschundenen Täter als Opfer zu durchschauen und seiner Kundschaft zu servieren.«

Meine These ist es, daß die große moralische Wut angesichts der sich erst so recht auftürmenden Entdeckungen durch die Öffnung der Stasi-Akten ebenso ihre Berechtigung hat wie tiefenpsychologische Erwägungen aus der Distanz. Erst der Chor der Stimmen, das lange Wogen des Streits wird so etwas wie Bewältigung hervorbringen können. Wer gerade nicht im Zentrum des moralischen Orkans sitzt, kann vielleicht gelassener hinschauen. Es heißt ja nicht, daß ihn nicht schaudert, auch angesichts der Abgründe, die er in sich selbst entdeckt, wenn er sich fragt: »Wer wäre es unter *meinen* Freunden, dem ich die Gleichzeitigkeit von Nähe, Vertrauen und Verrat zutrauen würde?« Oder noch schwerer: »Hätte mich die paranoide Macht selbst erwischt, bei meinen Schwächen, meinem Rachedurst, meiner Erpreßbarkeit? Und wäre ich ein Spitzel geworden?« Wer sich solchen Fragen nicht stellt, möge nicht urteilen über den Abgrund, der sich auftut bis hinunter oder hinauf auf die Ebene ehelicher Bespitzelung.

Aus Gesprächen mit Betroffenen kenne ich deren Taumeln, wenn ihnen neue Nachrichten den Boden jahrelangen Vertrauens wegziehen. Der Stasi gelang es, die intimsten Bereiche zu verseuchen, ja sie gewollter Destruktion auszusetzen. Und dies geschah so massenhaft, daß sich unwillkürlich die Frage einstellt: Handelt es sich um eine massenhaft genutzte moralische Schwäche vieler einzelner oder ist ein Volk erkrankt? Ist das Denunziantentum ein individuell-moralisches Problem oder rückt es durch seine perfide Systematisierung und flächendeckende Organisation in die Nähe eines politischen Geschwürs?

Beides ist wohl wahr. Dabei ist es wichtig, bei biologischen Bildern nicht das Seelenleben des einzelnen Opfers wie des Täters zu vergessen. Ein jeder Bespitzelte geht jetzt durch *seinen* Abgrund beim Rückblick auf ein beobachtetes, verratenes und auch zerstörtes Leben. Und ein jeder Spitzel taumelt durch seinen Irrgarten von Rechtfertigung, Selbstmitleid und Scham. Dabei darf nicht vergessen werden, daß es die Tausende hauptberuflicher Arrangeure des teuflischen Spiels gibt.

Nach diesen Profis wird zur Zeit wenig gefragt. Die »Informellen Mitarbeiter« der Stasi sind uns näher, weil wir sie näher an unserer eigenen »privaten« Existenz ansiedeln können. Sie erzeugen das moralische Gruseln derer, denen wir gleichen oder die in unserer Nähe »petzen« könnten. Dieser Ausdruck aus der Kinder- und Schülersprache ist nicht ganz abseitig oder nur verharmlosend. Die Stasi hat die infantilen Ängste geschürt und von ihnen gelebt, selbst wenn die Folgen gar nicht mehr kindhaft, sondern bitterer Ernst waren. Da von den Stasi-Leuten, ob hauptamtlich oder freizeitmäßig handelnd, selbst sehr viele von einer paranoiden Angst durchdrungen waren, wußten sie gut, wie man Angst weitergeben und steigern kann.

Trotz der fast millionenhaften »Normalität« der Bespitzelung sind alle Vorgänge eingebettet ganz tief ins leidende oder verfolgende Individuum. Das macht es so schwer, von einer Volkskrankheit zu sprechen: als nähme man dem einzelnen Opfer wie dem einzelnen Täter die Würde des Subjekts. Und doch spielten und spielen sich wichtige Vorgänge über den Köpfen der Betroffenen ab: eine paranoide Regie war im verborgenen, hinter den Kulissen des alltäglichen Lebens wirksam.

Uns können Einzelschicksale erschüttern, und sie tun es mit Recht. Aber liest man die Verordnungen und Anleitungen der Stasi für die Schulung und Bewußtseinsbildung ihrer Täter und Nebentäter, dann kann sich die Erschütterung in ein Grauen verwandeln. Denn man spürt, daß viel psychologische Kenntnis sich dort gehäuft hat, mehr als an den DDR-Universitäten erlaubt war. Die Psychologie des korrumpierbaren und erpreßbaren, des schwachen und des feigen Individuums war dort gehortet. Und es war monopolisiertes Herrschaftswissen, das mit der Verwertbarkeit der Schwäche des Menschen gerechnet hat. Zu dieser Schwäche, das ist das planend Böse an dem System (wie in fast jeder Über-Ich-Diktatur), kann auch der Idealismus gehören, den viele gebraucht haben, um das Gemeine zu tun und sich noch als heimliche Elite zu fühlen.

Das Wort von den Schreibtischtätern wird einen ganz neuen Sinn erhalten, wenn wir besser wissen werden, wie und von wem die Korrumpierung des Menschen zum wissenschaftlich gestützten Systems ausgebaut wurde. Es ist mir aber eine solche Verachtung der Menschen nicht anders denkbar, als daß sich ihre Anstifter als Menschen selbst verachtet haben.

Diese Erkenntnis nützt den Opfern im Augenblick nicht viel. Die Trauer, die Wut und die Fassungslosigkeit wollen erst einmal ausgehalten werden. Wer zu rasch zur pauschalen Versöhnung, zu handreichenden Gesten ohne Gespräche aufruft, beleidigt die Opfer, die gerade erst in größerer Zahl die Beschädigungen ihres Lebens mit den enttarnten Namen ihrer Spitzel in Beziehung bringen.

Aber trotzdem läßt sich sagen: die Stasi eine wirkliche Volkskrankheit zu nennen, birgt die Möglichkeit einer späteren Aussöhnung. Wenn das individuelle Böse, das so viel zerstört hat, auch begriffen wird als eine gezielt verbreitete moralische Massenerkrankung, wenn wir begreifen, daß es sich im Seelischen um eine Art bakteriologischer Kriegführung gehandelt hat, dann stiftet das später in der Tat zwischen Opfern und Tätern, vielleicht besser, Mittätern, eine andere Beziehung. Sie sind auf ein Drittes, eine korrumpierende Politik bezogen, die hinter den Proklamationen und der plakativen Selbstidealisierung konspirativ handelte: eine Paranoia, ausgestattet mit Macht, Technik und Zynismus. Dann könnten wir den Ausdruck vom »Auschwitz in den Seelen« wieder fallenlassen, weil in der DDR die meisten, trotz grausamer seelischer Schäden und Schäden am Leben, *überlebt* haben. Sie sollten nicht *vernichtet, nur gebrochen* und kontrollierbar gemacht werden.

Und da sie Verwundete, vielleicht sogar Verstümmelte sind, wird es im Lauf der Zeit auch Formen der Heilung, des Lebens mit der Verkrüppelung, der Entschädigung und des neuen Wachstums geben.

Aber die Wunden sind erst am Aufbrechen, und der Gestank treibt viele im Westen dazu, sich abzuwenden. Dabei ist es nicht unser Verdienst, wenn wir nicht angesteckt wurden. Die Seuche hatte an der Mauer weitgehend haltgemacht. Wir haben diesseits der Mauer andere Krankheiten. Eine davon: Überheblichkeit, aus der dumpfen Erinnerung an die eigene unbewältigte Vergangenheit. Und was bei uns im Gefolge des Baader-Meinhof-Komplexes im Anzug war oder schon existierte an Überwachung, Bedrohung, Bespitzelung, auch in Zusammenhang mit den Berufsverboten und den Regelanfragen, war nicht von Pappe. Der Schrecken sitzt noch manchem in den Gliedern, auch wenn nicht mehr viel davon die Rede ist.

Die Aufarbeitung »drüben« hat außerdem die Form eines Medienspektakels angenommen. Die unzähligen Täter und Opfer agieren in diesem moralischen Drama auf offener Bühne. Ein gigantischer Chor umgibt die Akteure wie in der griechischen Tragödie. Nur sind die Funktionen des Chores vielfältiger: es geht nicht nur um Kommentar und Erschütterung, sondern auch um Jagdfieber, Anklage, politische Ziele, Auflagensteigerung, Ablenkungsmanöver, politische Instrumentalisierung, Stellvertreterkriege und den kapitalkräftigen Wettlauf um die neuesten Informationen aus oft zwielichtigen Quellen. Zwar lernen die Betroffenen inzwischen auch die Medien des Chores nutzen, doch bleibt vielen Betroffenen das Gefühl, auch in diesem schmerzlichen Prozeß der Bewältigung *enteignet* zu sein. Tempo und Intensität des Prozesses scheinen vom Westen diktiert. Aber eine Gegenbewegung ist im Gang. Und der größere Teil der Bewältigung muß ja im stillen stattfinden: in den Netzen von Freundschaft, Kollegialität und Verrat, die die alte DDR durchzogen hatten.

Die Stasi als moralischer Krebs

Die Enthüllungen wie die menschlichen Erschütterungen bei der Öffnung der Stasi-Akten sind so ungeheuer, daß sich wie von selbst Bilder einer schleichenden Erkrankung eines Volkes aufdrängen. Innerlich sträubt sich zunächst vieles dagegen, weil die Nazis vom Volkskörper und seiner Erkrankung durch Juden und andere Volksschädlinge gesprochen haben, und da war es nicht mehr weit zur Ausmerzung.

Physische Ausmerzung war von der Stasi nur im Extremfall vorgesehen. Sie »begnügte« sich mit der Zerstörung der Seelen wie der politischen Widerstandskraft. Aber wie beim Krebsgeschwür gab es kein Halten: es breitete sich aus und bildete Metastasen. Die Wucherungen waren vielleicht sogar von den Initiatoren selbst nicht mehr zu kontrollieren. Warum? Es handelte sich um ein System, das kein politisch realistisches Ziel mehr hatte, abseits einer außer Rand und Band geratenen Kontrolle. Der Virus des Paranoiden war eingebaut und hat sich entfesselt vermehrt. Wolf

Biermann und viele andere betroffene Künstler staunten, in welchem Ausmaß sie überschätzt wurden als Gefahrenherde. Dutzende von Spitzeln, auf eine einzige Person angesetzt, waren keine Seltenheit. Aber das Mißtrauen der Stasi, die ihrerseits alle Andersdenkenden als von einer gefährlichen Krankheit befallen ansah, wuchs: sie mußte einen großen Teil ihrer Energie aufwenden, um sich selbst oder ihre Mitarbeiter zu bespitzeln.

Die Häufung des Materials ist grotesk. Es handelt sich, wie beim Krebs, um zerstörerische Überkapazitäten, die auf Ziel- und Feindsuche waren. Und der größte Feind war: autonomes Denken, Kritik am Mißbrauch der Macht, alle noch nicht von Angst und Konformität befallenen Teile. Deshalb der wachsende Totalitätsanspruch, der Drang zur Perfektionierung. Deshalb auch eine so maßlose Zentrierung auf die Künstler: sie erschienen als das nicht zu bändigende Potential von Selbst-Sein, von autonomen Gefühlen und Gedanken. Dem kam an autonomem Potential nur noch die Kirche nahe, als Institution, nachdem fast alle anderen Organisationen gleichgeschaltet waren. Deshalb ist es auch berechtigt, von einem Bürgerkrieg in den Seelen zu sprechen, der jetzt offen auszubrechen droht und der vorher unter dem unbedingten Druck der Geheimhaltung stand, bis auf die gezielten und gar nicht verborgenen Einschüchterungen.

Überleben durch Spaltung

Die Stasi hatte Zugang zur realen wie zur infantilen Angst von Menschen davor, ein Geheimnis zu verraten, das zu wahren ihnen unter Drohung eingebleut wurde. Deshalb die wenigen »dekonspirativen« Austritte aus dem System. Es ist nicht gerecht, dies nur noch der individuellen Feigheit zuzuschreiben. Wenn es einem System gelingt, zu den unbewußten Vernichtungsängsten Zugang zu finden, dann etablieren sich die ängstigenden Befehle im *Unbewußten*; sie sind für neue sittliche Entscheidungen nur noch bei starken, mutigen Personen erreichbar. Die anderen erwischt es bei der allgemein menschlichen Fähigkeit zur psychologischen wie der tiefenpsychologischen Spaltung.

Die Fähigkeit zur seelischen Fragmentierung ist ein wichtiger Mechanismus im Seelenleben. Er kann in Gefahrenzeiten vorübergehend lebenswichtig sein. Bei Geisteskrankheiten liegt er offen zutage: er überwältigt die ganze Person. Bei »nur« zerbrechlicher Persönlichkeitsstruktur (im Zentrum des Zerbrechens sitzt immer Angst!) läßt er sich nach außen verdecken: der Fragmentierte zeigt in jedem Milieu die erwünschte Farbe, den erwünschten Persönlichkeitsanteil. Ist die Scham und die Spaltungstendenz groß, so muß das Chamäleonhafte dieser Existenz vor dem Bewußtsein verborgen werden. So unglaublich es klingt: tiefenpsychologisch ist die Charakterisierung des Dichters und Stasi-Spitzels Sascha Anderson als Lügner im normalen moralischen Sinne nicht unbedingt zutreffend. Das Bewußtsein verbirgt vor sich selbst, daß ein Mensch in mehreren Wahrheiten lebt. Er fühlt sich jeweils denen, deren »Farbe« er annimmt, recht nahe, ja, er erlangt durch die *wechselnde* Anpassung erst ein Gefühl für sich selbst.

Diese Fähigkeit zur Spaltung macht es auch möglich, daß sehr viele Ertappte mit einem ganz *anderen* Teil ihrer Person reagieren: der Perfide und der Feige spricht in einem anderen Kontext mit seinem Identitätsteil des Leidenden, des Opfers. Es macht uns wütend, wenn wir die Mechanismen des Umschaltens nicht verstehen. Dies alles soll keine Entlastung sein, nur zeigen, daß sehr viele Menschen in kriminellen Systemen durch das Raster der herkömmlichen Moral durchfallen. Sie sind unter durchschnittlichen Belastungen zu durchschnittlicher Moral fähig und machen Gebrauch von ihrer latenten Deformation im Moment von Gefahr, Druck und Belastung. Wird dann die Charaktererosion zielstrebig genutzt und in ein entsprechendes Korsett gesteckt und laufend überprüft und verstärkt, so hat der Verstrickte oder moralisch »Erkrankte« kaum noch die Chance zum Ausstieg. Er glaubt der Vernichtungsdrohung, weil er sie in sich selbst eingebaut hat. Deshalb können solche Menschen innere und äußere Gefahr nicht mehr unterscheiden. Und zur Stabilisierung ihrer Person wie zur Rechtfertigung glauben sie an das vorgegebene Feindbild.

Die Künstler, die Therapeuten und die weinenden Täter

In dem erschütternden Buch »Geschützte Quelle« (Berlin 1990), in dem die Gespräche von Irena Kukutz und Katja Havemann mit ihrem langjährigen, mit ihnen befreundeten weiblichen Spitzel aufgezeichnet sind (neben den Stasi-Instruktionen für die konspirative wie zersetzende Arbeit), kommt dies präzise zum Ausdruck.

Die Täter weinen oder wirken weinerlich, wenn sie aus der konspirativen Absicherung ihrer Person herausfallen. Um nicht zu sehr vor sich selbst zu erschrecken, verleugnen sie aber sofort wieder das Gesamtbild ihrer Person.

Was heißt all dies für die »Bewältigung« des moralischen Krebses? Nur ein Teil ist auf der politischen Ebene zu bewältigen. Viele werden nur unter Druck zu einer Umkehr zu bewegen sein, aber es muß ein Druck sein, der Hilfe nicht ausschließt. Daß die meisten bis zuletzt, bis Minuten vor ihrer Enttarnung, leugnen, rührt nicht nur vom Versprechen der Stasi her, sie bis in alle Ewigkeit zu schützen (eine gottgleiche Anmaßung) durch Löschung der Akten, sondern durch ein weiteres Merkmal der sozialen Spaltungspersönlichkeit: amerikanische Tiefenpsychologen haben dies als Begriff aus ihrer Arbeit mit jugendlichen Verwahrlosten herausgearbeitet; sie nennen es »magical immunity«, einen irrationalen Glauben daran, nie entdeckt oder erwischt zu werden oder selbst im Falle des Erwischtwerdens sich geschickt herauslügen zu können, wobei sie aber oft an ihre eigene Lüge glauben.

Eine Therapeutin in Sachsen erzählte mir, als sie den Spitzel in ihrer Ausbildungsgruppe jetzt enttarnte: er habe sich nicht etwa entschuldigt oder betroffen gezeigt, sondern ihr *seine* Leidensgeschichte erzählt und sie gebeten, mit ihm darüber zu weinen. Dies verdeutlicht das Ausmaß von Therapie, das viele brauchen werden, wenn sie ihre moralischen Verkrüppelungen nicht in neue Gruppen und Institutionen hinüberschleppen sollen. Therapie ist hier in einem ganz allgemeinen Sinne verstanden, als ein menschlicher und institutioneller Raum, in dem Veränderung durch Begegnung und Offenheit möglich wird.

Aber das aufbrechende Maß an Bitterkeit zwischen Opfern und Tätern mag so groß sein, daß es Freunde, Therapeuten, Gesprächsleiter, Berater und Dolmetscher nicht nur aus den neuen Bundesländern, sondern auch von auswärts braucht. Ob »Wessis« akzeptiert werden, ist unsicher. Ob die Selbsthilfegruppen funktionieren, ebenfalls. Manche ostdeutschen Therapeuten und Seelsorger leisten bereits Beträchtliches, aber die seelische Kraft ist begrenzt, wenn man gleichzeitig Opfer und erkrankte Täter therapieren soll. Vielleicht könnten zunächst sogar österreichische oder Schweizer Fachleute helfen oder auch einige Westdeutsche, die sich das Vertrauen aber erst verdienen müssen.

Der Groll gegen die moralische und moralisierende Einmischung aus dem Westen ist inzwischen groß, und das Mißtrauen richtet sich oft zu Recht gegen die Motive. Außerdem haben wir nach 1945 kaum Vorerfahrungen gesammelt für einen moralischen Krebs von diesem Ausmaß. Das meiste kam unter den Teppich. Es hat nur in vielen Familien still oder krank machend vor sich hingeschwelt. Manches ist nur durch biologische Austrocknung mit den Jahrzehnten verheilt, aber die Schäden in der zweiten Generation kommen erst jetzt allmählich zum Vorschein. Einen vorsichtigen Anfang im tiefenpsychologischen Durchdenken der seelischen NS-Folgen machte Jürgen Müller-Hohagen mit seinem Buch »Verleugnet, verdrängt, verschwiegen. Die seelischen Auswirkungen der Nazizeit« (München 1988). Ein psychoanalytisch sehr tief durchdachtes Buch von Anita Eckstaedt heißt »Nationalsozialismus in der zweiten Generation. Psychoanalyse von Hörigkeitsverhältnissen« (Frankfurt 1989). Noch besteht die Chance, die Bewältigung der Stasi-Vergangenheit nicht warten zu lassen bis zur nächsten Generation. Die Bedingungen sind günstiger als die der Nachkriegszeit, auch wenn das, was die Psychoanalyse mit »Durcharbeiten« meint, derzeit noch in schrillem Getöse sich verbirgt.

Die Spitzel schienen oft die besten Freunde

Wie sehr eine vertiefte Beschäftigung mit Problemen um die Stasi auch den unbewußten Teil von uns heimsuchen kann, zeigte mir ein Traum vom Februar 1992, den ich wie ein Geschenk wahrnahm. Er brachte einige Einsichten zutage, vor denen das Bewußtsein sich noch scheute. Es geht noch immer um die Gründe der massenhaften Anfälligkeit der Menschen drüben für Spitzeldienste, aber auch um das Ausmaß der Arglosigkeit bei den Bespitzelten. Die meisten, die in den ersten Wochen des Jahres vor ihren Akten saßen, hatten zwar immer einen Verdacht, daß sie über Telefonabhörung, Postzensur und Bespitzelungsversuche überwacht würden. Aber das volle Ausmaß der Durchsetzung ihres Lebens mit Spitzeln ließ die meisten erschrecken.

Ich wiederhole hier zunächst aber noch einmal meine These, daß auch wir im Westen unter vergleichbaren politischen Umständen und unter ähnlicher Unfreiheit nicht viel anders reagiert hätten; man denke nur daran, in wieviel kürzerer Zeit unter dem

Nationalsozialismus ein dichtes Netz von Bespitzelung und Denunziantentum etabliert werden konnte.

Der Traum, der auf einem seelischen Hineinversetzen in Bespitzelte beruht, sah folgendermaßen aus: »Im Lauf von einigen Monaten, vielleicht sogar Jahren, komme ich in unterschiedliche Gruppen. Jedesmal kommen drei Menschen dazu, die mich freundlich und wie einen Freund begrüßen. Sie sind immer da, wenn ich da bin, und obwohl ich ihnen leicht mißtraue, finde ich sie sympathisch und freue mich über ihre Zuverlässigkeit. Sie gehören zu meinem Leben.«

Als ich mir die Botschaft des Traumes klarzumachen versuche, fällt es mir wie Schuppen von den Augen, wenngleich die berichtete Version nicht die ganze Bedeutung des Traumes umfaßt: es war der Stasi gelungen, nicht nur in politische und kirchliche Gruppen und enge Freundschafts-, Intellektuellen- und Künstlerzirkel einzudringen, zum Teil in mehrfacher Besetzung, zur wechselseitigen Überwachung und zur vergleichenden Kontrolle der Berichte. Es gelang der Stasi auch durch die Art der Auftragsgestaltung, die Spitzel, die entweder schon vorher in den Gruppen waren oder neu in sie eintraten, so zu motivieren und sie seelisch in eine solche Rolle zu drängen, daß ihre größte Chance, »anzukommen«, darin bestand, sich in zuverlässige Freunde zu verwandeln. Gerade dieses Phänomen ist in ebenso erschütternder wie schillernder Weise dokumentiert in dem Buch von Lienhard Wawrzyn, »Der Blaue. Das Spitzelsystem in der DDR« (Berlin 1991).

Immer wieder liest oder hört man von Mitgliedern solcher Gruppen, daß die Spitzel begeisterte »Mitmacher«, ja treibende Kräfte bei Aktionen waren; daß sie sich in die Gruppenziele am tiefsten eindachten; daß sie sich in die Freunde einfühlten, hilfsbereit waren, interessiert, anteilnehmend. Und daß sie über spezifische Fähigkeiten verfügten, Nähe zu suchen und herzustellen. Sie lebten unter dem Druck ihres Auftrags, wollten aber auch wirkliche Freunde sein. Ihr Schuldgefühl und ihre innere Spaltung haben sie gezwungen, ihre Fähigkeit zur Freundschaft, mindestens ihr konstantes Angebot, überzubetonen und gleichzeitig zu vertiefen. Dies ist ein ebenso dialektischer wie diabolischer Prozeß, weil es sich eben nicht nur um abgefeimte Betrüger, linientreue Roßtäuscher, geborene Verräter und zynisch-kaltschnäuzige Beobachter handelte, sondern um schwache, verängstigte, anschluß- und geltungssüchtige, gruppenbedürftige Menschen. Unter dem Druck ihrer Rolle konnten sie chamäleonhaft ihre Fähigkeiten zu Nähe und Vertrautheit steigern.

Dieser Mechanismus könnte aber auch erklären, warum sie, neben ihrer Fähigkeit zu spalten und der magischen Hoffnung darauf, nicht entdeckt zu werden, sich bis zuletzt nicht freiwillig stellten. Viele von ihnen hofften ja, mit dem Zerfall des Regimes wieder »anständig« zu werden, ihre »Schwäche zum Verrat« abzulegen und die Seite der *Freundschaften*, die sie angefangen hatten, für ihre beste zu halten (längst nicht alle natürlich, es gab die zynischen und die ideologisch besessenen Spitzel) und im »Frieden« nach dem Bruderkrieg auszubauen. Möglicherweise hat sogar die Stasi als ganze gehofft, eine große Krise zu überleben und zu einer weniger unmenschlichen Organisation zu werden. Mindestens trifft dies für die Sektoren in ihr zu, die aus dem Glauben an den Sozialismus oder um des puren Überlebens willen wünschten, die Regierung oder die Partei zöge aus dem riesigen Informationsmaterial über die Stimmung im Land und über die realen Mißstände endlich Konsequenzen für Reformen.

Deshalb ist vielleicht auch anzunehmen, daß sich im Lauf der Zeit manche von den Spitzeln oder auch der hauptamtlichen Angestellten der »Firma«, von denen man es nicht wußte, offenbart hätten unter dem fortdauernden Druck der Schuldgefühle. Denn Schuldgefühle haben einen langen Atem, und das Unbewußte kennt einen Geständniszwang, der sich auch nach Jahren noch seinen Zeitpunkt der Offenbarung suchen kann, wenn auch selten unter äußerem Druck. Unter der gegenwärtigen Aufmerksamkeit der Medien aber und der erwarteten Prügel und der berechtigten kollektiven Empörung scheint die Angst zu groß gewesen zu sein.

Auf die Frage, was an der DDR erhaltenswert sei, kam oft die Antwort: »Unsere Fähigkeit zur Freundschaft und zu sozialem Gruppenleben.« Nun könnte sich tragischerweise herausstellen, daß ein Teil auch dieser Errungenschaft der DDR eine Schöpfung der Stasi darstellt: die Erzeugung von Nähe zur Verbesserung der Kontrolle. Daß dies bewußtseinsfähig und gezielt einsetzbar war, zeigt die strategische Planung (wie Zerstörung) von Liebesverhältnissen. Viele Menschen erleben die Zuverlässigkeit und die kontinuierliche Anteilnahme eines Menschen als ein Geschenk und lassen Freundschaft daraus entstehen. Auch die Spitzel waren bedürftig nach Freundschaft und Anerkennung, dies um so mehr, als die gleichzeitige Scham sie zur Intensivierung des Freund-Seins antrieb wie zur Radikalisierung der inneren Spaltung.

Was kann Durcharbeiten heißen?

Angesichts der Tatsache, daß durch die massenhafte Bespitzelung unzählige einzelne und Gruppen in ein System von Kontrolle, Einschüchterung, Behinderung und Destruktion einbezogen waren, die wiederum von unzähligen einzelnen begangen und organisiert wurden, ist auf der rein menschlichen Ebene ein Geflecht von Beziehungen entstanden, die ein enormes destruktives moralisches Potential darstellen. Es läßt sich also vertreten oder ist vielleicht sogar notwendig, Ebenen des »Durcharbeitens« und Bewältigens zu unterscheiden. Ich unterteile daher das Problem in zwei Ebenen: einerseits die Bewältigung der massenhaften Beziehungskrisen bzw. -zerstörungen, die auf der Stufe des mitmenschlichen Verrats entstanden sind; andererseits die politische Problematik, die auf einer überindividuellen Ebene besteht durch die Organisation der Stasi, den politischen Zielen, dem Entwurf der Methoden, des Menschenbildes, des Einbaus der Stasi in die sozialistische Diktatur.

1. Die zwischenmenschliche Ebene

Um noch einmal dem Ursprung des Begriffs »Durcharbeiten« aus der individuellen psychoanalytischen Situation nachzugehen, zitiere ich die aus Freuds Werken komprimierte Definition aus dem »Vokabular der Psychoanalyse«. Die Autoren fassen zusammen als »Durcharbeiten«: den »Vorgang, durch den die Analyse eine Deutung integriert und die Widerstände überwindet, die sie hervorruft. Es handelt sich dabei um eine Form psychischer Arbeit, die es dem Subjekt erlaubt, bestimmte verdrängte Elemente zu akzeptieren und sich vor der Bemächtigung der Wiederholungsmechanismen zu befreien. Das Durcharbeiten ist ein konstanter Vorgang in der Behandlung, aber besonders am Werk in bestimmten Phasen, in denen die Behandlung zu stagnieren scheint und ein Widerstand bestehen bleibt, obwohl er gedeutet worden war.« Die Überwindung der Widerstände wie die Integration des Erinnerten samt der dazugehörigen Affekte stehen also im Zentrum.

Es besteht also kein Zweifel, daß das »Durcharbeiten« im politischen Bereich den Begriff eher als eine Analogie denn als wörtliche Übertragung wird verwenden können. Aber immerhin wird deutlich, daß es um eine Bewußtseins- und Haltungsveränderung geht, sowohl auf der individuellen wie auf der kollektiven Ebene. Die Analogie trägt am weitesten auf der individuellen, der ich mich gleich zuwende. Auf der kollektiven geht es nicht nur um das öffentliche Bewußtsein und die Haltung, den Erinnerungsraum und die Verhaltensweisen, sondern auch um die Institutionen. Genaugenommen müßte auch diese Ebene noch einmal unterteilt werden in die des öffentlichen Bewußtseins und die der institutionellen Regelungen, also: Verfassungen, juristische Formen der Bewältigung und Schutzinstitutionen, die das neue öffentliche Denken verankern. Dazu gehört die Förderung freiheitlichen Denkens wie die Sicherung der Menschenrechte, soziale Gerechtigkeit, Umgang mit der Schuld und die Vermeidung der Wiederkehr des totalitären Denkens. Das umschließt die pädagogische Aufarbeitung wie auch die Verfassung der Medien.

Die summarische Verwendung des Begriffs durch die Mitscherlichs in der Konstatierung des Mißerfolgs eines Durcharbeitens der Schuld der Deutschen bezieht sich – und hier ist die Analogie zur Psychoanalyse noch einmal sehr direkt – auf die Verhinderung des Vergessens wie die persönliche Anerkennung von Scham und Schuld, aber auch die Notwendigkeit reparativer Leistungen. Hier machen Begriffe wie Verdrängung und Verleugnung direkten Sinn, auch wenn das öffentliche Bewußtsein eines ganzen Volkes wie die unzähligen individuellen Aspekte zusammenfassend gemeint sind.

Anders ist es bei der Aufarbeitung der Stasi-Vergangenheit oder besser, ihrer nachwirkenden Gegenwart: das öffentliche Bewußtsein ist hellwach, und die Vergangenheit ist in Millionen Akten trotz Verzögerungen schon jetzt oder bald und gut dokumentiert zugänglich. Es geht also nicht um eine schon jahrzehntelang anhaltende Verdrängung der Erinnerung, sondern um eine Explosion unseres Wissens und um das unmittelbare Hereinbrechen des Wissens auf Zehntausende oder Hunderttausende von betroffenen Menschen. Auch über die Täter bricht die wohldokumentierte Entlarvung quasi schlagartig herein.

Es geht weniger um den Widerstand gegen das Erinnern, sondern um den Widerstand gegen das Gestehen und mögliche (sicher vorübergehende) berufliche Nachteile, um die berühmte »Pause«;

es geht auf beiden Seiten um das Problem des Umgangs mit dem Wissen, das in gelebte Beziehungen einbricht. Das Wissen verändert schlagartig bisher kooperative oder freundschaftliche, ja eheliche und Liebesbeziehungen und setzt sie einer extrem schmerzhaften Spiegelung aus.

Das politisch-therapeutische Problem, das daraus folgt: natürlich sind Entfremdung, Kündigung, Schmähung, Bestrafung und Rache denkbar, häufig unvermeidlich, vielleicht auch in vielen Fällen notwendig, und sei es aus nicht geringzuschätzenden psychohygienischen Gründen. Hält man sich aber vor Augen, daß es sich bei diesen Wirkungen einer vierzigjährigen sozialistischen nach zwölf Jahren der NS-Diktatur nicht *nur* um individuelle und zwischenmenschliche Probleme der Moral, sondern auch metaphorisch um eine politisch erzwungene moralische Erkrankung eines Volkes handelt, dann dürfte auch das Durcharbeiten nicht nur den Fähigkeiten der betroffenen Individuen überlassen bleiben. Trotzdem bleibt der spontanen Seelenarbeit zwischen Opfern und Tätern mit all den manchmal fließenden Übergängen, wie einzelne Beispiele zeigen, ein hoher und exemplarischer Rang. Das Durcharbeiten läßt sich jedoch nicht einfach organisieren, und alle Anklänge an manipulative Steuerung wären sicher verfehlt. Aber es lassen sich Hilfestellungen vorstellen, sowohl im öffentlichen Denken wie in Angeboten bei eben dieser zwischenmenschlichen und individuellen Seelenarbeit.

Der Hauptunterschied in diesem Bereich zur individuellen Psychoanalyse oder Psychotherapie besteht in zwei Punkten.

1. Dort handelt es sich um einen Einzelpatienten, der sich auf seine inneren Vorgänge, seine Vergangenheit und seine in ihm eingebauten Konflikte mit Hilfe eines Therapeuten einläßt, der ihm in häufiger Wiederholung ausschließlich zur Verfügung steht und dadurch beträchtliche Hilfen gibt.

Bei den Bespitzelten (wie den Spitzeln) handelt es sich zwar auch um viele einzelne, wenn auch oft politisch in Gruppen arbeitend. Die einzelanalytische Arbeit ist natürlich denkbar, wünschenswert und vielleicht in vielen Fällen notwendig, je nachdem, wie tief die passive oder aktive Bespitzelung destruktiv sich mit frühkindlichen oder persönlichkeitsspezifischen Faktoren verbunden hat. Aber es ist angesichts des Umfangs der hinterlassenen Schäden sinnvoller, die Verstrickungen interaktionell zu sehen, etwa so, als

handele es sich um familienanaloge destruktive Prozesse, die auch in der Familie (Gruppe, Team, Kollektiv, Freundeskreis) aufgearbeitet gehören. Für die Analogie zu Familien- oder Clankonflikten, die eher einer gemeinsamen, also interaktionellen Aufarbeitung bedürfen, spricht auch folgende zusätzliche historische Dimension.
2. Es gab im SED-Staat (ähnlich wie in vielen ideologisch begründeten Diktaturen) eine frühe Einübung in gespaltenes Denken wie in Denunziantentum und Bespitzelung. Ich meine damit z. B. die Instrumentalisierung der Schule, wie es Freya Klier in ihrem Buch »Lüg Vaterland« hervorragend beschrieben hat. Es handelt sich um ein Training in Feindbildern wie in aggressiver Wachsamkeit gegenüber *Klassenfeind, Konterrevolution, Diversantentum* und ähnlichem.

Frühe Einübung des Verrats

Die Kinder, auch wenn dies in den letzten Jahren weniger der Fall war (aber die Mehrheit der Spitzel und des hauptamtlichen Stasi-Personals ist älter), wuchsen auf in einem System, in dem Überwachung innerhalb der Schulklasse, der FDJ-Gruppe, der Nachbarn, ja der Familie gefordert war. Man denke nur an die Aktionen gegen die Fernsehantennen. Individuelle Autonomie, mitmenschlicher Anstand, außerpolitische solidarische Freundschaft waren immer rangniedriger als Wert eingestuft als die moralische Verpflichtung auf die Partei oder die Ideologie. Es handelt sich um eine generationenlange Einübung in Verrat und Schikane, und die Schüler haben es an vielen ihrer pädagogischen Vorbilder nicht anders erlebt. Beobachtung, Diffamierung, Ausgrenzung, Schulverweis oder überhaupt verweigerte Schulzulassung waren Vorgänge des alltäglichen Lebens. Ein Kind muß zwangsläufig für moralische Katastrophen, die es erlebt, innere Begründungen finden, oder es übernimmt eben die genormten und aufgezwungenen Versionen darüber, die ihm vorgesetzt werden. Die ideologischen Spaltungen, Verdächtigungen, Belauerungen durchdrangen vielfach die Familien. Die Binnenloyalität wurde in einem Ausmaß beschädigt, wie wir es uns im Westen kaum vorstellen können. Dagegen sprechen nicht die Aussagen aus vielen Familien, daß sie Inseln einer gemeinsamen negativen oder kritischen Bewertung des Systems waren.

Die Hypothese von der moralischen Volkskrankheit muß also um diese Dimension der frühen Einübung, die ja bereits im Kindergarten begann, erweitert werden. Und selbst wenn die frühe Indoktrination die späteren Spitzel und Stasi-Mitarbeiter nicht schon direkt erreicht und prädisponiert haben sollte, so wissen wir doch aus den freilich globalen Analysen von Hans-Joachim Maaz über die schwächenden, gefügig oder konformistisch, ängstlich, ja lenkbar machenden Mechanismen der frühen Erziehung (»Der Gefühlsstau. Ein Psychogramm der DDR« Berlin 1991): all dies muß bedacht und in einem die rein individuelle Schuld- und Verratsaufarbeitung übergreifenden öffentlichen Bewußtsein mit enthalten sein.

Ideal wäre es natürlich, wenn die politisch-öffentliche, die institutionelle wie die individuelle Aufarbeitung parallel liefen und sich gegenseitig stützten. Das ist aber nicht unbedingt zu erwarten. Der Kampf ums Überleben und um die Arbeitsplätze fördert nicht das individuelle Nachdenken. Und in der Politik sehen wir, wie die scheinbaren Zwänge der Instrumentalisierung von Schuld oder Unschuld ein Bewältigen zumindest verzerren. Sobald Polarisierungen in Fraktionen auftreten, etwa zwischen alter Ost-CDU und nicht-verstrickten Erneuerern, entstehen Seilschaften und Kampfbündnisse, und das Durcharbeiten wird formalisiert, formelhaft oder rein thetorisch oder zu einem Kampf ums Überleben für die einen, zum Kampf um Absetzungen für die anderen.

Durcharbeiten in Gruppen

Aber zurück zum individuellen Durcharbeiten, das nicht im stillen Kämmerlein erfolgt, sondern in den Gruppen, in denen der moralische Krebs sich eingefressen hatte. Hier ist der Ort des Durcharbeitens entweder die Seele des einzelnen oder der seelische Binnenraum einer Freundschaft oder einer Gruppe. Ich möchte hier das Beispiel eines Beginns von »Durcharbeiten« anführen, wie wir es aus dem erwähnten Buch »Geschützte Quelle« finden. Zwei bespitzelte Frauen aus einer Friedensgruppe, Irena Kukutz und Katja Havemann, lassen sich von einer sich zu ihrer langjährigen Spitzeltätigkeit bekennenden Frau zu mehreren Gesprächen gewinnen, in denen sich eindeutig Ansätze von Veränderungen der Persönlichkeiten finden. Ähnliche Gespräche finden zur Zeit sicher zu Hunderten, leider aber noch nicht zu Tausenden oder Zehntausenden statt. Im Februar 1992 meinte Verena Kukutz auf dem Kongreß »Erinnern, Wiederholen, Durcharbeiten« an der Freien Universität Berlin allerdings resigniert, daß, ähnlich wie ihr IM, viele der Spitzel psychisch und moralisch so krank seien, daß sie aus dem Lügen trotz aller Scham und Reue und trotz vieler Gespräche nicht herauskämen.

Dies bringt eine ganz neue Dimension des »Bewältigens« zum Vorschein: selbst wenn, nach dem Schweigen und nach dem Enttarnen, die Gespräche beginnen, so ist damit nicht gleich auch der Zustand der Unwahrheit beendet. Sie hat sich zu tief eingefressen, und wer dies nicht mitbedenkt, verfehlt den wichtigsten Aspekt des »Durcharbeitens«, den Freud, durchaus nicht euphorisch, der immer erneuten Anstrengung im Sich-Verändern beigemessen hat, bis sich tief eingegrabene Eigenschaften modifizieren lassen.

Vieles wird in Kirchen, Beratung, individueller Seelsorge, Selbsthilfegruppen, Therapiegruppen, Aussprachegruppen in Betrieben oder Institutionen angeboten. Was an Einzelgesprächen stattfindet, wissen wir nicht. Ganz sicher können solche Gespräche aber von der exemplarischen Offenheit von Geständnissen, Autobiographien, Gesprächesprotokollen gewinnen. Denn in Situationen, wo so viele Menschen sich auf moralisches Neuland begeben, sind Vorbilder und Identifikationsmöglichkeiten wichtig. Es mag merkwürdig klingen, aber es müßte Preise für Aufrichtigkeit geben, für ein unverstelltes Angehen der Erinnerung an den Verlauf einer Verstrickung oder einer Schuld. Dabei kommt den Medien, neben aller aufgeregten Sensations-, Schmutz- und Schuldigensuche auch eine positive Funktion zu neben dem selbstverständlichen Wächteramt: die Verbreitung von Geständnissen wie deren Aufnahme in der Öffentlichkeit, aber auch im stillen Kämmerlein. Denn trotz aller Öffentlichkeit des Mediums Fernsehen: die Bilder werden, anders als im Kino, entweder allein oder in der privaten Sphäre der Familie betrachtet. Wie der einzelne Verstrickte damit umgeht, wissen wir nicht; es mag ein stiller Prozeß sein, während die öffentliche Aufmerksamkeit auf die »umkämpften Helden«, wie etwa Stolpe, oder herausgehobene Künstler, Schriftsteller oder Politiker zentriert bleibt.

Die Täter dürften sich nicht zu rasch berufen auf den moralischen Krebs, d.h. die Allgemeinheit der Spitzelwesen, und die Opfer dürften sich nicht allzu tief festkrallen am Ausmaß der individuellen Kränkung und Enttäuschung. Vorschriften helfen überhaupt nichts, Anregungen und Erleichterungen von Orten und Zeitpunkten des Durcharbeitens aber können sehr hilfreich sein. Es wäre sogar förderlich, wenn die Begegnungen etwas von einem Ritus oder Ritual an sich haben könnten. Denn nicht viele Menschen sind fähig, individuelle Entwürfe eines moralischen Wachstums allein zu gestalten.

So wie die Spitzelverpflichtungen wohlbedacht rituelle Elemente enthielten, weil die Stasi die tieferen, infantilen oder sogar magischen Ebenen von Angst und Bindung benutzen wollte, so wären auch Aspekte eines rituellen Bekennens, ja ritueller Streitgespräche, Verurteilungen und Formen der Sühne denkbar und wünschenswert.

Die psychoanalytische Erkenntnis, daß Durcharbeiten ein langer Prozeß von wiederholtem Fühlen und Benennen ist innerhalb von Bindungen oder Gruppen, aber auch von wiederholter Begegnung, sollte berücksichtigt werden: Wiederholungen sind nötig, vielleicht nicht grade in voller Öffentlichkeit. Denn auch im Bekennen gibt es *einmalige Räusche*, und auch das Verzeihen kann in einer Art induziertem *Ausnahmezustand*, in seelischer Aufwallung geschehen, ohne die ganze Person zu umfassen. Aber beide Seiten, Opfer wie Täter, wo sie sich unterscheiden lassen, müssen sich verändern, damit aus dem moralischen Krebs nicht nur der Schmutz einer bald zu vergessenden Vergangenheit wird. Ein evangelischer Pfarrer aus der früheren DDR, dem die Stasi, auch über Spitzel aus seinem nächsten Freundeskreis, übel mitgespielt hatte, sagte auf die Frage, ob er verzeihen könne, mit wahrlich christlichem Eifer: »Mich drängt es geradezu zum Verzeihen, aber ich muß doch ein Gegenüber haben, jemand, dem es leid tut, was er getan hat, jemand, der sich offenbart, sich stellt, mich anschaut. Ein Stück Reue verändert so viel in dem, der beschädigt wurde.«

2. *Die politische Ebene*

Der Schriftsteller Christoph Hein sagte in einem Vortrag in Dresden Anfang Februar 1992 (abgedruckt in »Wochenpost«, 20. 2. 92): »Die Chancen für eine bessere Aufarbeitung der jüngsten Geschichte sind nach dieser Wende günstiger als bei den vorangegangenen Wenden in diesem Jahrhundert. Die Weimarer Republik wagte es nicht, die Kaiserzeit aufzuarbeiten, sie war zu sehr durchsetzt von den alten Beamten. Die Nazis arbeiteten nur auf, was ihnen paßte, sie arbeiteten also nicht auf, sondern rechneten mit dem Gegner ab...« Hein stimmt nicht ein in den wachsenden Chor derer, die die Schließung der Akten fordern, sondern verweist auf die Einmaligkeit der »ungeheuren Akribie«, mit der ein Volk bespitzelt wurde. Dies macht für ihn das Stasi-Problem überhaupt zu einem *von politischer und psychologischer Anpassung*, also einem moralischem Exempel, wie es die Geschichte selten bietet. Zu Recht verweist er wie inzwischen viele ostdeutsche Autoren auf die viel schwerer greifbare Anpassung im Westen, ja, hält die Welle der Selbstgerechtigkeit hier selbst für ein Phänomen der Anpassung, die ihr schlechtes Gewissen beruhigt, indem sie nach drüben schreit: »Haltet den Dieb!«

Das Getöse in den Medien wird vielleicht stiller werden in den nächsten Monaten. Es wird Kämpfe geben um Sturz oder Bleiben mancher Politiker von drüben, deren Biographie jetzt mit allen lauteren und unlauteren Mitteln durchforscht wird. Damit wird sich auch die öffentliche von der privaten Bühne wieder trennen lassen. Aber die Einmaligkeit der »flächendeckenden« Bespitzelung eines Volkes unter Zuhilfenahme von Tausenden, ja Hunderttausenden von Menschen, verlangt auch neue Formen der Aufarbeitung. Da hilft nicht der rasche Rückgriff auf Völker, die über ihre moralischen Katastrophen schnell den Mantel des Schweigens breiteten; es hilft auch nichts, den Willen zur Aufarbeitung als angstmachenden deutschen Sonderweg zu denunzieren. Die Einmaligkeit des Stasi-Unrechts liegt in seiner breiten Fundierung auf eine Art negativer Anthropologie. Damit ist gemeint, daß die Korrumpierbarkeit von Menschen sozusagen verwissenschaftlicht, das Mißtrauen, der Verrat und die Heimlichkeit zu einer der wesentlichen Kräfte des Staatsaufbaus gemacht wurden, und zwar durch den Einbruch, ja das systematische Einbringen dieser negativen Anthropologie in das Alltagsleben, vor allem in die Vertrauen erfordernden Alltagsbeziehungen der Menschen untereinander. Es ist eben diese anthropologische Dimension der »Verderbnis«, die nach Lösungen ruft, die nicht in einfachem Vergessen beruhen. Aber ganz zentral ist dabei schon die Art der Fragestellung nach diesem krebsartigen Bösen, gar die, die wir im Westen ohne Selbstgerechtigkeit anbieten können. Es geht nicht an, so wie die Achtundsechziger-Generation ihre Eltern, heute ein ganzes Volk zu fragen: »Wie konntet ihr da nur mitmachen?«, so, als habe es millionenfache Entscheidungen zum Bösen gegeben. Sondern die Frage müßte immer wieder lauten: »Wie ist es geschehen?« »Wie seid ihr hineingeraten?«, »Welches Leiden steckte dahinter?« Das soll nicht der bloßen Entlastung dienen, sondern einen Raum öffnen für allmähliche Besinnung, für ein wachsendes Verständnis von Biographien. Die moralische Aggression führt nur zur Verhärtung.

In den neuen Bundesländern ist im Februar 1992 ein Verein zur Aufarbeitung der DDR-Vergangenheit gegründet worden, der Möglichkeiten bieten will, in geschütztem Rahmen und nicht in Form von Tribunalen überhaupt erst Kategorien des Urteilens und Verstehens zu suchen, und Formen der fragenden wie der verstehenden Begegnung, die ein wirkliches Verzeihen erlauben. Der Eindruck, daß wir überhaupt erst *Kategorien der Aufarbeitung suchen*, entstand auch bei dem Kongreß über »Erinnern, Wiederholen, Durcharbeiten«. Die Verfolgungsjagden in den Medien erschweren das Aufspüren von Kategorien für das Aufarbeiten. Aber auch dort melden sich immer wieder Stimmen, die – ähnlich wie Karl Jaspers in seiner Vorlesung im Winter 1945/46 über »Die Schuldfrage« – das Nachdenken vertiefen darüber, wie ein Prozeß der Selbstreinigung und des Verzeihens aussehen könnte. Im öffentlichen Raum vollzieht sich vielleicht nur der kleinere Teil der Lösung. Aber für mich ist es ein Zeichen totaler Resignation, wenn vom »Stasi-Wahn der Deutschen« die Rede ist mit dem Ziel, das Kapitel so schnell wie möglich abzuschließen. Hierzu nur zwei Stimmen: der Berliner Philosoph Wolfgang Fritz Haug sagte auf dem Berliner Kongreß über das »Durcharbeiten«, diejenigen, die jetzt in ihre Akten sehen wollen, und die die Stasi-Problematik für wichtig halten, gingen in eine »gigantische Falle«. Er meinte damit, das Potential für Demokratisierung werde unnütz gebunden durch die moralische Aufregung über die vielen Einzelakten. Aber wie soll Demokratisierung stattfinden, wenn die Subjekte der

Demokratie ihre Würde, ja ihre enteignete Geschichte nicht wiederfinden? Wenn sie Demokratie tragen sollen ohne die Wiederherstellung ihres Grundvertrauens in die Menschen ihrer engsten Umgebung?

Der Freiburger Romanist Hans-Martin Gauger, Mitglied der Deutschen Akademie für Sprache und Dichtung, nennt es gar einen gefährlichen »Schlaf der Vernunft«, wenn versucht werde, das menschliche Beziehungsgeflecht durch Einsicht in die Akten neu zu fundieren. Für mich grenzt es an Demagogie, wenn Gauger schreibt (Badische Zeitung, 19. 2. 92): »der schlimme Staat, dessen Produkt und Werkzeug die Stasi war, ist hinweggefegt. Wem sollte ein Stasi-Mann heute irgend etwas melden? Um eine Gefahr kann es doch also schwerlich gehen!« So weit möchte ich das Bild von der moralischen *Erkrankung eines Volkes* unter der Diktatur nicht treiben, daß die *individuelle Verfehlung* wie die *individuelle Beschädigung* nichts mehr bedeutet; daß sie nur Funktionen einer totalitären Regierung gewesen wären, ins Ungültige aufgelöst nach deren Zusammenbruch. Soll denn wieder alles im Wiederaufbau ertränkt werden, mit der Folge einer unerträglichen moralischen Banalisierung von Politik?

Der Feind aller Aufarbeitung ist moralische Aggression. Hier liegt die Hauptgefahr der Debatte seit Öffnung der Akten. Wie jeder einzelne mit seinen Verletzungen umgeht, können wir ihm nicht vorschreiben. Daß jemand schuldig geworden ist und Menschen geschädigt hat, sollte dazu führen, daß er »Pause« macht im öffentlichen Leben. Dies ist als kühle und berechenbare Folge von geringerem Schaden, als wenn die vielen moralisch gejagt werden und erpreßbar bleiben. Der Gedanke an ein moralisches Moratorium ist bei uns zu wenig verankert, das den Tätern Zeit gibt, ohne Angst, Tarnung und Verhärtung ihr Leben neu zu durchdenken und zu organisieren. Das Moratorium würde auch den moralischen Eiferern und Geiferern, vor allem denen aus dem Westen, den Wind aus den Segeln nehmen. Und es könnte das Schwergewicht der Aufarbeitung wieder in die neuen Bundesländer verschieben. Das Gebrüll des Chores mag den Helden auf offener Bühne bleiben. Für die Aufarbeitung im stillen ist er wahrlich nicht tauglich.

Nachtrag Juli 1992

Nach einer Reihe von Gesprächen mit Politikern, Journalisten und Psychotherapeuten in den neuen Bundesländern im Juni 92 bin ich massiv auf folgendes Problem gestoßen: es löst »drüben« inzwischen massive Unmut, Kopfschütteln, Abwehr, ja Wut aus, daß und in welchem Umfang wir »Wessis« uns um die Bewältigung der Vergangenheit drüben kümmern, sie einklagen, kommentieren, medienfüllend beobachten. Das Thema der »Enteignung« des Umgangs mit der Vergangenheit habe ich bereits erwähnt. Es verschärft sich aber dadurch, daß viele Ostdeutsche unser oft gierig wirkendes Interesse als ein Eindringen, ungefragtes Partizipieren, ja als ein moralisches Schmarotzen erleben. »Wir wollen nicht auch auf diesem Gebiet für euch arbeiten«, war ein Satz, der sinngemäß immer wiederkehrte, mit solcher Heftigkeit, daß zunächst Scham entsteht, wenn man sich über politisch-moralische Themen äußert. »Wir wollen nicht für euch Fernsehtheater auf der Televisions- und Medienbühne als ›moralischer Anstalt‹ (Schiller) spielen.« »Wir wollen nicht plötzlich nach euren Maßstäben beurteilt werden, während ihr im Fernsehsessel, vor der Zeitung oder am Stammtisch sitzt und euch über unsere Probleme euren kritischen Wohlstandskopf zerbrecht.« Auch besonnene Intellektuelle konnten giftig und gehässig werden: »Jetzt habt ihr euch schon unsere erste gewaltfreie Revolution oder Wende voller Stolz angeeignet, jetzt sollen wir auch für euch noch unsere Vergangenheit vorbildlich bewältigen.« »Es interessiert uns nicht, ob ihr stolz auf uns sein könnt.«

Dabei gab es ja sogar Überlegungen, alle Stasi-Akten in westdeutsche Archive zu verlagern, was drüben als krasse Enteignung angesehen worden wäre. Auch daß westdeutsche Politiker sich über eine Schließung oder Kriterien der Zugänglichkeit äußern, macht drüben böses Blut.

Aber zurück zur Stasi-Bewältigung als drüben mißtrauisch beäugtes gesamtdeutsches Medientheater: soll ich meine Gedanken deshalb wieder in die Schublade legen? Dem Aufruf folgen: »kehrt doch vor eurer eigenen Tür!«?

Ich fühlte mich partiell ertappt beim Wunsch, ich könnte kommentierend etwas fördern, was nach 1945 bei uns weitgehend ausfiel. Ich mußte zugeben, daß ich etwas Unerledigtes delegieren wollte, Ratschläge erteilen, Hilfe anbieten, doch noch etwas von der Mitscherlichschen Maximalforderung realisieren wollte. Und ich glaube, daß es vielen Westdeutschen so geht. Dies hängt nicht zuletzt mit dem Unbehagen über das neue, größere Deutschland zusammen. »Man«, ich, viele würden es gerne mit politisch-moralischem Inhalt füllen, den wir in unserem komplexen Alltag kaum noch auf politischer Ebene begegnen.

Es gibt eine allgemeine Sehnsucht nach übersichtlicher Re-Moralisierung der Politik, die verständlich ist, auch wenn sie ein Phänomen der Regression darstellt. Ein Teil dieser Sehnsucht ist, stolz sein zu können auf moralische Qualitäten des Volkes. Und da fühlen sich die Ostdeutschen nun in eine Pflicht genommen, vor der es sie schüttelt: sie wollen keine exemplarischen Deutschen sein, die es, als Teil des Volks, besser machen als unsere Eltern und Großeltern nach 1945.

Aber der ostdeutsche Unmut hat auch etwas Ungerechtes: wir schauen einfach täglich zu, ob wir es wollen oder nicht. Wir fühlen uns moralisch angesprochen, schauen auf den Bildschirm wie auf eine Bühne und hoffen auf ein Mitschwingen wie auf die seit der antiken Tragödie verheißene Katharsis, auch und gerade für die Zuschauer. Es gibt in unserer postmodernen Kultur ein tiefes Bedürfnis, die Welt wenigstens in Ausschnitten moralisch zu erleben, und zwar so, daß es uns »aus der Nähe«, aber doch nicht am eigenen Leib und an eigener Seele direkt betrifft. Ist das schäbig? Vielleicht, wenn es sich nur um den Nervenkrieg der Jagd nach Schuldigen handelt oder nach dem spannenden, voyeuristischen Thrill der Frage: »überlebt er oder fällt er?« wie im Fall Stolpe.

Und trotzdem ist der Wunsch nach einer milden Idealisierung der Ostdeutschen, »wenn sie es nur besser machen könnten als wir!«, nicht nur ein seelisches Parasitentum. Wir schauen gezwungenermaßen zu, und wir bringen eine unterirdische Scham mit: wegen unserer Verschonung von aller ähnlichen Prüfung und wegen dem Mantel des Schweigens nach 1945. Die Ostdeutschen sollten es uns nicht nur aggressiv verwehren wollen, anteilnehmend über sie nachzudenken. Wir sind verstrickt mit ihnen und wollen, soweit es uns Ernst ist mit einem ethischen Verstehen der Nachkriegsgeschichte, nicht nur Schmarotzer sein oder uns durch Milliarden freikaufen von Schuld und Mitschuld.

Kommentare von außen können für die direkt Betroffenen ein tiefes Ärgernis sein. Aber wenn sie spüren könnten, daß wir, aus eigenem Bedürfnis, Anteil nehmen, müßten ihre Kommentare nicht so böse klingen über die unerbetene Einmischung. Kollegen von drüben, die mit westdeutschen Kollegen, psychotherapeutischer oder seelsorgerlicher Profession, gemeinsame Seminare gemacht haben oder die in Gesamtberliner oder gesamtdeutschen Angelegenheiten sich in Gruppen und unter Einschluß von Kränkungen, Wut und Rückzugstendenzen sich zusammengerauft haben, verstehen nach heftigen Diskussionen auch, daß sie uns nicht ausschließen können.

Es vollzieht sich, ob wir es wollen oder nicht, ein gigantisches moralisches Experiment, das für die »drüben« doch aufgezwungenes Leben und Überleben ist. Das Bild vom »Theater als moralischer Anstalt« ist in sich schon kränkend, da das Theater gleichzeitig erdrückende Realität ist. Aber daß wir im Medienzeitalter leben, das erdrückende Realität in tägliches Theater verwandelt, ist gemeinsames Schicksal. Die Zuschauer sind nicht wegzudenken: sie reden und ratschen über das Gesehene und rennen sogar auf die Bühne und wollen dabei sein.

So steht am Schluß dieser Arbeit eine Bitte: Einfühlung und Deutung mögen unerbeten, ja zunächst kränkend sein. Aber es steckt ein Suchen dahinter, nach »eurer« wie nach »unserer« Identität, und die Hoffnung, sich in einer gemeinsamen Identität zu finden, die man nicht schon deshalb abwehren muß, weil sie nun »Deutschland« heißt. Viele setzten am liebsten den Begriff in Anführungszeichen oder schickten ihm ein »sogenanntes« voraus, wie wir weiland der »sogenannten DDR«. Was Deutschland intellektuell und moralisch sein wird, daran arbeiten wir von beiden Seiten her mit. Es ist also vielleicht doch legitim, »euch« kommentierend zuzuschauen und, partiell identifiziert, die Identifizierung vieler Menschen mit dem weitgehend unbekannten Leben in der Diktatur zu erleichtern, denen, die sich noch hochnäsig abwenden und sich nicht betroffen glauben. Von »euch« erhoffen wir doch auch, daß ein neuer Blick auf unser Gemeinwesen Dinge ins Bewußtsein rückt, die wir hinter der Wohlstandsfassade gern vergessen.

Über Charismatiker der Körpertherapie und Theologen der psychoanalytischen Reinheit

Was sollte die Körpertherapie von der Psychoanalyse lernen?

Meine Damen und Herren,

es scheint mir möglich, daß einiges an meiner Auseinandersetzung mit der Biodynamik und ihrer Begründerin Gerda Boyesen Sie unvorbereitet in einem Zustand der Idealisierung trifft; daß ich andererseits für Fortgeschrittene unter Ihnen kritische oder ergänzende Einsichten vorbringe, zu denen Sie selbst längst gelangt sind. Dann bitte ich beide Seiten um Geduld mit mir und ein Annehmen des Schmerzes oder der Langeweile, die ich Ihnen bereite.

Lassen Sie mich die Grundthesen, die ich in diesem Vortrag vertiefen und so weit wie möglich begründen will, gleich als Einleitung formulieren:

Ich halte Gerda Boyesen mit ihrer Biodynamik und eine Reihe von anderen körpertherapeutischen Pionieren für kühne Erneuerer und Erforscher unbekannter Bereiche. Sie haben unser Wissen um die leibseelischen Zusammenhänge enorm bereichert. Viele von ihnen bauen auf den Entdeckungen Freuds auf. Aber sie sind weitergezogen entweder aus Enttäuschung, Ungenügen, aus Forscherleidenschaft oder weil ihre Unerschrockenheit den Zugang zu neuen Einsichten ermöglichte, die dem Entdecker und seinen tiefenpsychologischen Schülern und Nachfolgern noch nicht möglich waren oder rasch wieder verschüttet oder fallengelassen wurden. Viele der körpertherapeutischen Pioniere hatten oder haben aber große Probleme, ihre Entdeckungen einzuordnen in den großen Strom der psychotherapeutischen Entwicklung: manchen blieb nur die polemische Abwendung von der Psychoanalyse, manche fühlten sich als Nachfolger, Überwinder, Vereinfacher oder Potenzierer der Psychoanalyse. Dogmatische Abgrenzung und Angst auf der einen Seite, narzißtische Selbstüberschätzung auf der anderen Seite haben unter anderem dazu geführt, daß sich die Pioniere in den neuen Territorien und die Bewahrer im Mutterland der Urentdeckungen aus den Augen verloren haben.

Die körpertherapeutischen Instrumente des Eingriffes in die Seele sind machtvoll und es bedarf langer Kultivierung ihrer Handhabung. Die größte Gefahr der meisten Körperpsychotherapien ist, angesichts ihrer bedeutenden Kraft zur Mobilisierung und Auslösung von leibseelischen und vegetativen Prozessen, ihre fehlende Einbettung in einen zwischenmenschlichen *Prozeß*, der verstehbar, lehrbar und wiederholbar ist. Im Extrem rücken die rein sprachsymbolischen Übertragungsprozesse der Psychoanalyse und die vegetotherapeutischen Vorgänge so weit auseinander, daß sie einander fremd und unkenntlich werden. Manche Vertreter beider Lager monopolisieren dann sogar die Fähigkeit zum Heilen von Neurosen: einmal im Vegetativem, dann im Muskulären, andere im Raum des symbolischen Erlebens. Abgesehen davon, daß differenzierte Vertreter auch eines extremen Standpunktes Erstaunliches mit ihren Mitteln erreichen (falls sie die andere Seite nicht unmerklich mit einbeziehen), glaube ich an einen Ergänzungscharakter der Verfahren. Im Zeitalter des integrativen therapeutischen Denkens halte ich es für absurd, Monopolansprüche anzumelden oder in omnipotenter Selbstüberschätzung die Entdeckungen der Vergangenheit für unwichtig oder die Neuerungen der Pioniere für verstiegen oder gefährlich zu halten. Also: auf der einen Seite dogmatische Erstarrung mit freiwilliger Selbstbeschränkung auf ganz wenige oder ein einziges Instrument, auf der anderen Seite eine oft charismatische Kündung von der Wunderkraft neuer Zugänge, die die Mühen der Alten mit ihrem differenzierten Übertragungs- und Widerstandskonzept für überflüssig erklären.

Soweit mir das Begreifen der Biodynamik von Gerda Boyesen gelingt, möchte ich sie als *ein* Beispiel für die Gefahr der einseitigen Selbstüberschätzung und verarmender Abgrenzung vom Stammbaum der Psychoanalyse verstehen. Viele Beobachtungen treffen aber auch auf andere Körperpsychotherapien zu. Bestimmte Phänomene des charismatischen Denkens und Handelns zeigen sich bei ihr aber in besonders deutlichem Maße.

Ich spreche zu Ihnen als Analytiker über das Thema »Was sollte die Körpertherapie von der Psychoanalyse lernen?«. Ich habe oft vor Analytikern gesprochen über das Thema »Was sollte die Psychoanalyse von den Körpertherapien lernen?«. Damit möchte ich betonen, daß ich mich sozusagen in der Mitte der beiden heute leider noch oft polar gesehenen Therapieformen finde, äquidistant, um ein modernes Wort zu gebrauchen, und mit dem Versuch beschäftigt, durch Brückenschläge und wechselseitige Befruchtung neue Möglichkeiten für unsere Patienten wie für uns Therapeuten zu öffnen. Dabei bin ich mir bewußt, daß es schon eine ganze Reihe solcher Brückenschläge gibt. Sie sind teilweise innertherapeutisch durch Ausschluß, Ächtung, Marginalisierung wie etwa bei Rank,

Reich und Ferenczi, aber auch durch Nationalsozialismus und Krieg wie durch darauf folgende Ächtungen, wie etwa bei Heyer, aber auch durch spätere krankhafte Prozesse, wie etwa bei Wilhelm Reich, diskreditiert worden.

Daß Sie mich zu diesem Vortrag eingeladen haben, sehe ich bereits als ein Zeichen beginnender Integration. Es fällt uns wahrlich kein Zacken aus der Krone, wenn wir wahrnehmen, wieviel wir voneinander lernen können. Und es freut mich, daß die Zeiten polemischer Abgrenzung allmählich vorbei zu gehen scheinen. Dogmatismus können wir uns nicht mehr leisten. Nach dem Stande der Erfolgsforschung in der Psychotherapie kann *keine* umgrenzte Schule die Siegesfahne schwingen: die Reife und Warmherzigkeit, das Engagement und die Verläßlichkeit des Therapeuten, vertieft durch eine gründliche Ausbildung, scheinen das, was die Patienten voranbringt. Trotzdem scheint sich, folgt man dem Berner Psychotherapieforscher Klaus Grawe (Psychologie heute, Juni 1992), eine deutliche Überlegenheit von verhaltenstherapeutischen Verfahren mindestens für eine Reihe von Störungen abzuzeichnen. Seine Erkenntnisse über einen halbwegs gesicherten Forschungsstand hinsichtlich der meisten Körpertherapien bescheinigen ihnen noch ein großes Defizit.

Es gibt aber noch weitere Gründe, voneinander zu lernen und dies auch zuzugeben und begrifflich zu formulieren: es ist das Ausmaß der *Desorientierung,* in dem sich suchende Patienten befinden, aber nicht nur sie, sondern auch die gebildete Öffentlichkeit, die Kassenärztlichen Vereinigungen, die Krankenkassen, die Verbände und die Politiker. Es mag noch zu früh sein für eine gemeinsame Sprache für seelische Erkrankung, Diagnose und Beschreibung der therapeutischen Vorgänge, und zwar parallel auf der seelischen wie der biologischen Ebene. Wie es scheint, haben wir sogar den Zenit der ständigen Neuerfindung von Therapieformen noch nicht erreicht. Und doch scheint es häufig schon so, als würden nur noch neue Aspekte herausgehoben, in den Mittelpunkt gerückt, mit neuem Etikett versehen, oder neue Mischungsverhältnisse bekannter Dinge patentiert und sofort in neuen Schulen institutionalisiert. Diesen Eindruck hatte ich zuletzt bei dem Buch von Paul Boyesen und Hans-Georg Huber, »Eigentlich möchte ich...« (München 1991) über die »bio-organische Analyse«; aber ich könnte genausogut Malcolm Brown, Keleman, Boadella und andere nennen. Paul Boyesen ist sogar ausdrücklich stolz darauf, daß er eine neue Therapiesprache erfunden hat, und so geht es bei vielen.

Das Ganze hat natürlich auch berufspolitisch eine höchst bedenkliche Seite, weil die Wucherung der Verfahren nicht gerade zu einer raschen öffentlichen Anerkennung führt.

Damit komme ich zu meiner *ersten These,* die sowohl vom Aspekt der Orientierung und Integration zu begründen ist wie von der berufspolitischen Situation der Monopolstellung der Tiefenpsychologie im Bereich der Kassen, von der Verhaltenstherapie als viel genutzter »kleiner Psychotherapie« einmal abgesehen.

Die These lautet: wenn die Körperpsychotherapeuten nicht die psychoanalytische Krankheitslehre und fundamentale Kategorien des therapeutischen Prozesses als eines zwischenmenschlichen Vorgangs kennen und auf ihre neuen Behandlungsformen anzuwenden in der Lage sind – bei aller Bereicherung, die sie bringen, aber oft auch bei aller Verarmung –, dann sind die Chancen öffentlicher und damit auch kassenrechtlicher Anerkennung gering. Manche von Ihnen könnten sagen: das macht uns nichts, darum geht es uns nicht. Aber täuschen wir uns nicht: viele von Ihnen können zwar überleben, mit geringeren Honoraren, oder als Heilpraktiker oder eben als Psychologen oder ärztliche Psychotherapeuten mit dem Zusatztitel, die weitere Kompetenzen erwerben. Aber darauf läßt sich keine sichere Zukunft bauen. Noch profitieren die Körpertherapien davon, daß die Psychoanalyse im Ghetto der konkreten Körperlosigkeit verharrt und viele Patienten enttäuscht bei einer Körpertherapie landen.

Dies führt mich zur *zweiten These,* die auf vielen Gesprächen und Beobachtungen beruht: mangels Patienten gehen viele Absolventen einer körpertherapeutischen Ausbildung direkt und unter Umgehung einer ausreichenden Zeit der Behandlung von seelisch Kranken direkt zur Ausbildung weiterer Therapeuten über. Deshalb sprießen überall die Institute aus dem Boden und werden Zertifikate feilgeboten, schon nach kaum dreijähriger nebenberuflicher Ausbildungszeit. Es genügt, die letzten Seiten einer Nummer von »Psychologie heute« aufzuschlagen, um das marktschreierische Gebaren vieler Richtungen zu erleben, die ihren Schülern und Adepten oft genug falsche Hoffnungen auf eine Zukunft als Psychotherapeut machen. Und da die Auszubildenden relativ bald merken könnten, daß sie es bei ihren Lehrern der zweiten und dritten Generation oft mit wenig erfahrenen, eindimensionalen

Therapeuten zu tun haben, die ihre unbearbeitet gebliebenen Größenphantasien in den Rollen von Lehrtherapeuten und Institutsleitern unterbringen wollen, nimmt die bekannte Praxis überhand: man läßt die Schüler einen großen Teil der Ausbildungskosten im voraus bezahlen, um sie am Aussteigen zu hindern oder sich trotz ihres Ausstiegs finanziell zu sichern. Eine gewisse Verantwortungslosigkeit ist hier auch bekannten Lehrern der Körpertherapie vorzuwerfen, weil sie aus Gründen der Konkurrenz und dem Willen zur Ausbreitung ihrer Schule Kandidaten zur Ausbildung annehmen, die erst einmal einige Jahre in Therapie gehen sollten, bevor sie sich erneut überlegen können, ob und auf welcher persönlichen und beruflichen Basis sie überhaupt Therapeut werden wollen oder können. Die Sache funktioniert beinahe nach dem System der Kettenbriefe. Es ist ein Wettlauf im Gange, wer wie lange noch absahnen kann, bevor der Boom endet. Und der Zulauf kommt zum Teil nur dadurch zustande, daß die verdeckten Therapiewünsche schwer gestörter Patienten aufgrund von Größenphantasien direkt in Ausbildungsgängen untergebracht werden. Dort können sie wiederum nicht bearbeitet werden, weil die Ausbildungsleiter um das Überleben ihrer Gruppe oder ihrer Schule bangen oder weil sie an solche Defekte selbst überhaupt nicht herangeführt worden sind.

In manchen Körpertherapien kann man immer noch seine Ausbildung bestehen, ohne je eine gründliche und regelmäßige Lehrtherapie gemacht oder eine seriöse Krankheitslehre studiert zu haben. Aus der Ausgabe von »Psychologie heute« vom Juni 1992 zitiere ich Ihnen aus einer Annonce, die etwas von der Panik des Untergangs mangels Patienten und Ausbildungskandidaten spüren läßt: »Bioenergetik und Gestalttherapie ... in der herrlichen Berglandschaft« da und dort. Und dann werden zwei vierzehntägige Workshops angeboten, mit folgendem Zusatz: »(jeweils auch nur 1 Woche möglich)« und »Therapie zum halben Preis in einer Ausbildungsgruppe«. Es folgt eine Telefonnummer, ohne Angabe des Instituts. Da ich selbst ein Haus habe, das für Gruppen zu mieten ist, bekomme ich einen Eindruck davon, wie viele Jungadepten sofort Weiterbildung anbieten wollen und mir einige Tage vor dem Termin kleinlaut mitteilen, daß sie mangels ausreichender Beteiligung absagen müssen. Soweit ich sehe, kommen solche Dinge auch in Ihrer Therapieform vor. Wenn ich unrecht habe, freue ich mich.

Damit komme ich zur *dritten These*: Die meisten Körpertherapieformen werden fraktioniert gelehrt, das heißt in Wochenend- und Wochenkursen, mit großen Pausen und von reisenden Lehrern, die stolz darauf verweisen, in wie vielen Ländern sie lehren und bereits Institute ihrer Schule gegründet haben. Das führt zu folgenden Mangelerscheinungen: viele dieser reisenden Trainer sind gar nicht mehr in Kontakt mit Patienten, die sie regelmäßig sehen. Sie wissen also gar nicht mehr, was es heißt, seelisch Kranke regelmäßig und über längere Zeit zu begleiten. Sie selbst bieten Selbsterfahrung an in einem Setting, das durch die Ausbildungssituation und das vorübergehende Zusammenleben in einer Schülergruppe nicht mehr einem gängigen therapeutischen Setting entspricht. In der gruppendynamischen Situation mit den hohen Erwartungen an den Lehrer laufen andere Prozesse ab als in einer länger dauernden Einzel- oder Gruppentherapie. Viele Körperpsychotherapeuten durchlaufen also nicht eine regelmäßige Therapie, die dem, was sie später anbieten sollen, vergleichbar wäre.

Es kommt noch etwas hinzu, was ich aus mehreren Fortbildungsgruppen in Körperpsychotherapie kenne: sehr viele Pioniere und Lehrer oder Erfinder solcher Therapien sind charismatische Persönlichkeiten, mit allen Vorzügen und Mängeln einer solchen »Berufung«. Dies führt zu dem Phänomen, daß in ihren Gruppen nicht nur eine erwartungsvolle Bereitschaft zu intensiven Erlebnissen und zum intensiven Sicheinlassen bei *kollektiv geminderter Abwehr in der Gruppe* besteht; sondern es gibt auch eine Bereitschaft der Lehrenden zur therapeutischen Zauberei. Das hängt mit einer Kollusion von Gruppe und Leiter zusammen, wie mit dem permanenten Demonstrationsdruck, unter dem der Leiter stehen kann. Ich habe dies sehr deutlich bei einem Lehrer beobachten können, dem ich sehr viel verdanke: Albert Pesso. Als er diesen Trend in sich nicht mehr übersehen konnte, sprach er vom »miracle business«, in dem er tätig gewesen sei, und hat seitdem seine Technik wie seine innere Einstellung stark verändert. Er arbeitet seither viel stärker mit dem Ich des Klienten, das er »Pilot« nennt, als mit dem *offensichtlich bereitliegenden ES-Material, für das das Ich noch gar nicht bereit ist.* In dem Buch von Gerda Boyesen »Über den Körper die Seele heilen« (München 1987) finden sich zwar ähnliche Sätze und Warnungen von dankenswerter Klarheit, aber direkt neben erstaunlichen Äußerungen charismatischer Leichtfertigkeit.

Trotz dieser Erkenntnisse und Warnungen bleibt ein gravierendes Problem, das mich zum wichtigsten Thema dieses Vortrags führt, nämlich dem von *Übertragung und Gegenübertragung*. Ich möchte mich dem aber auf einem kleinen Umweg nähern. Die meisten Lehrer, vor allem die Pioniere von Körpertherapien, sind, wie gesagt, charismatische Persönlichkeiten, die oft schon lange nicht mehr in konstanten therapeutischen Settings arbeiten. Sie haben dies zum Teil mehrere Jahre getan, bevor sie Wanderlehrer, Wanderprediger, Wanderheiler und/oder Schulengründer geworden sind. Ich erinnere Sie an Fritz Perls, Alexander Lowen, Ilse Middendorf, Gerda Alexander, George Downing, Milton Erikson, Gerda Boyesen, Paul Boyesen, Arthur Janov, Dan Casriel und viele andere neue, die mir gerade einfallen. Bei meinem eigenen Lehrer in Körpertherapie, bei dem ich am meisten gelernt habe, Albert Pesso, ist es genauso. Er ist sieben Monate im Jahre unterwegs in fast einem Dutzend Länder. Sie haben den Kontakt zum schwierigen Durchschnittspatienten, vor allem zur schwierigen und regelmäßigen Durchschnittsgruppe verloren; sie können sich kaum von Workshop zu Workshop merken, an welcher Stelle des therapeutischen Prozesses ein Lernender war. Das führt dazu, daß viel Arbeit ohne innere Kontinuität geschieht, aufgeladen durch die Workshop-Atmosphäre, durch wechselseitige Stimulation, aber auch durch den Faktor Charisma. Ich habe das gläubige Aufschauen, die erwartungsvolle Hingabe an das Außergewöhnliche einer Sitzung mit einem Protagonisten oft genug gesehen. Auch der Lehrer ist zu gesteigerten Leistungen bei dieser Gruppenidentifikation mit seinem idealisierten Können bereit. Die Gruppe will ihn oder sie ja idealisieren, und diese Tendenz ist einerseits ein hervorragender Lernfaktor, aber sie muß auch die Sicht auf die Rolle des durchschnittlichen Therapeuten verstellen und das Finden der eigenen Identität erschweren, wenn sie nicht gerade in der Imitation gesucht wird, die weit ab vom eigenen Selbst liegt. Der Einfluß des Charismas wirkt sich nun aber gerade aus im Bereich des Lernens vom Umgehen mit Übertragung und Gegenübertragung.

Die charismatischen Lehrer brauchen sich bei ihrer pädagogisch-therapeutischen Arbeit nicht sehr um die latenten Übertragungen und Gegenübertragungen, also die konflikthafte Einstellung zum Therapeuten, und um die latenten oder evozierten Reaktionen des Therapeuten auf den Patienten zu sorgen. Die Motivation der Ausbildungsteilnehmer ist hoch, ebenso die Idealisierung, die Dankbarkeit, die Bereitschaft zum positiven Erleben. Das Unbewußte weiß ja, daß es sich nicht auf ein kontinuierliches Durcharbeiten einstellen kann. Deshalb schaltet es sozusagen die Gangart des punktuell intensiven Erlebens in der Gruppe ein, holt sich nach getaner Arbeit ein wenig feed-back der Gruppe und Kommentare des Leiters. Wenn dieser sehr erfahren und analytisch geschult ist, vermag er auch in solchen Intervallsitzungen etwas von der Übertragung und seiner Gegenübertragung in die Arbeit aufzunehmen und einfließen zu lassen. Von manchen Charismatikern wird Übertragung auch zurückgewiesen und die Gegenübertragung leider schlicht agiert, das heißt in Deuten und Handeln, in Bewertung, Tadel und Lob abgehandelt. Da die Pioniere und Lehrer in der allgemeinen therapeutischen Szene noch umstritten sind oder kritisch bewertet werden, ist der Lehrer weit mehr auf Zustimmung von seiten der Workshop-Teilnehmer angewiesen, als er es in einem konstanten Setting und konstanter menschlicher Umwelt sein müßte. Die Lernenden erhalten oft den falschen Eindruck, daß die Arbeit sich in einem übertragungsfreien Raum abspielt. Sie erhalten außerdem den Eindruck, daß die Methode direkt anwendbar ist auf einen relativ unvorbereiteten Klienten, weil ja die Teilnehmer in den Gruppen auch gleich positiv und mit starkem Erleben auf die Arbeit des »Großen Lehrers«, des großen Vaters oder der großen Mutter angesprochen haben. Doch in der Praxis erweisen sich dann die Patienten als weit mißtrauischer, biestiger, unoffener, zäher und in der Beziehung und im Kontakt schwieriger und widerständiger, auch selbstdestruktiver, als man es je in der Ausbildung beobachtet hat.

Die Wunderstruktur der Heilungen

Bei den allermeisten der Pioniere finden sich in den Schriften Berichte, die nicht selten den biblischen Wundererzählungen gleichen, oder sie werden von den Schülern so berichtet. Seit Eugen Drewermann die Wundererzählungen des neuen Testaments als geraffte psychosomatische Heilungsberichte interpretiert, und zwar sehr plausibel, rückt dieser Zusammenhang unserem Bewußtsein noch näher. Die Figur des Psycho-Gurus wäre gar nicht denkbar, wenn nicht die Fähigkeit, andere Menschen rasch und auf eine charismatische Weise zu heilen oder moralisch oder seelisch oder spirituell zu führen, von vielen fast am höchsten von allen irdischen Fähigkeiten besetzt würde. Der Nachteil der Wunderheilungen ist der, daß, in der Bibel wie in den Heilungsberichten der charismatischen Pioniere, das Heilungsgeschehen oft auf einem Höhepunkt abbricht mit einer Phrase, die sozusagen standardisiert erscheint: »und da wandte sich Jesus hinweg und zog mit seinen Jüngern hinab zum Jordan.«

Bevor ich mich dem zuwende, was hier die Psychoanalyse anzubieten hätte zur Ergänzung der tiefen, ans Vegetativum gerichteten Zugänge der Biodynamik und anderer Körperpsychotherapien, möchte ich Ihnen einige Beispiele von Wunderheilungen in Erinnerung rufen, die Gerda Boyesen vollkommen ungeniert in ihrem Buch »Über den Körper die Seele heilen« preisgibt. Man mag über ihre therapeutischen Qualitäten denken, wie man will, sie inszeniert sich in dem Buch als Heilsbringerin, die mit einer einzigen Methode die Psychiatrie revolutionieren könnte und der Menschheit ein Leben in Harmonie und Kreativität verspricht, wenn sie nur ihr Denken annähme. So heißt es über die bioelektrische Feldtherapie oder Aura-Methode:

»Ich habe diese Methode in den verschiedensten Gruppen in allen möglichen Ländern der Welt ausprobiert und immer ein ausgezeichnetes ›Feedback‹ von den Teilnehmern erhalten. Sie fühlten sich körperlich besser, leichter und vor allem glücklicher.« (166/7)

Das Flugzeug wartet jeweils mit laufenden Triebwerken. Aber ein »durch bestimmte Handbewegungen« Geheilter ruft ihr nach:

»Gerda, du hast mir einen Polypen aus meinem Solarplexus herausgezogen! Jetzt fühle ich mich frei und wirklich glücklich, weich und kraftvoll zugleich.«

Und sie schreibt, sie bekomme immer die gleichen Rückmeldungen, wo immer sie einschwebt und heilt:

»Sie haben den schlimmsten Teil aus mir herausgezogen – Sie haben mein Herz von der bösen Mutter befreit – Sie haben mir dieses Ungeheuer, das mein Vater war, abgenommen...« (168)

Und so geht es weiter:

»Sie haben mir meine Paranoia weggenommen... Sie haben mich von meinem falschen Verantwortungsgefühl befreit...« – »Alle fühlten sich gereinigt und befreit.«

Aber wie, wenn der für einige Stunden tatsächlich befreite oder sich befreit fühlende Mann nach Hause kommt aus der wundersamen Workshopatmosphäre und seine Frau ihn, mit ähnlicher Stimme wie seine Mutter in besten Kindertagen, vorwirft, daß er sie mit den drei kleinen Kindern ein paar Tage habe sitzenlassen und überhaupt ein gewaltiger Egoist in seinem Selbstverwirklichungsdrang sei?

Solche Fragen finde ich bei Gerda Boyesen kaum je aufgeworfen. Sie fährt fort, mit wachsendem Sendungsbewußtsein:

»Mit der Aura-Methode können wir also die unerwünschten Nebeneffekte der tiefen Vegetotherapie vermeiden. Außerdem haben wir damit ein phantastisches Werkzeug für die Behandlung von Psychotikern... immer wieder sendet mir das Schicksal genau zu dem Zeitpunkt, zu dem ich eine neue Methode entdeckt habe, besonders schwierige Patienten, um den Wert der neuen Technik zu erproben.« (169)

Es ist schwer, sich bei der Lektüre mancher Seiten des Schmunzelns zu erwehren, bei so viel heiligmäßiger Schicksalslenkung und Sendung. Einmal glaubt die Offenbarerin, eine Schülerin habe etwas Kostbares aus China mitgebracht, als sie eine wunderbare Spontanheilung zustande bringt, aber das Mädchen belehrt sie über die wahre Quelle der Offenbarung: »Aber Gerda, das hab ich doch von dir, das hast du uns gestern bei der Selbsthilfemethode gezeigt.« (169)

Therapie wird auf diese Weise nicht eine langsam zu lernende Kunst, sondern etwas Hundertprozentiges, aber doch von allen Handhabbares, und hier wird die Verbreitung von Hoffnung, oder wie die Autorin selbst es nennt, »Träumen und Visionen«, höchst zweifelhaft. Heißt es doch über die Einführung der Biodynamischen Psychologie in die Psychiatrie nach leichtem Erlernen der

Peristaltiköffnung wie der Krisenmassage:

»Jeder einzelne, der in einer psychiatrischen Klinik arbeitet, könnte in seinem Beruf Erfolg, Bereicherung und Erfüllung finden ... In anderen Fällen wieder würde eine Kontrolle oder kurze Polarisierung der Energie mit ein paar Massagebewegungen genügen. Auch die Auratherapie könnte hier großartige Anwendung finden.« (171)

Oder ich zitiere Ihnen noch Gerda Boyesens Glaubensbekenntnis für die Veränderung der ganzen Welt:

»Im Lauf der letzten Jahre habe ich mit Menschen aus allen möglichen Ländern gearbeitet und dabei gerade aus der alltäglichen Praxis einen fundamentalen Glauben, ein totales Vertrauen in die Möglichkeiten gewonnen, unsere Welt zu transformieren. Ich war dabei, wie all diese Menschen ihre Primärpersönlichkeit wiederentdeckt haben, und es hat mir ein beinahe religiöses Gefühl des Glaubens und Vertrauens ... gegeben. In der Jugend auf der ganzen Welt wird das tiefe Bedürfnis sichtbar ..., etwas zu tun, um diese Welt zu verändern.« (173/74)

Bei Menschen, die in einer einzigen Sitzung wieder mit »ihrem wahren, authentischen Selbst« und der großen Harmonisierung in Kontakt kommen, gibt es wohl auch keine Kriege mehr.

Nun noch kurz zur Struktur einer *typischen Wunderheilung*, die in ihrer Dauer natürlich nicht nachprüfbar ist. Sie vollzieht sich in vier Sitzungen, es handelt sich um eine Patientin mit jahrelanger Migräne und Schlafstörungen. Nach *einer* Sitzung ist sie beschwingt und will Tennisspielen lernen. Nach der zweiten Sitzung schläft sie eine Woche gut und ist schmerzfrei. Dann läßt die Wirkung nach, und sie erlebt nach der dritten Sitzung eine entsetzliche Woche, träumt vom Ungeheuer von Lochness. Dadurch bestätigt sie auch gleich die psychoanalytische Theorie über den sexuellen Ursprung des Konflikts, weil die Schlange bekanntlich ein Phallussymbol ist. Mit großer Nonchalance wird ein zweiter Traum über ein gelähmtes Kind kurz und apodiktisch als Angst vor einer Schwangerschaft gedeutet, und nach einer vierten Sitzung ist sie geheilt.

»Sie fühlte selbst, wie sie ganz normal und glücklich wurde ... sie wollte Schauspielerin, Tänzerin werden. Sie und ihre Eltern waren mir sehr dankbar«,

und jetzt kommt die Aufbruchswendung:

»aber ich mußte die Behandlung abbrechen, da ich verreiste. Dennoch war es ein guter Moment für sie, die Therapie zu beenden.« (183)

Leichtfertiger habe ich selten über eine Therapie berichten hören, aber die Omnipotenzgefühle werden auch ungeniert ausgesprochen:

»Immer wieder möchte ich betonen, daß jeder, der mit den peristaltischen Methoden arbeitet, auch Psychologe oder Psychotherapeut sein muß; er muß in der Lage sein, was immer in einer Sitzung auftaucht, zu lenken und zu meistern.«

Die meisten wiedergegebenen Fallgeschichten enden mit Aufbruch und Abreise. Das staunende Publikum oder die andächtige Familie bleibt zurück und wartet bang, ob sie dieser Heilung wert war oder ihre leichte Ungläubigkeit mit einem Rückfall bezahlt. Immerhin wird in diesem letzten Zitat wenigstens deutlich, daß man entweder Psychologe oder Psychotherapeut schon sein *sollte,* wenn man die hohe Kunst des Umgangs mit der Peristaltik anwendet.

Charisma und Übertragung

Ich hätte Sie nicht so lange mit diesen Geschichten genervt, wenn das omnipotente Charisma nicht geradezu ein Markenzeichen vieler herumjetender Körpertherapeuten wäre. Ich komme damit zum Problem von Übertragung und Gegenübertragung. Ich habe von einigen Patienten sehr gute Dinge gehört über die heilsamen Wirkungen der biodynamischen Eingriffe ins Vegetativum *innerhalb einer kontinuierlichen Therapie.* Ich habe allerdings keinen solchen Therapeuten getroffen, der mit dieser Methode *allein* gut gefahren wäre. Die ich kenne, haben sich später, nach ihrer Ausbildung, für ihre eigene Gesundung und Reifung wie für ihre berufliche Kompetenz noch andere Therapieformen gewählt, auch Langzeittherapien, in denen an und mit der Beziehung gearbeitet wurde, wenn sie solche Therapien nicht bereits mitbrachten und Ergänzung suchten. Ich habe analytische Kollegen die Hände über dem Kopf zusammenschlagen sehen, wenn reine Psychodynamiktherapeuten bei ihnen Supervision suchten, weil sie über die Beziehungsverläufe zwischen ihnen und ihren Patienten erstaunt, erschrocken, vorwiegend aber ahnungslos waren. Ich habe einige Psychodynamikstudenten und -therapeuten berichten hören, daß es Teilnehmern nach dem Abflug der Lehrer aus der charismatischen Großfamilie Boyesen gar nicht gut ging; daß Kritik, ja kritische Fragen oder eine Auseinandersetzung über die langzeitige therapeutische Einbettung der Massageeingriffe oder der wundertätigen Aura-Arbeit nicht zulässig seien. Ich habe einiges gehört über die mangelhafte und unklare Auswahl der Therapeutenanwärter. Ich weiß einiges über die Aussichtslosigkeit für die nächsten Jahre, wenn nicht Jahrzehnte, eine kassenrechtliche Anerkennung zu bekommen, schon gar für Nicht-Ärzte und Nicht-Psychologen. Je länger ich mich mit dem Thema beschäftigte, desto exemplarischer zwielichtig erschien mir die Biodynamik als eine lehrbare und kontrollierbare, auch im Beziehungsaspekt überprüfbare Therapieform, die in sich selbst ausreichen soll als Methode.

Der psychoanalytische Hintergrund

Wir alle wissen, daß Gerda Boyesen, neben ihrer charismatischen Persönlichkeit und ihrem absoluten Vertrauen in ihre heilsame Wirkung auf andere Menschen, eine langjährige und solide analytische Ausbildung und Erfahrung hat und lange in therapeutischen Teams gearbeitet hatte, mit viel Supervision und theoretischen Diskussionen. Es ist um so erstaunlicher, daß sie inzwischen anzunehmen scheint, daß dies gar nicht so nötig sei, sondern daß Biodynamik in sich eine ausreichende Therapieform darstellen könne, die in fraktionierter Form auf Workshops ausreichend gelehrt werden könnte. Ich habe mit Staunen davon gehört, wie schnell junge Menschen Assistenten und selbst mit Ausbildungsgruppen betraut werden und zu Repräsentanten der Firma aufrükken, die für die Nutzung des Therapiepatents Lizenzgebühren zahlen. Ich konnte es mir nicht anders erklären als durch den hohen Druck, weltweit Schulen zu gründen und Institute einzurichten und die Transformation der Welt im Geiste des erlösenden Clans voranzutreiben.

Ich gebe zu, daß es mir an biodynamischer Selbsterfahrung fehlt, aber ich habe manche tiefen körperlichen Eingriffe ins Vegetativum erlebt, die vielleicht ähnlich sein mögen wie das, was Sie tun. Ich zweifle ganz tief an der Annahme, daß sich mit der vegetativen Entspannung, Lösung, Harmonisierung die übrigen lebensgeschichtlichen Konflikte von selbst auflösen, sozusagen als artifizielle Überbauungen der biologischen Grundschicht. Ich habe Zweifel, daß sich das wahre Selbst in einer Art Epiphanie zeigt und dann greifbar als neuer Besitz da bleibt; Zweifel, daß eine vegetative Entspannung oder Entladung Hörigkeit, Rivalität, innere Lehre, Abwehr, Über-Ich oder Spaltungen auflöst und das authentische Selbst am Blühen hält.

Ich behaupte auch – und das weiß ich aus der Teilnahme an vielen Lehrworkshops von Jet-set-Therapeuten, die mit der Zahl der Länder oder Kontinente Reklame machen, in denen sie bereits gelehrt oder geheilt haben –, daß auf diese Weise die Fähigkeit zu einer kontinuierlichen, innere und Beziehungskonflikte einschließenden Therapie nicht gelehrt werden kann; ich möchte darauf verweisen, daß die Fortbildung bei Pesso im Durchschnitt sechs bis acht Jahre dauert, das gleiche höre ich von Malcolm Brown. Pesso nimmt inzwischen nur noch fertige Therapeuten zur Ausbildung an, nicht, wie leider bei vielen Schulen, Kandidaten frisch von der Ausbildung zur Krankenschwester oder Sozialpädagogen frisch vom Studium. Um es mit den Worten eines angesehenen Psychosomatikers zu sagen, dem Psychosomatiker und Lehrstuhlinhaber Peter Petersen, der viele Erfahrungen mit Leibtherapien gesammelt hat:

»Könnerschaft und Kompetenz setzen eine Ausbildung und individuelle Weiterbildung von vier bis acht Jahren intensiver Arbeit voraus – also eine Ausbildung von der Qualität eines Hochschulstudiums. Eine bewegungstherapeutische (oder leibtherapeutische, T. M.) Methode läßt sich nicht im Nebenbeiverfahren erwerben, das wäre gefährlicher Dilettantismus.«[1]

Die Ausbildung von Gerda Boyesen selbst scheint sehr solide gewesen zu sein. Trotzdem beginnt die Saga ihrer therapeutischen Laufbahn ebenfalls bereits mit Wundern und Erwählungen. Sie reagiert auf eine einzige Stunde bei Havrevoll mit der Lösung einer »Verkrampfung in meinem Zwerchfell«. »Die Lektüre eines Buches über die Neurose und der einmalige Besuch bei einem Charakteranalytiker hatten mir eine Erfahrung gebracht, die mein Leben vollkommen veränderte« (S. 13).

Sie kommt dann als Studentin zu Ola Raknes, meldet sich nach einem Vortrag zu Wort, erhält »donnernden Applaus« und sagt zu ihm, sie wolle Vegetotherapeutin werden. Er sagt: »Sie können zu

1 Peter Petersen, »Meine Erfahrungen mit Leib- und Bewegungstherapie in der Psychosomatik«. In: Integrative Therapie, 1/2, 1986, S. 3–20.

mir kommen, wann immer Sie wollen. Ich habe zwar eine zweijährige Warteliste, aber Sie sind willkommen« (S. 15). Glücklicherweise spürt man aus den Berichten über die Arbeit bei Raknes, daß es eine intensive Arbeit in und an den Übertragungen gab. Und sie antwortet den neugierigen Kollegen an der Klinik auch ganz aufrichtig auf ihre Fragen nach den Inhalten und Folgen der Therapie: sie habe angeblich keine Probleme mit ihrem Mann, von dem sie sich wenige Jahre später aber scheiden läßt, »ich hätte wohl aber erhebliche Schwierigkeiten mit meinen Eltern, wenn ich noch bei ihnen leben würde, da es in meinem therapeutischen Prozeß vorwiegend um die innere Lösung von meinen Eltern, um die Befreiung von meinen Konflikten mit ihnen ginge« (18). Gerda Boyesen absolviert also eine vierjährige, körperorientierte Psychoanalyse, um mit ihren Kindheits- und Individuationskonflikten fertigzuwerden. Danach erhält sie Massagesitzungen von einer langjährig erfahrenen Therapeutin, Aadel Bülow-Hansen, betont aber: »Mein therapeutischer Prozeß war keineswegs beendet, als ich bei Ola Raknes aufhörte. Es verhielt sich nur so, daß die Methoden, über die er verfügte, mich nicht weitergebracht hätten.« Er ist wohlgemerkt ein bedeutender Pionier der Verbindung von Psychoanalyse und Körperarbeit. Und dann sagt er nach vier Jahren die dunklen Schicksalsworte zu ihr: »Sie müssen sich entweder einen Geliebten nehmen oder mit der Therapie aufhören.« Deutlicher kann man auf eine Übertragungsverstrickung kaum hinweisen.

Bei der Massage geht es selbstverständlich wieder um Wunderheilungen:

»Nach zwei Sitzungen gelang es ihr zu meinem Erstaunen, meinen Rücken und die Knie gleichzeitig zu entspannen ... andererseits erfuhr ich eine ganz neue Qualität von Energie im Körper ..., und ich fühlte sehr intensive Energieströme in mir aufsteigen. Es war ein phantastisches Erlebnis.« (24)

Trotzdem glaubte Frau Bülow-Hansen nicht an ihre alleinige Heilkraft, sondern sagt sehr vernünftig,

»ich müsse zusätzlich zu Dr. Houge in Therapie gehen. Ich bekäme zwei Parallelbehandlungen: Sie würde an meinem Körper weiterarbeiten, während der Houge die psychische Betreuung übernähme. Somit vervollständigte sich meine Ausbildung auf ganzheitlicher Ebene.« (25)

Natürlich passiert bei Dr. Houge rasch das Schlangenwunder, sobald er sie berührt: sie entdeckt spontan den Orgasmusreflex neu.

Dann kommt aber, für mich beruhigend, das zustande, was ich den »interkollegialen Raum« nenne, der in psychosomatischen Kliniken selbstverständlich ist, nicht aber in der ambulanten Psychotherapie:

»Von dieser Zeit an entwickelte sich eine perfekte (wie sollte es anders sein! T. M.) Zusammenarbeit zwischen Dr. Houge und Aadel Bülow-Hansen. Sie ›präparierte‹ mich durch die Massage sozusagen für die Sitzungen bei ihm.«

Und dann kommt die Bilanz dieser Zusammenarbeit:

»Was durch diese Massagen in mir ausgelöst wurde, war so stark, daß ich mehr als drei Jahre in intensiver therapeutischer Behandlung blieb. Nach und nach drang ich in immer tiefere, wechselnde Schichten von Aggression und sexueller Begierde vor.«

Eine traumatische Verstrickung mit dem Vater auf der oralen Ebene löst sich auf, offensichtlich mit etwas gewalttätigen Praktiken:

»Raknes, Bülow-Hansen und Dr. Houge arbeiteten mit vereinten Kräften daran, ... die fixe Idee meines Vaters zu widerlegen. Es war, als müßten sie meinen Panzerungen mit einem Brecheisen zu Leibe rücken. Nichtsdestotrotz erzielte die Therapie ausgezeichnete Resultate und ermöglichte mir ein tieferes Verständnis für die Prozesse meiner Patientin.«

Und nun folgt ein bedeutsamer Satz, der sicherlich der Anlaß auch für meinen heutigen Vortrag bildet: *»Und schließlich entstand die ganze Theorie der Biodynamik aus der alltäglichen Praxis der Massage.«* (26)

Gerda Boyesen hatte eine lange und intensive, analytisch und körpertherapeutisch geprägte Lehrzeit und Selbsterfahrung hinter sich, und ihre erste praktische Arbeit vollzog sich in der Klinik mit Patienten

»mit chronischer Neurose und zahlreichen psychosomatischen Symptomen, denen zuvor niemand hatte helfen können. Es gab einige darunter, die bereits fünfzehn Jahre lang erfolglos die verschiedensten Therapien ausprobiert hatten«.

Das ist fürwahr ein gutes Publikum für aufwühlende Veränderungen, wenn man sich solchen Menschen, mit einem solchen Erwartungsdruck und so langer Vorarbeit, endlich einmal haltend/berührend/lösend/massierend zuwendet. Es verwundert nicht, daß die Arbeit »eine Flutwelle von Theorien« in ihr auslöste. Es geht schlicht um die Entdeckung, »daß man Neurosen mit den Händen heilen konnte!«, daß Körperarbeit zur »Transformation der Psyche führte«, daß wir »sehr rasche Heilerfolge« erzielten.

Ich möchte wahrlich nicht an einer psychotherapeutischen Biographie herummäkeln, schon gar nicht an der ihrer Stammesmutter. Was ich zu zeigen versuche, ist, daß Gerda Boyesen zwar berichtet, welche komplexen therapeutischen Prozesse sie durchlaufen hat, welches theoretische und intuitive Wissen sie akkumuliert hatte; daß sie dann aber Therapiemethoden findet und lehrt, die diese Einbettung und Vorerfahrung, diese Ortung in Theorie und Beziehung, die Einbettung in eine vorhandene therapeutische Identität nicht mehr zu brauchen scheinen. Erst allmählich habe ich verstanden, daß eine *machtvolle primäre Mütterlichkeit und eine transpersonale Rolle,* der Brückenschlag zur überindividuellen kosmischen Energie, hier ungeschieden nebeneinandertreten.

Bei Bülow-Hansen, die ihren Schülern rät, »nicht zu interpretieren, nicht zu psychologisieren« (das überließ sie den begleitenden Psychotherapeuten, T. M.), hört sich das noch so an: »Die Geschichte der einzelnen Personen entrollte sich in die Vergangenheit wie ein rückwärts abgespulter Film«. Doch dann kommt es in Boyesens Deutung schon viel »organischer«, quasi substantieller:

»Die Patienten wurden zurückgeführt bis in die Krankheiten ihrer frühen Kindheit, um dadurch das Übel an der Wurzel, das heißt die Ursache der Krankheit aus dem Organischen zu eliminieren«, als handle es sich um eine Menge Eiter. Auf einmal wird die »regressive Funktion des Organismus als Ursache der Neurose« entdeckt, vom umgekehrten möglichen Weg ist jedenfalls nicht mehr die Rede. Vom Janusgesicht der Neurose wie bei Reich oder Lowen – nämlich nach der konflikthaften oder lebensgeschichtlichen Seite wie nach der organismischen – ist nicht mehr die Rede. Was Wunder, wenn die Praxis der Muskelmassage als »noch vegetotherapeutischer als die Vegetotherapie« gesehen wird (man spürt das Ziel der Eliminierung der konflikthaften Psyche, T. M.):

»45 Minuten Muskelmassage ... jede kleine Spannung im Körper aufspüren und lösen. Es war, als ob wir die Widerstände auf jeder Ebene ›verführten‹: erst körperlich, dann psychisch.« (35) ...
»Was mich am meisten faszinierte, war das Erlebnis, daß ein Patient durch Massage geheilt werden konnte. Die Neurose wurde allein durch die

Arbeit am Körper, ohne Psychotherapie, aufgelöst«, nämlich durch die vegetative Entladung.

Gestaute Gefühle müssen nicht mehr aufgespürt, ausgedrückt, abgeführt, aufgearbeitet oder gar sublimiert oder konstruktiven Zielen zugeführt werden, sondern: »Es gibt einen stillen, subtilen Mechanismus, der sie eliminiert, der die emotionalen Restenergien verdaut.« (36) Das klingt nach einem physiologischen Prozeß, vermutlich aber ist es weit eher ein charismatisch vermitteltes, transpersonales Ereignis, eine spirituelle Erfahrung, deren Überführung ins gelebte Leben nicht mehr zu den Aufgaben ihrer Priesterin gehört.

Ich habe mit Therapeuten und Patienten gesprochen, die an ihren Workshops teilgenommen haben. Sie alle haben mir die beschriebenen Phänomene bestätigt, die Wirkung des Charismas und der außergewöhnlichen Suggestionskraft, ja ihre frühmütterliche Macht beschrieben. Aber sie haben auch gesagt: der Klient ist ja in einer Weise regrediert, die der des kleinen Kindes mit der schützenden, beruhigenden, kummer- und verspannungsheilenden Mutter entspricht. Wenn wir beobachten, wie es Müttern, manchmal auch Vätern gelingt, verkrampfte, ja konvulsivisch verspannte, verzweifelte kleine Kinder zu entspannen, dann ist uns die Wirkung der Muskelmassage durch eine charismatisch aufgeladene therapeutische Mutter nicht mehr verwunderlich.

Aber in der *Lebensgeschichte* findet sich das, was wir als Analytiker *Introjekte* nennen: also in jahrelangen traumatischen Konstellationen gebildete Instanzen, die auch über das Vegetativum Herrschaft ausüben können. Diese Introjekte können sehr wohl zum Schweigen und vorübergehenden Verschwinden gebracht werden durch eine gute Fee. Aber sie überleben und lauern, ja, sie sinnen sogar auf *Rache an dem Selbst,* das sich vorübergehend in fremde heilende Hände begeben hat. Nach meiner auch körpertherapeutischen Erfahrung ist es einfach unsinnig zu glauben, daß so punktuelle Erlebnisse, und mögen sie noch so tief gehen, jahrelange, durch tiefe Ängste und Identifikationen gefestigte Instanzen einfach »dahinschmelzen«, und zwar dauerhaft. Die eigene Therapiegeschichte von Gerda Boyesen spricht dagegen.

Damit möchte ich nicht sagen, daß tiefe vegetative Lösungserlebnisse nicht eine nachhaltige Wirkung haben können. Aber in der Regel brauchen sie geduldige Nacharbeit, um zu überdauern, integriert zu werden, vor allem, um die unzähligen Auslösesituationen im täglichen Leben für die alten Mechanismen überstehen zu lernen. In der Sprache C. G. Jungs handelt es sich um die gravierende *Differenz zwischen Erlebnis und Wandlung.* Die Dauer eines Workshops ist kein Kriterium für eine bleibende Wirkung. Auch nicht die paar Monate, die bis zum nächsten vergehen. Ich habe selbst erlebt, wieviel Heilung ich meinen Analytikern zuliebe zustande gebracht habe, um hinterher zu merken, wie brüchig das Ergebnis war.

Das archetypisch Überpersönliche muß integriert werden in die konflikthafte Geschichte der Person. Gerda Boyesen unterscheidet nicht klar genug zwischen den Rollen einer Psychotherapeutin an Menschen in einem konkreten neurotischen oder psychotischen Lebenszusammenhang und einer Mittlerin zwischen Mensch und kosmischer Energie und Harmonie. Im Gegenteil: die psychologisch-konflikthaften Widerstände werden oft nur als der Einbruch des Biographischen, des *nur* Personalen in das Transpersonale gesehen. Die Übertragungswiderstände werden oft sogar mit Bann und Tadel belegt, weil sie den transpersonalen Prozeß der Lösung stören. Der Alltagstherapeut steht aber in der Rolle des Vermittelns von kosmischer Energie recht hilflos da, weil sich die biographischen Übertragungswiderstände in einer Langzeittherapie viel intensiver zeigen.

All dies wertet die pionierhaften Entdeckungen, den Mut, die großartige Intuition der Biodynamik in den Händen einer in ihrer Ausstrahlung gerühmten Therapeutin nicht ab. Ich versuche nur zu verdeutlichen, wie tief ich die Prozesse gerade in die verleugnete Übertragung eingebettet sehe, und wie notwendig das Setting der Reiseheilerin zu dieser Art von Ergebnissen gehört.

Aber selbst, wenn Gerda Boyesen recht hätte: daß vegetative Entladungen den ganzen Überbau der Konflikte wegsprengen oder wegschmelzen, dann hätten wir doch ein fast embryonales authentisches Selbst vor uns, mit wenig integrierter authentischer Lebenserfahrung, ein Selbst, das sich seine neue Identität erst suchen muß, die ja durch ein lebenslängliches falsches oder, wie sie es nennt, sekundäres Selbst ersetzt war. Wie und wo soll dieses neue Lernen geschehen? Wer hütet und schützt das frisch geschlüpfte Selbst vor den nächsten kalten Winden des Lebens außerhalb der Hände der Mutter? Durchdenkt man diese zweite Variante der wundersamen Heilungen, so erscheint sie einem als noch absurder in ihrer vegetotherapeutischen, antipsychologischen Ausschließlichkeit.

Das Naheliegende ist doch entweder die Kooperation von Therapeuten, wie sie Gerda Boyesen selbst erlebt hat und entsprechend preist, um sie dann angesichts ihrer Schüler zu vergessen oder für überflüssig zu erklären. Oder eine umfassendere Ausbildung der Therapeuten, die sich in der Übertragungsarbeit mindestens ebensogut auskennen wie in der sanften oder wilden Entfesselungsarbeit am Vegetativum.

Ich behaupte: auf je früheren und tieferen psychosomatischen Stufen ein Therapeut entspannend und lösend eingreift, desto tiefer ist die mütterliche Übertragung des Klienten. Diese Phase eines hingebungsvollen Urvertrauens in eine mütterliche Person, die zudem eine hohe Intuition für die organismischen Vorgängen im Körperinneren hat, kann Wunder wirken, dort, wo die heilende Symbiose etwas repariert als Grundkraft des Lebens, als Zuversicht, als Kern eines zu Glück und Auseinandersetzung bereiten Selbst. Aber die Entwicklung des Selbst läuft auch über Trotz, Mißverstehen, Haß, Entfremdung, Rätsel, Gewaltsamkeit, Verzweiflung. Und sie verläuft durch unzählige, nicht nur überstandene, sondern mitgestaltete soziale Situationen, durch Konflikte, Loyalitätskämpfe, Identitätskämpfe, Abgrenzungen und die Notwendigkeit einer Triangulierung.

Biodynamik, Dyade und Triangulierung

Es ist meine ganz persönliche Erfahrung mit einer Reihe von Therapeutinnen, mit denen ich über Patienten kooperiert haben, und dies ist der einzige Anflug einer psychologisierenden Deutung, den ich mir erlaube: alleinerziehende Mütter neigen dazu, die Rolle des Vaters zu vergessen, wie die von Abgrenzung, Struktur und Konflikten. Sie nehmen eher an, daß einfühlsame, gewährende und entfesselnde Mütterlichkeit etwas ist, an dem Patienten und die ganze Welt genesen könnten. Und sie sind in der Bereitschaft, in der Kooperation strukturierende Anteile, Potenzen der Orientierung, der Abgrenzung und der Individuation *abzugeben,* sehr viel enger als Mütter mit einem männlichen Partner, der im sozialen Raum natürlich auch eine andere Frau sein könnte.

Dieser omnipotenten Mütterlichkeit steht Freuds ebenso omnipotente und einseitige Väterlichkeit gegenüber. Gerda Boyesens *bewundernde Rivalität* mit Freud ist unübersehbar. Sie möchte ihn sozusagen vom intellektuellen Kopfstand auf die Füße und das solide Fundament eines großen Busens stellen und ihm bei Gleichgewichtsstörungen mit dem auditiven Kompaß des Stethoskops Orientierung geben.

Nach Ohrenzeugen kann das Stethoskop in der Tat eine wichtige Quelle der Erkenntnis sein, sozusagen das Fernrohr oder das Mikroskop für das Ohr. Aber die buntgewürfelten Schülergruppen, die ich mit dem Gerät hantieren sah, machten trotz allen therapeutischen Eifers auch den Eindruck einer Kinderschar, die endlich mit einem richtigen Werkzeug dem Doktorspiel nachgehen durften.

Mir fehlt die Kompetenz, um Gerda Boyesens Säfte- und Energie-, Aura- oder Libidolehre zu beurteilen. Ohne Zweifel ist vieles für die Körperpsychotherapie enorm fruchtbar. Worum es mir geht, ist die Überzeugung, daß eine hochwirksame Methode angewandt wird innerhalb einer charismatischen Übertragung, die aber verleugnet oder nicht für wesentlich gehalten wird. Sie hat mit dem Ausmaß an angebotener primärer Mütterlichkeit zu tun, die zur »dynamischen Entspannung« führt.

Oder mit Gerda Boyesens Worten:

»Das Prinzip ist einfach: der Patient fühlt sich so geborgen, daß er seine Abwehr nicht mehr braucht... Sie kann sich lösen, und die verdrängten Gefühle steigen wieder ins Bewußtsein und können abreagiert werden.« (105)

Aber was geschieht, wenn der Patient diese umfassende Geborgenheit nicht einmal als Bereitschaft in die Therapie mitbringt; wenn er den oder die Therapeutin in einer Übertragung, die ja schlagartig im Unbewußten einsetzt, mit negativen Bildern, ja mit den Horrorgespenstern seiner Kindheit besetzt? Gerda Boyesen scheint in ihren eigenen Therapien nie auf ein solches Urmißtrauen, ja nicht einmal auf eine kräftige negative Übertragung in sich gestoßen zu sein, außer punktuell, als einer sie einen »Dickkopf« nannte. Da war sie so empört, daß sie sofort eine neue Therapie erfand. Wir können die Patienten doch nicht zwingen, an unsere positive Bereitschaft zu glauben, sie in der Geborgenheit durch die Vorhölle oder Hölle zu begleiten hin zum neuen, primären Selbst. Die Patienten variieren in ihren Möglichkeiten, eine primär positive Beziehung zu uns aufzubauen. Und wenn sie bei dem Angebotsdruck der Biodynamiker, die lösende Mutterhand zu ergreifen, das Himmelsgeschenk nicht annehmen, dann entstehen die Gegenübertragungsverstrickungen: die Selbstzweifel tauchen auf, die Zweifel, die Gefühle von Unfähigkeit, Gekränktsein, Wut, Verzweiflung, Identifikation mit dem Patienten oder mit einer seiner frühen Bezugspersonen; die komplexen Vorgänge der projektiven Identifizierung, in denen es um unbewußte Manipulation geht, schießen ins Kraut.

Ein Patient, der seine Kindheit mit den Spaltungen seiner Person überlebt hat, gibt sie doch nicht nach wenigen Erlebnissen preis, erst recht nicht, wenn sie in seinem neurotisch oder real schwierigen Lebenskreis immer wieder erneut ausgelöst werden. Es ist schier zum Verzweifeln: der autobiographische Therapieteil in Boyesens Buch dokumentiert das ganze Ausmaß von Aufarbeitungshilfe, die sie brauchte, um mit den intensiven Erlebnissen fertig zu werden. Und plötzlich soll in der vegetativen Massage oder in der peristaltischen Lösung und Öffnung der einfache Schlüssel liegen, der uns der Übertragungs- und Gegenübertragungsverstrickungen enthebt.

Dies alles muß auf Kongressen, mit Vertretern anderer Schulen, immer wieder diskutiert werden. Auch Ihre persönlichen Erfahrungen im Negativen, Ihre Verzweiflung, wenn die nötige Geborgenheit und die wundersame Veränderung nicht eintritt oder schnell wieder verfliegt; wenn Sie »den wunderbaren Kern, die Primärpersönlichkeit, voller Liebe und Güte« nicht finden. Ich beurteile eine therapeutische Disziplin auch danach, wie sie mit ihren Schwachstellen, ihren Unstimmigkeiten, ihren Fehlschlägen umgeht; auch danach, wieviel Kooperation und Integration in den gemeinsamen therapeutischen Fundus der letzten hundert Jahre sie zustande bringt. Da sieht es übrigens mit der Psychoanalyse auch nicht viel besser aus! Oder ich urteile danach, wieviel Euphorie und Wunderglauben eine Schule braucht für ihre Verbreitung, wieviel suggestive Momente, wieviel Bindung an das Charisma des Gründers, das aber den unsicheren Therapeuten in ihrer Praxis nicht sehr viel hilft.

Die Charismatiker neigen oft zur Auskunft an den zweifelnd Fragenden, wenn er sich noch traut, kritisch zu fragen: »Du bist eben nicht im Zustand der Gnade; deine Peristaltik ist nicht offen, der Zustand deiner Säfte ist nicht in Ordnung, dein Vegetativum ist verspannt, du bist nicht in Kontakt mit dem Ozean der kosmischen Energie« (103) usw., und sie bieten eine gelegentliche Neuaufladung an, eine Auffrischung der Libido, die Gerda Boyesen selbst ein »euphorisierendes Element« nennt.

Überall auf der Welt geliebt, bewundert, verehrt zu werden und die Bereitschaft zu spüren für wundersame Eingriffe, die ohne jeden Zweifel stattfinden, und die Aufladung der Gruppe durch spiegelnde Energie zu spüren, muß herrlich sein und die Peristaltik immer wieder öffnen. Ich war auf zu vielen Workshops von Charismatikern, um die Abgehobenheit nicht zu kennen, die Bereitschaft zum außergewöhnlichen Ereignis oder Zustand. Aber hier scheint mir die Euphorie der angestrebte Dauerzustand zu sein. Und der ist nicht gut für solide und notwendige Kooperation und die Erdung der Therapie im Alltäglichen.

Insofern ist mein vorläufiges Ergebnis der Beschäftigung mit der Biodynamik und der Person ihrer Gründerin, und dies gilt für eine ganze Reihe von reisenden Charismatikern, dies: es handelt sich um eine Mischung aus hochwirksamer Therapie ohne rechte Ortung im menschlichen Beziehungsleben und um eine abgehobene Therapie- und Kultgemeinschaft mit Jet-set-Charakter und eine sich gelegentlich sehr verlassen und hilflos erlebende Schülerschar, die sich der außergewöhnlichen Lichtgestalt ihrer großen Mutter nicht immer ganz gewachsen fühlt.

Was wäre von und mit der Psychoanalyse zu lernen?

Jede längerfristige Therapie, schon gar eine solche, die körperlich so intensiv eingreift, führt zu einer Übertragungsbeziehung. Sie läßt sich, soweit sie positiv bis religiös erwartungsvoll ist, eine Zeitlang unthematisiert nutzen, aber nicht auf die Dauer übergehen. Es muß mit ihr gearbeitet werden, auch wenn der therapeutische Prozeß bei Störungen immer wieder auf die Primärobjekte gelenkt werden kann.

Ebenso wahrscheinlich sind Gegenübertragungsreaktionen. Solange sie sich beschränken auf die Intensivierung der Liebe zum Patienten, von der Gerda Boyesen spricht, lassen sie sich nutzen, und dieser Zustand der Liebe mag sich in der Tat intensivieren, solange man sozusagen priesterlich »am Amt« ist, wie es von Amfortas klagend-fragend und von Titurel erlösungssüchtig in Wagners Parzifal verlangt wird. Aber bei Störungen sollten die Reaktionen als diagnostisches und therapeutisches Instrument genutzt, nicht als lästiges Übel abgetan werden. Doch das erfordert Selbsterfahrung und Training.

Wie sich an Gerda Boyesens eigener Biographie zeigen läßt, ist Biodynamik hervorragend geeignet für eine Zusammenarbeit mit einer analytischen Therapie. Hier liegen meiner Ansicht nach auch die Chancen für die Integration der Biodynamik ins allgemeine Therapiesystem, auch hinsichtlich einer kassenrechtlichen Anerkennung oder der Chancen für eine Delegierung durch Ärzte. Man kann diesen Gesichtspunkt als zu pragmatisch geringschätzen, aber auch die ökonomische Situation konstituiert den Ort und den Stellenwert einer Therapieform. Auch die Chance für eine Einbeziehung in Forschungsprogramme ist auf diese Weise größer. In unserem wissenschaftlich orientierten Zeitalter ist das nicht ganz zu verachten, auch wenn die Biodynamik sagen würde: wir halten nichts von den gegenwärtigen, quantifizierenden und messenden Verfahren, die hauptsächlich angewandt werden.

Die Zusammenarbeit mit analytischen Therapeuten, aber auch mit anderen Langzeittherapien bringt den großen Vorteil eines Lernens von Kooperation mit sich und eine bessere Chance für die Triangulierung der Seele, also mit dem Vertrautwerden mit der Tatsache, daß ursprünglich Mutter und Vater, wie defizitär auch immer, die Familie gebildet haben. Triangulierung braucht Kommunikation der therapeutischen Eltern untereinander. Dies auch dann, wenn die beiden Arbeitsebenen in einem einzigen Therapeuten vereinigt werden. Dann muß er eben mit sich selbst kommunizieren über die Ortung des Patienten in den drei Reichen: dem biographischen wie dem vegetativen wie dem spirituell-transpersonalen. Die offene oder offengelegte Kommunikation arbeitet dem Monopolanspruch einzelner Disziplinen entgegen und vermittelt dem Patienten ein Gefühl für Autonomie und Konfliktfähigkeit. Sie hilft ihm, die »außerordentlichen Erlebnisse« in die Wandlungen des alltäglichen Lebens einzubringen.

Über psychoanalytischen Fundamentalismus im Gewand der Wissenschaftstheorie

Helmut Thomäs Kampf gegen die Körperpsychotherapie[1]

Nachdem Helmut Thomä bereits 1990 mit kühner Glosse die prä- und perinatale Psychologie und das breite Spektrum der sie einbeziehenden Therapieformen endgültig erledigt hat[2], wagt er sich nun, mit gestärktem Heldenmut, an die Körperpsychotherapien. Und fürwahr, er veranstaltet ein echtes argumentatives Gemetzel, so daß man sich und den körpertherapeutischen Kollegen eigentlich inmitten des intellektuellen Brausens zuschreien möchte: packt eure Sachen und geht nach Hause, der Herr Professor hat bewiesen, daß das gar nicht gehen kann!

Es handelt sich, wenngleich theoretisch verkleidet und im Gegensatz zu Bittner, um psychoanalytische Theologie von Weltniveau, mit erschlagender Literaturkenntnis. Aber warum nenne ich Thomäs Aufsatz Theologie? Aus mehreren Gründen. Ich fasse ein paar seiner den Ausführungen zugrundeliegenden Glaubenssätze zusammen, die das Gedankengebäude tragen und die man schlicht als persönliche Optionen oder Wahlwahrheiten bezeichnen könnte, obwohl Thomä zu meinen scheint, daß seine Argumentation in sich und einschließlich ihrer Fundamente wissenschaftlich sei. (Mit diesen Ausführungen möchte ich nicht den Anspruch erheben, ich könne die analytisch orientierte Körperpsychotherapie auf einem ähnlich hohen theoretischen Niveau begründen. Ich habe ihr Funktionieren nur immer wieder versucht, plausibel zu machen, zuletzt im »Stundenbuch«.)

1. Liest man Thomäs wiederholte Einlassungen zu den frühen Störungen oder den psychosomatischen Theorien der französischen Schule, etwa von Joyce McDougall, aber auch zu Melanie Klein, so wird deutlich, daß für ihn das Seelenleben irgendwo beginnt zwischen Ödipuskomplex und Konfirmation. Der Rest

1 Helmut Thomä, »Der Körper in der Psychotherapie«. In: P. Buchheim, M. Cierpka, Th. Seifert (Hg.), Liebe und Psychotherapie. Der Körper in der Psychotherapie. Weiterbildungsforschung. Berlin/Heidelberg 1992. S. 122–145.

2 Ders., »Ist nach der Veröffentlichung von L. Janus und der Diskussionsbemerkung von P. Fürstenau kein Zweifel an der ›verdeckten pränatalen Dimension im Konzept Melanie Kleins‹ mehr möglich?«. In: Forum Psychoanal. 1990.

sind Mystik oder Modetorheiten, allenfalls »wahrscheinlich theoretisch falsche und methodisch irreführende Spekulationen« (S. 133).

2. Für frühe seelische Beschädigungen, soweit so etwas vorkommt, gibt es keine Korrektur. »Nehmen wir also an, es *gäbe* (hervorgeh. von mir, T. M.) sehr früh entstandene Selbst- oder Ich-Defekte ...« (S. 132) oder »Wir haben also ein vielfältiges Problem vor uns, das sich allerdings rasch auflöste, wenn eine Wiedergutmachung des erlittenen Mangels gar nicht möglich wäre ... Der angenommene Mangel kann nicht konkret behoben werden.« Woher weiß Thomä das, der mit den Patienten über die Redekur nie hinausgegangen ist?

3. Das Konzept, vor allem die beobachtbaren Phänomene tiefer Regression, sind längst »als unhaltbar kritisiert«, unbrauchbar, nicht plausibel denkbar.

Und nun einige theologische Sätze zur Körperpsychotherapie:

4. »Fortlaufende Vermischungen von Rollen und Konfusionen der Beziehungsebenen und Interaktionen vervielfältigen den Bedeutungsgehalt ins Unendliche. Das Chaos ist unvermeidlich.« (S. 131) Warum merken ich und meine Patienten das nicht und viele Kollegen mit ihren Patienten?

Dann kommen theologisch-ethische Sätze (man achte dabei auf die moralischen Unterstellungen!):

5. »Es liegt in der Natur der Sache, nämlich im Interesse des gemeinsamen Nachdenkens über die Übertragung, daß der Analytiker sein Mitmachen bei der Reinszenierung lebensgeschichtlicher Szenen einschränkt. Meine Bedenken gegen *leichtfertige Verschiebungen von Grenzen* sind primär methodisch begründet, treffen aber mit anthropologischen und *ethischen Prinzipien* zusammen.« Woher weiß Herr Thomä, daß ich leichtfertig therapiere und ethischen Prinzipien zuwiderhandle? Es sind nicht mehr als projektive Verdächtigungen.

6. »Die methodisch strenge Nachprüfung (der körpertherapeutischen Verfahren, T. M.), die genau genommen nur auf dem psychoanalytischen Mutterboden erfolgen kann, unterbleibt oft. Schlimmer noch: sie kann aus inneren und äußeren Gründen gar nicht erfolgen.« (S. 137) Dieser Glaubenssatz impliziert, daß die Psychoanalyse einer »strengen methodischen Nachprüfung« zugänglich ist! Die aber ihrerseits nur auf dem »psa. Mutterboden« möglich ist.

7. Und nun kommt es hanebüchener: die »besseren Erfahrungen«, die man bei Körpertherapien machen kann (das gesteht er immerhin zu), kommen *trotz* der »abstrusen Theorien« zustande. (Also sollten kluge Analytiker sie besser begründen, statt sie für irrelevant zu halten!)

8. »Nun gibt es glücklicherweise hilfreiches Handeln, das auf eine falsche Theorie zurückgeht. Wurde beispielsweise ein Patient jahrelang schwer frustriert, halte ich es für denkbar, daß Berührungen Wunder wirken können.« (S. 129/30) Ich betrachte die Erfolge von Körperpsychotherapeuten nicht als Wunder, sondern als plausible Folge angemessener Berührung, eingebettet in eine analytische Beziehung. Über beides zusammen gibt es genausoviel gemeinsamen Nachdenkens wie bei Herrn Thomä. Allerdings sind die Patienten in der Tat als Kind, in ihrem Erwachsenenleben und sehr oft auch in Psychoanalysen »jahrelang schwer frustriert« worden. Deswegen kommen sie ja, oder erneut, in Therapie. Aber, Theologe Thomä, Offenbarungstafel 9:

9. »Mit Traumatisierungen im 1. Lebensjahr und deren Ausgleich anläßlich eines solchen fiktiven Neubeginns hat das Ganze wenig oder nichts zu tun.« (S. 130) Kann unkommentiert bleiben.

Wünscht der Leser noch etwas mehr konkreten Erfahrungsmangel und ein wechselzeitiges Zitieren der psychoanalytischen Antiempiriker:

10. »Ob man nun rascher zu den pathogenen Szenen gelangt, wenn man als Körpertherapeut die Hand auf die verspannte Stelle legt…, möchte ich unter Hinweis auf Bittners (1986) gründliche Studie verneinen.« (S. 138; gemeint ist Bittners verschreckt-dogmatische Freud-Apologetik in »Psyche« 1986, S. 709–734.) Dann kommt es wieder pastoral-ethisch:

11. »Es werden Erwartungen geweckt, die in einer Therapie nicht erfüllt werden können, ohne daß beruflich festgelegte Grenzen überschritten werden.« (S. 138) Ich nehme an, mit den Grenzen ist die versteinerte Abstinenzforderung der Triebtheorie gemeint, die kunterbunt alles unter der gefährlichen Libido subsumierte. Thomä bestätigt das: »Sinnlichkeit, Zärtlichkeit und Sexualität sind zwar phänomenologisch und entwicklungspsychologisch voneinander zu differenzieren, aber es hat zugleich einen tiefen Sinn, daß Freud alle Phänomene der Lust durch die Libidotheorie miteinander verknüpfte.« (S. 141) Das ist schlicht diffamierendes, entdifferenzierendes Denken: Freud habe alles in einen

Topf »Lust« geworfen, also dürfen wir mit den Phänomenen auch nicht mit differenzierender Technik umgehen. Ein Musterbeispiel von hörigem Denken, das an so vielen Orten die psychoanalytischen Institutionen durchzieht und das so viele Diskussionen prägt.

12. Die Fortbildung der Körperpsychotherapeuten wird damit für irrelevant erklärt: »Selbst wenn der Therapeut sich selbst sicher ist, daß seine rechte Hand weiß, was die linke tut, sind auf seiten des Patienten schwerwiegende Verwechslungen möglich, die unkorrigierbar bleiben können.« (S. 139) Die Aussage unterstellt den analytischen Körperpsychotherapeuten schlicht Dummheit und Leichtsinn, die wir uns halt von dem erfahrenen, aber körpertherapeutisch ahnungslosen Hintercouchler bestätigen lassen müssen. Aber auch gegen das Argument der völligen Erfahrungslosigkeit ist die psychoanalytische Deduktionstheologie gefeit:

13. »Der Einwand, daß ich über die Körperpsychotherapie spreche, ohne einschlägige Erfahrungen gemacht zu haben, hat wenig Zugkraft. Man muß nicht alles selbst konkret erlebt haben, um die ätiologische Plausibilität und die Wirksamkeit einer Therapie beurteilen zu können.« (S. 140) Ist das nun plump oder elegant? Ich weiß es nicht. Aber was würde Herr Thomä sagen, wenn ihm Psychoanalysekritiker, und vor allem Kritiker der Praxis, sagen würden, man brauche keine Selbsterfahrung, um dogmatisch mitreden zu können? Der psychoanalytische Theologe hält die Erde noch für eine Scheibe und behauptet, wie weiland gegen Galilei die Kirchenoberen, man brauche nicht durch ein Fernrohr zu schauen, um das alte Weltbild sicher als gültig beurteilen zu können. Ich fühle mich aber, mit den meisten psychoanalytisch orientierten Körperpsychotherapeuten, nicht als Entdecker, sondern als Anwender von Erkenntnissen aus vielen körpertherapeutischen Schulen, die seit einigen Jahrzehnten sich häufen und die Thomä einfach beiseite wischt.

Bei der Diskussion nach Thomäs Vortrag in Lindau, den der Text wiedergibt, habe ich ihm gesagt, ich könne den Ärger auf die Körperpsychotherapie verstehen: wenn man sein Leben im Dienste der klassischen Analyse zugebracht habe, sei es schwer zu ertragen, einer zentralen Dimension von psychotherapeutischer Erfahrung gar nicht begegnet zu sein, weder als Patient noch als Lernender noch als Ausübender. Aber das mache den theoretischen Versuch, das Phänomen als Humbug oder gefährlich zu bezeichnen, nicht plausibler. Daran halte ich auch nach dem genaueren Studium des Textes fest, selbst wenn die Denkfigur eine Deutung enthält. Doch kann nicht sein, was nicht sein darf:

14. »Folgt der Therapeut der Illusion, als könnten körperliche Bedürfnisse klar voneinander unterschieden und isoliert befriedigt werden, kommt es auf seiten des Patienten zu Selbsttäuschungen und beim Erwachen von den erzeugten Illusionen zu schweren Krisen.« (S. 141)

Helmut Thomä, wahrlich verdienstvoll, solange er über sein eigenes Metier spricht, könnte am Ende doch noch ins Walhalla der Lehre von der deduzierenden Wissenschaft eingehen, nämlich als Entdecker und Begründer der *Impossibilitätstheorie.* Diese besagt, daß etwas nicht sein kann, was ihm nicht paßt. Der Kernsatz der Impossibilitätstheorie steht am Schluß des Textes:

15. »Je intensiver eine Beziehung mit therapeutischen Zielsetzungen unter analytischen Gesichtspunkten gestaltet wird, desto weniger ist es möglich, den Körper konkret einzubeziehen und gleichzeitig den unbewußten Bedeutungsgehalt ins Auge zu fassen.« (S. 142) Das ist, je nach Perspektive, eine verwegene, kühne, luftige, ungeprüfte, erfahrungsfreie, päpstliche, freche oder auch bodenlose Behauptung. Wenn man einige Jahre, von der eigenen Selbsterfahrung abgesehen, über Berührungen mit den Patienten analytisch meditiert oder nachdenkt, dann entsteht sehr wohl eine der rein verbalen Analyse analoge Kultur des Erfassens unbewußter Bedeutungen von Berührung, vor allem der unbewußten oder vorbewußten Körpererinnerungen. Die Berührung spielt sich selbstverständlich innerhalb einer Kultur der Übertragung ab. Sie mobilisiert auch sonst schwer zugängliche Übertragungsfragmente.

Es scheint für Herrn Thomä unfaßlich, daß der psychisch angeeignete »Elternkörper« des Therapeuten ein differenziertes Instrument der Einfühlung wie des szenischen Erfassens unbewußter Bedeutungsgehalte von Berührung sein könnte. Wahrscheinlich verdeckt der allseits verdächtige freudianische »Lustleib« jeden Blick auf den ungeheuren Reichtum empathischer, konturierender, haltgebender oder grenzensetzender Berührung. Ein bißchen mehr Respekt vor den jahrelangen Lernprozessen, die zur analytischen Körperpsychotherapie führen, wäre durchaus angebracht. Daß Thomä immer wieder von Ferenczis »Scheitern« spricht oder schreibt, halte ich ebenfalls schlicht für »höriges« Denken. Daß Ferenczi in seiner Einsamkeit und unter dem Beweisdruck, in den er geriet, nicht ohne experimentelle Fehler und Einseitigkeiten dachte und handelte, bedeutet doch nicht »Scheitern«, wie Freuds erzväterliche Häme und Ernest Jones' Intrigantentum bei der Verhinderung des Druck des zentralen letzten Vortrages uns glauben machen wollen!

Für uns arme irrende Körperpsychotherapeuten hat Thomä das altdeutsche und bewährte Sprichwort parat, »daß Schuster bei ihren Leisten und Schneider bei ihren Ellen bleiben« sollen. Wie wahr, und deshalb sei es ihm hiermit ins Stammbuch geschrieben! Die Gefahr der hochgelehrten Donquijoterie liegt sonst allzu nahe.

Drucknachweise

Der Körper in der Psychotherapie und die Angst vor Sexualisierung. Überarbeiteter Vortrag, gehalten anläßlich der 41. Lindauer Therapiewoche 1991. Abgedruckt in: Praxis der Psychotherapie und Psychosomatik. Zeitschrift für Fort- und Weiterbildung, 1991, S. 283–296

»Es ist vielleicht ungerecht, ihn als Schweinehund zu bezeichnen.« Über Joëlle Augerolles Buch »Mein Analytiker und ich« und andere Bücher über sexuellen Mißbrauch auf der Couch. Leicht gekürzt in: Psychologie heute, Juni 1992

Einsamkeit jenseits des Erträglichen. Über Siegfried Petrys Buch »Stell dich nicht so an! Geschichte und Therapie eines sexuellen Mißbrauchs«. Leicht gekürzt in: Psychologie heute, Februar 1992

Lehranalyse und Körperarbeit – Gegensatz oder Ergänzung? (zusammen mit Gisela Worm). Statement zur Arbeitsgruppe beim DGPT-Kongreß 1990 in Lindau. Unveröffentlicht

Lyrik, Forschung, Sturm und Drang. Allgemeinverständliches über Säuglingsforschung. Süddeutscher Rundfunk, Reihe AULA, 19. 1. 1992

Im Gefängnis der psychoanalytischen Position. Über Ralf Zwiebels Buch »Der Schlaf des Analytikers«. Unveröffentlicht

Intermediale Quergänge. Über »Die neuen Kreativitätstheorien«, herausgegeben von Hilarion Petzold und Ilse Orth. Frankfurter Allgemeine Zeitung, 17. 7. 1991

Der interkollegiale therapeutische Raum. Wenn ein Patient mehr als einen Therapeuten braucht. Gekürzt in: Psychoanalyse im Widerspruch, Heidelberg, März 1992

Der ewige Jüngling im dunklen Brunnen. Piet Kuipers Autobiographie seiner Depression »Seelenfinsternis«. Gekürzt in: Frankfurter Allgemeine Zeitung, 11. 3. 1992

Über die Monster in den Kellern der Neurose. Bericht über den zweiten Heidelberger Kongreß über Geburtspsychologie. Frankfurter Allgemeine Zeitung, 5. 7. 1990

Woher kommen unsere Gefühle? Vortrag vor der Teleakademie des Südwestfunks Baden-Baden, 13. 5. 1990

Zur Rolle von Imagination in der Körpersprache. Unveröffentlicht

Der getreue Widersacher. Aufruf zur Solidarisierung mit Günther Bittner. Unveröffentlicht

Ein Mafioso schreibt einen Führer durch die Mafia. Zu Robert Langs' »Ratgeber« für die Suche nach einem Psychotherapeuten. Psychologie heute, Juli 1992

Die Unfähigkeit zu trauern: Hält die These einer Überprüfung stand? Zur psychischen Verarbeitung des Holocaust. Psyche, Mai 1992, und gekürzt in: Frankfurter Allgemeine Zeitung, 6. 6. 1992

Was heißt »Bewältigen« und »Durcharbeiten« der Stasi-Vergangenheit? Gekürzt in: Radioessay Süddeutscher Rundfunk, 25. 5. 1991

Was sollte die Körpertherapie von der Psychoanalyse lernen? Vortrag beim Kongreß für Integrative Biodynamik, Berlin, 6.–8. Mai 1992. Unveröffentlicht

Über psychoanalytischen Fundamentalismus im Gewand der Wissenschaftstheorie. Unveröffentlicht

Tilmann Moser
im Suhrkamp Verlag

Besuche bei den Brüdern und Schwestern. es 1686

Das erste Jahr. Eine psychoanalytische Behandlung. Mit einem Nachwort von Niklaus Roth. Kartoniert und st 1573

Familienkrieg. Wie Christof, Vroni und Annette die Trennung der Eltern erleben. Leinen und st 1169

Eine fast normale Familie. Über Theater und Gruppentherapie. es 1223

Gottesvergiftung. st 533

Grammatik der Gefühle. Mutmaßungen über die ersten Lebensjahre. Broschiert und st 897

Jugendkriminalität und Gesellschaftsstrukturen. Zum Verhältnis von soziologischen, psychologischen und psychoanalytischen Theorien. st 1472

Körpertherapeutische Phantasien. Psychoanalytische Fallgeschichten neu betrachtet. Kartoniert und st 1896

Kompaß der Seele. Ein Leitfaden für Psychotherapie-Patienten. Broschiert und st 1340

Lehrjahre auf der Couch. Bruchstücke meiner Psychoanalyse. Mit einem Nachwort. st 352

Der Psychoanalytiker als sprechende Attrappe. Eine Streitschrift. es 1404

Repressive Kriminalpsychiatrie. Vom Elend einer Wissenschaft. Eine Streitschrift. es 419

Romane als Krankengeschichten. Über Handke, Meckel und Martin Walser. es 1304

Stufen der Nähe. Ein Lehrstück für Liebende. st 978

Verstehen, Urteilen, Verurteilen. Psychoanalytische Gruppendynamik mit Jurastudenten. es 880

Das zerstrittene Selbst. Aufsätze, Rezensionen, Berichte. st 1733

36/1/3.92

Psychologie, Psychoanalyse, Sozialpsychologie in den suhrkamp taschenbüchern

Adorno, Theodor W.: Studien zum autoritären Charakter. Aus dem Amerikanischen von Milli Weinbrenner. Vorrede von Ludwig von Friedeburg. st 107

Ansprüche. Verständigungstexte von Männern. Herausgegeben von Jan Tonnemacher und Eva-Maria Alves. st 1173

Argelander, Hermann: Der Flieger. Eine charakteranalytische Fallstudie. st 1180

Armstrong, Louise: Kiss Daddy Goodnight. Aussprache über Inzest. Übersetzt von Helga Herborth. st 995

Beck, Dieter: Krankheit als Selbstheilung. Wie körperliche Krankheiten ein Versuch zur seelischen Heilung sein können. Mit einem Nachwort von Elisabeth Kübler-Ross. st 1126

Erikson, Erik H.: Lebensgeschichte und historischer Augenblick. Übersetzt von Thomas Lindquist. st 824

Feldenkrais, Moshé: Abenteuer im Dschungel des Gehirns. Der Fall Doris. Deutsche Übertragung von Franz Wurm. st 663

– Bewußtheit durch Bewegung. Der aufrechte Gang. Nach der vom Autor bearbeiteten englischen Fassung übersetzt von Franz Wurm. st 429

– Die Entdeckung des Selbstverständlichen. Deutsche Übertragung von Franz Wurm. st 1440

– Das starke Selbst. Anleitung zur Spontaneität. Aus dem Amerikanischen von Franz Wurm. st 1957

Fromm, Erich / Daisetz Teitaro Suzuki / Richard de Martino: Zen-Buddhismus und Psychoanalyse. Die Übersetzung besorgte Marion Steipe. st 37

Fünf Minuten pro Patient. Eine Studie über die Interaktionen in der ärztlichen Allgemeinpraxis. Herausgegeben von Enid Balint und J. S. Norell. Aus dem Englischen von Käthe Hügel. st 446

Hurwitz, Emanuel: Otto Gross. Paradies-Sucher zwischen Freud und Jung. st 1504

Lidz, Theodore: Das menschliche Leben. Die Entwicklung der Persönlichkeit im Lebenszyklus. 2 Bde. Aus dem Amerikanischen von Ludwig Haesler. st 162

Miller, Alice: Am Anfang war Erziehung. st 951

– Bilder einer Kindheit. 66 Aquarelle und ein Essay. st 1158

– Das Drama des begabten Kindes und die Suche nach dem wahren Selbst. st 950

– Du sollst nicht merken. Variationen über das Paradies-Thema. Mit einem neuen Nachwort (1983). st 952

262/1/4.92

Psychologie, Psychoanalyse, Sozialpsychologie in den suhrkamp taschenbüchern

Miller, Alice: Der gemiedene Schlüssel. st 1812
– Das verbannte Gewissen. st 1790
Mitchell, Juliet: Psychoanalyse und Feminismus. Freud, Reich, Laing und die Frauenbewegung. Aus dem Englischen von Brigitte Stein und Holger Fliessbach. st 1122
Mitscherlich, Alexander: Ein Leben für die Psychoanalyse. Anmerkungen zu meiner Zeit. st 1010
– Thesen zur Stadt der Zukunft. st 10
Moser, Tilmann: Das erste Jahr. Eine psychoanalytische Behandlung. Mit einem Nachwort von Niklaus Roth. st 1573
– Familienkrieg. Wie Christof, Vroni und Annette die Trennung der Eltern erleben. st 1169
– Gottesvergiftung. st 533
– Grammatik der Gefühle. Mutmaßungen über die ersten Lebensjahre. st 897
– Jugendkriminalität und Gesellschaftsstrukturen. Zum Verhältnis von soziologischen, psychologischen und psychoanalytischen Theorien. st 1472
– Körpertherapeutische Phantasien. Psychoanalytische Fallgeschichten neu betrachtet. st 1896
– Kompaß der Seele. Ein Leitfaden für Psychotherapie-Patienten. st 1340
– Lehrjahre auf der Couch. Bruchstücke meiner Psychoanalyse. Mit einem Nachwort. st 352
– Stufen der Nähe. Ein Lehrstück für Liebende. st 978
– Das zerstrittene Selbst. Aufsätze, Rezensionen, Berichte. st 1733
Orban, Peter: Psyche und Soma. Über die Sozialisation des Körpers. Mit einem Nachwort von Tilmann Moser. st 1542
Overbeck, Gerd: Krankheit als Anpassung. Der sozio-psychosomatische Zirkel. st 973
Portele, Gerhard: Autonomie, Macht, Liebe. st 1594
Psycho-Pathographien des Alltags. Schriftsteller und Psychoanalyse. Herausgegeben und mit einer Einleitung versehen von Alexander Mitscherlich. st 762
Reisner, Erwin: Der Dämon und sein Bild. Mit einer Vorbemerkung zur Neuausgabe von Peter Orban. st 1610
Schur, Max: Sigmund Freud, Leben und Sterben. Aus dem Englischen von Gert Müller. st 778

262/2/4.92

Psychologie, Psychoanalyse, Sozialpsychologie in den suhrkamp taschenbüchern

Sloterdijk, Peter: Der Zauberbaum. Die Entstehung der Psychoanalyse im Jahr 1785. Ein epischer Versuch zur Philosophie der Psychologie. st 1445

Starobinski, Jean: Psychoanalyse und Literatur. Aus dem Französischen von Eckhart Rohloff. st 1779

Stierlin, Helm: Adolf Hitler. Familienperspektiven. st 236

– Delegation und Familie. Beiträge zum Heidelberger familiendynamischen Konzept. st 831

– Eltern und Kinder. Das Drama von Trennung und Versöhnung im Jugendalter. Aus dem Englischen von Ellen Katharina Reinke und Wolfgang Köberer. st 618

– Das Tun des Einen ist das Tun des Anderen. Eine Dynamik menschlicher Beziehungen. st 313

Tagebuch eines halbwüchsigen Mädchens. Mit einem Vorwort von Alice Miller neu herausgegeben und mit einem Nachwort versehen von Hanne Kulessa. st 1463

262/3/4.92